COSA NOSTRA NO BRASIL

LEANDRO DEMORI

Cosa Nostra no Brasil
A história do mafioso que derrubou um império

1ª reimpressão

COMPANHIA DAS LETRAS

Copyright © 2016 by Leandro Demori

Grafia atualizada segundo o Acordo Ortográfico da Língua Portuguesa de 1990, que entrou em vigor no Brasil em 2009.

Capa
Rodrigo Maroja

Foto de quarta capa
Mondadori Portfolio/ Contributor/ Getty Images

Preparação
Cláudia Cantarin

Índice remissivo
Luciano Marchiori

Revisão
Arlete Souza
Huendel Viana

Dados Internacionais de Catalogação na Publicação (CIP)
(Câmara Brasileira do Livro, SP, Brasil)

Demori, Leandro
  Cosa Nostra no Brasil : A história do mafioso que derrubou um império / Leandro Demori. — 1ª ed. — São Paulo : Companhia das Letras, 2016.

  ISBN 978-85-359-2827-3

  1. Buscetta, Tommaso, 1928-2000 2. Crime organizado - Brasil 3. Ditadura — Brasil 4. Livro-reportagem 5. Máfia — Itália — História I. Título.

16-07824   CDD-364.10609

Índice para catálogo sistemático:
1. Máfia : Crime organizado : História 364.10609

Todos os direitos desta edição reservados à
EDITORA SCHWARCZ S.A.
Rua Bandeira Paulista, 702, cj. 32
04532-002 — São Paulo — SP
Telefone: (11) 3707-3500
www.companhiadasletras.com.br
www.blogdacompanhia.com.br
facebook.com/companhiadasletras
instagram.com/companhiadasletras
twitter.com/cialetras

Para Anamaria

Sumário

PARTE I. 9
Os Beatos Paulos. 14
O pequeno ditador. 21
Tommaso vai à guerra. 27
Homem feito: a iniciação na Cosa Nostra. 33
Uma outra América: Argentina e Brasil nos anos 1950. 39
Ascensão na máfia e um encontro secreto. 48
Heroína. 52
Uma nova vida nos Estados Unidos. 70
Brasil, 1971: French Connection. 94
Um encontro com Jango. 115
O cerco se fecha. 131

PARTE II. 143
A máfia abandona Masino. 162
Fugitivo. 188

De volta ao Brasil. 192
A Segunda Guerra da Máfia. 205
Cocaína pura. 210
Eu me chamo Tommaso Buscetta. 224
Epílogo. 244

Referências bibliográficas. 253
Créditos das imagens. 257
Índice remissivo. 259

PARTE I

É preciso preparar os pulmões quando a porta do avião está aberta em pleno voo. A descarga descomunal de potência dos motores à hélice e o ar irrefreável e gelado atingem a cabine, confundem os sentidos e deixam o espaço mínimo ainda menor. O barulho é assustador. Ele está sentado sozinho em um dos bancos de aparência improvisada. Tem as mãos amarradas. A tensão comprime as pupilas, porém o rosto permanece imóvel e indolor. Tem a face quadrada e grande, o queixo é ossudo e a boca está semicerrada. Vê a mulher desmaiada no chão da aeronave, mas sabe que não adianta lutar.

O delegado a reanima aos berros. Maria Cristina é uma jovem de vinte e poucos anos, cabelos louros e encaracolados, bela e de aspecto frágil. O delegado não acredita no desmaio apesar do barulho, do frio e da pressão, mas ela sente náuseas insuportáveis — está grávida de quatro meses. Em pé, sustentada mais uma vez pelos cabelos, é posicionada junto à porta aberta da aeronave. Ele assiste a tudo sem dizer uma palavra. Como se fosse um pêndulo, o corpo de Maria Cristina é empurrado para fora; os pés estão o tanto quanto podem firmes no chão, a parte de cima do torso fica suspensa no vazio. Ela é balançada para fora e está prestes a ser jogada do avião, caso ele não confesse. Fica impassivo diante da cena, mesmo vendo em perigo a mulher que ama e que conheceu há pouco mais de um ano na praia de Copacabana.

Estava olhando o mar junto ao filho, que se despedia de algumas amigas. Ao lado, duas moças tentavam decifrar a língua falada pelos desconhecidos quando ele, percebendo o interesse, puxou papo. A conversa fluiu na medida do possível em uma mistura de inglês e espanhol até que uma das moças disse falar italiano. Encantado pela pequena de cabelos encaracolados, lembra-se de descaradamente convidá-la para bebericar em algum bar naquela mesma noite. No dia seguinte estavam juntos, e no outro, e também no outro, e então aconteceu algo que nenhum dos dois pôde evitar. Nos primeiros dias, já consciente de que a paixão havia tomado conta de ambos, não sabia como se apresentar. Ela conseguiria suportar quem ele realmente era? Mentiu. Disse ser um ítalo-americano que havia escolhido o Brasil por prazer e aventura. Aos 21 anos, Maria Cristina era uma jovem bem-criada pela alta classe paulista, filha de um advogado e fazendeiro que frequentava os altos escalões do poder nacional. Ele tinha idade para ser seu pai: era 22 anos mais velho, nascido e criado em um mundo completamente diferente, procurado pela polícia de diversos países, foragido da Itália havia quase uma década e talvez, àquela altura, já havia tido tantos nomes e tantas identidades falsas quanto ela tinha comemorado aniversários.

Antes de serem presos em uma praia em Santa Catarina, mantidos por dez horas no porta-malas de um camburão e embarcados naquele avião militar, os únicos pecados confessados por ele eram um matrimônio oficial, outro não consumado judicialmente e filhos com cada uma das ex-esposas. Nem uma palavra sobre seu passado criminoso que o acompanhava aonde quer que fosse, sob qualquer passaporte que sustentasse sua foto, desgraçando qualquer nome que ousasse adotar ilegalmente. Suspensa no ar e em pânico, Maria Cristina não compreendia o que os policiais do temido Departamento de Ordem Política e Social (Dops) queriam que Tomás Roberto Felice confessasse. Ele apenas observava o delegado como o chefe de uma tribo remota observa pela primeira vez um homem branco. Talvez tivesse sonhado naquela noite um sonho recorrente que acreditava sempre lhe trazer desgraça: a mãe, a filha, uma cunhada ou qualquer outra mulher de sua família o beija na boca e então, nos dias seguintes, ocorre um grande desastre. A brutalidade do regime militar brasileiro mal havia começado a deixar cicatrizes em seu corpo, naquele Dia dos Mortos, 2 de novembro de 1972, mas, diante de um grito desesperado de Maria Cristina, temendo verdadeiramente perder aquilo que naquele momento tinha de mais precioso, olha para o agente do Dops e diz a seco: "Me chamo Tommaso Buscetta, não sou um delator e só falo em público".

O avião pousaria em São Paulo poucos minutos depois.

Os agentes levariam os prisioneiros Maria Cristina de Almeida Guimarães e Tommaso Buscetta para um local secreto.

Os Beatos Paulos

Um rumor de vozes rompe o silêncio da noite e um repentino agrupamento de tochas ilumina a plebe congelada diante da forca. Protegidos por guardas, o carrasco e seus ajudantes penduram pelos pés dois corpos quase nus como se fossem aves de caça recém-abatidas. Torturados e estrangulados nas celas mais imundas da Europa, o taberneiro e o padre são expostos em praça pública como exemplo — ninguém deve afrontar o poder dominante na Sicília medieval.

Os dois homens haviam sido mortos por pertencerem a uma seita secreta de vingadores populares cuja existência jamais foi provada e que só circulou pelo povo por meio de relatos orais. Não importa. O livro que estendeu a fama dos bons vilões, *I Beati Paoli*, escrito pelo jornalista Luigi Natoli e publicado antes como folhetim em 239 capítulos no *Giornale di Sicilia* entre 1909 e 1910, é, ainda hoje, o único livro que boa parte dos sicilianos leu na vida. O romance se passa em uma Palermo dominada por nobres e pelo clero e remonta ao século XII, quando a única fonte de justiça para a gente comum eram os Beatos Paulos. As proezas da facção que espalhava o terror vingando os desgraçados eram lidas por todas as classes sociais, declamadas nas casas, recitadas aos cegos e aos analfabetos. A leitura tinha um ar de pregação religiosa; *I Beati Paoli* era a bíblia da sicilianidade. As ramificações da organização eram temidas em toda a ilha, mas conhecidas apenas pelo supremo tribunal que supostamente a dirigia. Seus membros não sabiam em quantos eram, nem mesmo conheciam seus *irmãos*: as reuniões eram feitas em uma antiga necrópole cristã subterrânea e os neófitos eram conduzidos com os olhos vendados aos rituais de iniciação, onde todos vestiam roupas pretas e capuz.

É improvável que a Cosa Nostra tenha surgido dos Beatos Paulos. O primeiro documento que traz a palavra "máfia" data de 1837, quando a ordem nominada em homenagem ao apóstolo Paulo — se tivesse existido — já havia desaparecido. Naquele ano, o procurador-geral de Trapani, Pietro Calà Ulloa, reportou atividades de estranhas seitas dedicadas ao crime que agiam nos pastos e plantações.

A popularização da Cosa Nostra é um dos primeiros sinais da modernidade italiana. Com o fim de um dos últimos sistemas feudais do Ocidente, os nobres donos de terras no interior imediatamente vizinho a Palermo passariam ainda mais tempo em seus palácios na cidade. Para manter os servos no campo e não perder suas propriedades, confiaram a proteção dos antigos feudos a pequenos fazendeiros, cultivadores de frutas, criadores de animais e trabalhadores braçais que se converteram em força policial privada. A violência era o único argumento para manter a ordem. Em troca, recebiam liberdade para agir sem lei em benefício próprio, desde que não lesassem os senhores.

Assim a máfia se difunde na segunda metade do século xix, unindo "gente de bem" a criminosos profissionais, divididos entre criadores de animais e agricultores — no profundo interior — e uma classe média emergente de exportadores que enviava limão, laranja, óleo de oliva, peixes e verduras — sobretudo para os Estados Unidos, desde os anos 1830 — nas zonas mais próximas ao porto de Palermo.

A fama da máfia se espalhou com rapidez pela ilha e chegou às massas de toda a Itália em 1863 na representação teatral de um drama popular escrito em siciliano intitulado *I mafiusi della Vicaria*. Traduzida em italiano, napolitano e milanês, a peça tornou corrente a expressão "máfia", usada para descrever ações destemidas, violentas, misteriosas e ilegais. A história é centrada em Gioacchino Funciazza, o "Cara Feia", criminoso preso no cárcere Vicaria, em Palermo. Uma de suas regras pétreas é pagar o *pizzu*, a proteção, a extorsão, para evitar que alguém faça mal ao detento — sobretudo ele próprio, o Cara Feia. O *pizzo* é a base da máfia, a origem de sua estrutura. Mais do que apenas fonte de lucro, é ainda hoje um sistema eficiente de controle territorial. Feirantes pagam, dentistas, advogados, médicos, construtores pagam, supermercados, farmácias, escolas de idiomas, boates, bares, cafeterias, cabarés. Todos. O imposto mafioso é o elemento químico fundamental ao funcionamento da organização. Do alto de sua gangue, o protagonista da peça, Gioacchino Funciazza, ajuda aos que pedem, batiza afiliados, apresenta regras, faz subir de cargo os mais fiéis e capazes e chama a todos de "mafiosos", termo de origem controversa que na Sicília daquele tempo tinha conotação positiva — adjetivo que indicava superioridade, algo de especial, extraordinário. Uma casa bem-arrumada era *una casa mafiusedda*. Fazer charme usando um chapéu da moda era usá-lo *alla mafiosa*. Uma senhora elegante era chamada de *bella mafiosa*.

Se não é certo que a Cosa Nostra seja da mesma costela que os Beatos Paulos, é sabido que se apropriou da história dos vingadores de Palermo, assumindo o discurso de prover proteção ao povo. A promessa de um mar sem ondas esconde uma correnteza de *omertà*, palavra que define o sentimento mafioso de fazer justiça com as próprias mãos, de manter a moral imaculada e jamais aceitar um desafaro — de ser, em suma, um Estado dentro do Estado. E de matar. Dezenas, centenas, milhares de opositores, tantos quanto forem necessários e ainda mais tantos outros. A *omertà* fala através dos silêncios, mas sua expressão corporal é o homicídio. Solta sinais de alerta com os animais decapitados e as empresas incendiadas aos que não pagam o *pizzo*. Todos os dias a máfia e sua *omertà* incidem na vida como um veneno letal que se ingere em pequenas doses, um parasita que asfixia e enfraquece na medida exata até o último instante antes da morte, uma *honra* particular que mistura a família natural àquela mafiosa, que mantém a respiração curta, mas suficiente. E que crê em Deus enquanto quebra todos os mandamentos.

O personagem Gioacchino "Cara Feia" Funciazza foi inspirado em um mafioso de carne e osso. O autor da peça de teatro que o retratou baseou seu comportamento e suas características em Gioacchino D'Angelo, um chefão das antigas que teve a existência pouco documentada pela Justiça e pelos jornais da época. Sua trajetória pode ser somente intuída, com base nas atividades dos clãs nos primórdios da organização: D'Angelo poderia comprar e vender água monopolizando o comércio no interior, carente de fontes. Poderia plantar limão e laranja usando trabalho semiescravo, aproveitando-se de um sistema ainda semifeudal. Poderia roubar animais de leite e corte; matar animais clandestinamente para abastecer os mercados gerais de Palermo. Comprar e vender túmulos em cemitérios, usando-os como moeda em outros negócios. Se fosse um *capo*, um dos cabeças da época, Gioacchino D'Angelo comandaria a cobrança do *pizzo* em algum dos quatro grandes mercados de rua da capital.

Um artigo publicado um ano após a estreia da peça se interessa pela máfia como fenômeno social. O barão Niccolò Turrisi Colonna, rico proprietário de terras e senador no nascente Reino da Itália, descreve o conceito de "seita", "camorra" ou "umiltà" que girava entre os clãs criminosos. A palavra "umiltà" — na cultura maçônica italiana da época — resumiria a regra da obediência: "respeito e devoção à seita (maçônica) e a obrigação de cuidar para que qualquer ato não desonre diretamente ou indiretamente os afiliados", escreveu o barão. Rebatizada no dialeto siciliano, *umiltà* se converte em *omertà*, termo-chave da terminologia mafiosa.

A máfia agia como impermeabilizante social. Suas atividades clandestinas se criavam em fissuras cotidianas, lugares sem o preenchimento da Itália unificada. A República avançava. Caíam reis, floresciam chefões.

As fontes de lucro das famílias permaneceram mais ou menos estáveis durante a primeira metade do século xx. A Segunda Guerra Mundial desgraçou tudo. Mafiosos foram perseguidos. Muitos imigraram para outros países, dividindo os grupos. A secura nos negócios perdurou até o fim dos conflitos. Após o armistício, fotografias aéreas tiradas a bordo de aviões militares americanos mostravam uma Sicília em pedaços. Onde a população via destroços, o crime previa novos mercados. Terminava o que se poderia chamar de "era agrícola" da máfia — ela seria suplantada por décadas de especulação imobiliária, clientelismo estatal, influência sobre os bancos e, mais tarde, pela mãe de todas as fortunas: a droga. Um tempo de riqueza e violência que faria nascer e morrer uma linhagem de chefões gananciosos, matadores e terroristas. Se pouco se sabe sobre Gioacchino D'Angelo, um dos primeiros padrinhos conhecidos, quase tudo se sabe sobre Matteo Messina Denaro, considerado o último chefão de uma Cosa Nostra tão romântica quanto irreal que inspirou escritores e cineastas.

Nascido em Castelvetrano em abril de 1962, Matteo é filho de Francesco Messina Denaro, o Don Ciccio, histórico *padrino* da cidade de 30 mil moradores na província de Trapani. Entrou para a máfia ainda jovem: praticou seu primeiro homicídio aos dezoito anos. Foi sua carta de admissão. Desde então, seus mortos poderiam encher um cemitério. Matteo Messina Denaro e Gioacchino D'Angelo são *uomini d'onore* da mesma essência, água do mesmo poço. Denaro herdou poder e fabricou estilo — forjou sua personalidade mergulhado em ícones de uma nova geração de *malviventi*, adolescentes dos anos 1970 consumidores de pop, videogames e quadrinhos, que se tornaram empreendedores globais no mercado de drogas, armas, moda, eletrônicos, construção civil, bolsa de valores ou qualquer ramo lucrativo em que o dinheiro possa corromper. "Desejo tanto te dar um presente. Li em uma revista de videogames que saiu a fita de Donkey Kong 3 e não vejo a hora de poder comprá-la para você. Aquela de Secret of Mana 2 não chegou ainda", revela uma carta de amor apreendida em 1998 escrita por uma das mulheres do criminoso. Denaro é chamado de "Diabolik", como o anti-herói da *graphic novel* homônima criada pelas irmãs Angela e Luciana Giussani justamente em 1962, ano em que nasceu.

Diabolik é foragido da Justiça desde 1993. Acusado de comandar parte da organização criminosa depois da prisão de chefes mais antigos, fez fama na revista *Forbes* como o quarto milionário mais procurado pelas autoridades no mundo. Para as forças de ordem italianas, ele representa um anel entre a velha e a nova máfia. Criado dentro da criminalidade em um momento crítico — quando guerras entre clãs rivais opunham famílias —, aprendeu lições valiosas e se tornou guardião dos segredos de dois dos principais *capos* mafiosos de todos os tempos: seus antecessores Salvatore "Totò" Riina, chamado de "A Besta" por sua violência ou "O Curto", em referência à sua estatura, e Bernardo Provenzano, chamado de "O Trator", suposta alusão aos estampidos sequenciais de uma metralhadora. Riina e Provenzano são os ex-chefes da máfia da cidade de Corleone, pequeno vilarejo distante uma hora de Palermo. Hoje, Riina está em uma cela isolada cumprindo prisão perpétua. Provenzano morreu em julho de 2016 cumprindo a mesma pena. Denaro pode ser considerado um velho *boss* mafioso, mas é produto de seu tempo. A lenda criada em torno dele retrata um amante de camisas de grife, calças Giorgio Armani (ou Versace), relógios Rolex, sapatos de alto nível, perfumes caros, *foulards*. Como fazem todos os mafiosos fugitivos, deve estar escondido em seu próprio território, talvez não longe de casa, a ponto de poder se arriscar por ruas conhecidas guiando um Smart — carro símbolo de status — ou dentro de um Porsche esportivo. É impossível separar ficção e realidade na vida do chefão Denaro, apelidado também de "O Playboy" por esbanjar estilo oposto ao dos velhos *capos* da organização, donos de poucos pares de sapatos.

Desde 2010, a cabeça de Diabolik vale 1,5 milhão de euros, disponíveis a quem o denunciar à polícia. O anonimato é garantido, mas o consenso territorial alcançado através do *pizzo* mantém a população de boca fechada. A fortuna permanece em uma mala na Divisão de Investigação Antimáfia à espera de um dono que talvez jamais apareça.

O pequeno ditador

Benedetto Buscetta nunca pagou o *pizzo*. O vidraceiro de Palermo mantinha seu negócio em uma cidade onde a infiltração mafiosa era crescente, mas ainda não homogênea. Ele e a esposa Felicia, ambos com 44 anos, levavam uma vida mediana para os padrões do sul da Itália do começo do século xx. A pulsão contínua das dores do parto e o choro compulsivo dos recém-nascidos não eram novidades na pequena casa da rua Oreto, importante ligação entre o centro e os bairros populares, ponto de cruzamento de sicilianos de todas as sortes que chegavam e partiam da estação ferroviária a poucos passos dali. Em duas décadas, o casal tinha gerado um clã que aumentava naquele 13 de julho de 1928, quando o verão já era pleno e o calor trazido pelo vento sul carregava o abafamento opressor de uma África inteira: Tommaso era o 17º filho a nascer. O bebê tinha cabelos negros colados à cabeça. Seus olhos também eram negros.

A rua Oreto prolonga um dos bairros históricos de Palermo. Lá fora, a atmosfera avermelhada era perfurada pelas novas máquinas da Fabbrica Italiana Automobili Torino, a Fiat, cada vez mais frequentes entre o trotar de cavalos que marchavam por uma cidade de aparência medieval. O bafejo lento que traz areia e calor é chamado *scirocco*, uma corrente de ar desértico que ganha umidade ao tocar o Mediterrâneo antes de chegar à Sicília e secar a mente e os joelhos, como diz a população local. Os primeiros anos da vida de Tommaso correram pelas redondezas da rua natal e pelas belezas do Kalsa, bairro vizinho erguido pelos islâmicos a partir do século IX: uma bem situada fortificação no miolo da cidade, que garantia a segurança do emir. Construída junto ao mar, permitia que ele fugisse em caso de revolta.

Dentro de casa, ainda bebê, o caçula era cortejado por dez dos dezesseis irmãos; seis haviam morrido antes de ele nascer. Desde cedo os pais compreenderam que Masino, assim carinhosamente chamado, era um tanto impaciente. Cercado por adultos, não demorou a abandonar a infância. Enquanto a mãe cuidava da casa, como faziam as sicilianas, o pai mantinha uma fábrica de espelhos que, quando Masino nasceu, abrigava uma dúzia de funcionários. Tommaso fez da fábrica seu jardim de infância. Benedetto era um homem sério e de poucas palavras, severo em relação aos modos, mas muito doce e carregado da melancolia típica dos sicilianos. Jamais havia batido em nenhum dos filhos. Bebia e fumava pouco e nunca levantava a voz. Acordava às cinco da manhã mesmo aos domingos, tomava café e caminhava até a empresa distante quinhentos metros de sua casa. Masino o acompanhava. Embora empregasse considerável número de pessoas e girasse com um tanto de dinheiro nos bolsos, não andava armado — algo comum para a época. Benedetto Buscetta depositava sua fé em um episódio da juventude que o acompanhou até seus últimos dias. "Meu filho, se não morro aos 69 anos, quem sabe quando vou morrer", e contava de novo a mesma história passada durante os anos em que esteve no front da Primeira Guerra. Benedetto está sentado no canto de uma barraca aparado pelos companheiros de batalhão quando um velhote "parecido com são José" se aproxima e pede esmola aos soldados. Compadecido, tira do bolso todo o pagamento que havia recebido do Exército e o despeja na mão do vetusto. "Por que me dás todo o teu dinheiro?" "Porque não preciso dele." O velho retruca: "Estás enganado, porque morrerás aos 69 anos".

Décadas mais tarde, perto da idade de sua morte anunciada, Benedetto Buscetta dizia não se lembrar se o velho San Giuseppe havia predito uma vida até os 69 ou até os 79 anos. Jogava com os aniversários, dizendo que, se passasse dos 69, ganharia ao menos mais dez anos de vida. Sem jamais ter adoecido, Benedetto Buscetta morreria de um mal súbito um ano antes de completar setenta anos.

Nas segundas pela manhã, o ritmo era ditado pela hora do pai. A escola elementar da rua Paolo Giudici podia ser alcançada a pé. Tommaso, de altura exagerada e corpo precocemente alargado para uma criança de seis anos — parecia um retardatário de séries mais avançadas em meio aos pirralhos do primeiro ano — caminhava solitário. O crescimento acelerado de ossos e músculos parecia um esforço do corpo para acompanhar seu caráter quase adulto. Temendo problemas em casa, fazia todo o esforço para tirar boas notas: nunca perdeu um dia de férias para recuperar qualquer matéria. O liceu o entediava e não demorou para começar a matar aulas às escondidas do pai.

Aos poucos afastou-se do bairro para flertes mais profundos com o centro de Palermo e percebeu que a aventura árabe na Sicília era apenas uma peça do enigma cultural definido como *sicilianità*. Gregos e romanos também haviam anexado a ilha. Bizantinos, piratas normandos, clero, espanhóis, franceses. Os séculos de dominação destinaram uma personalidade complexa aos insulares, marcada pela melancolia, o ceticismo, a ironia e o conformismo. Pode-se dizer que o fatalismo siciliano tem seu marco histórico em outubro de 1347, quando doze barcos aportaram na ilha cheios de cadáveres podres no convés. Em poucos dias, os marinheiros sobreviventes começaram a ficar inchados e febris até morrerem coados por bolas roxas pelo corpo. A crença popular estigmatizou a Sicília como a primeira terra europeia tocada pela Peste Negra, que mataria um terço da população do continente.

O triunfo da morte reforçou nos sicilianos a disposição para o misticismo. Entre os mais populares está aquele dos nascidos às sextas-feiras, como Tommaso. Os *venerini* são considerados privilegiados e a eles são concedidos o dom de antever o futuro, a capacidade de comer serpentes venenosas e o poder de enfrentar os "lunáticos", homens que, sob o efeito da lua cheia, são tomados pelo espírito de um lobo. A fortaleza dos *venerini* os protege do mal.

A sorte abandonou o pequeno Tommaso aos sete anos, quando precisou se submeter a uma traqueostomia de emergência em decorrência de um diagnóstico de difteria. O tubo posicionado na traqueia incisa deveria ajudar a respirar, mas funcionou por poucos dias até entupir. A medicina infantil ainda rudimentar na Sicília — e provavelmente os péssimos médicos — geravam conclusões divergentes. O menino piorava dia após dia. Internado, Masino empalidecia por causa da dificuldade em respirar e parecia incapaz de aguentar. O casal decidiu que o levaria de volta à rua Oreto. Pegaram a criança nos braços e a carregaram em uma carroça que passava por acaso na rua deserta e cujo condutor ofereceu carona. Perto de casa, em frente à estação de trens, um estivador conhecido da família fazia bico de vendedor de ovos em uma pequena banca montada na calçada. Ao avistar a cena, o homem correu até a casa dos Buscetta e perguntou a um dos irmãos de Masino, Domenico, o que estava acontecendo. Após ouvir atentamente a história, pediu para entrar e garantiu que poderia ajudar. Diante da insistência do homem, Domenico abriu a porta e mal teve tempo de vê-lo correndo para a cozinha, onde pôs água para ferver. Minutos depois, sem nenhuma ajuda ou anestesia, o estivador retirou o tubo respiratório da traqueia cortada de Tommaso, o desinfectou e o posicionou novamente na garganta, agora livre de uma camada de pus que o impedia de respirar. A criança estava salva.

Um dia depois do ocorrido, Benedetto mandou fazer uma estátua de cera com o formato de uma criança — do tamanho do filho — e a depositou diante da santa que adornava uma escadaria de bairro na rua que leva ao monte Pellegrino, do outro lado da cidade. Sem a família saber, o pai havia passado pelo santuário dias antes e pedido a Deus que levasse o filho, condenado a sofrer por toda a vida com um tubo enfiado na traqueia. Além da promessa paga, Benedetto compraria muitos ovos, por anos a fio, do vendedor que havia salvado seu caçula.

As incursões pela cidade eram mais divertidas do que a vida na escola. Curado da difteria, Tommaso vagava sozinho por Palermo e buscava zonas cada vez mais misteriosas e distantes de casa. Cruzou todo o centro até chegar às redondezas do porto, onde marujos estrangeiros movimentavam o comércio local enquanto esperavam pelos navios que iriam zarpar. Aos oito anos, Tommaso não parecia mais uma criança. A puberdade precoce transformou as mulheres em um ímã que alimentava um desejo ainda inexplicável para ele. O fascínio pelo corpo feminino era intenso a ponto de gerar uma história, contada por ele próprio, impossível de ser confirmada ou desmentida. Tommaso logo percebeu que, nas regiões mais próximas ao porto, algumas mulheres em trajes mínimos cortejavam os passantes. Em uma de suas caminhadas, ele descobriu uma venda de produtos alimentícios perto de sua casa tocada por uma dessas donas. Arredar a cortina que separava o comércio da rua e espiar o mundo lá dentro virou um hábito. A dona, percebendo a curiosidade do garoto, mostrava um seio ou mandava um beijo a cada olhada. Parecia não haver idade mínima para a freguesia. Atrás do armazém, junto aos odores rançosos de mercadorias velhas, havia uma cama frequentada por marinheiros, comerciantes locais e estudantes. Muitos horários conflitavam e mais de um cliente aguardava em pé no pequeno salão até que a dona terminasse o serviço com outro lá dentro. "Esperem que não irão se arrepender", gritava ela.

Ela vê a criança corpulenta e de olhar curioso com a cabeça semicoberta pela cortina e a convida a entrar. Sentados na cama, Tommaso é seduzido com algumas amostras de carícias. Sente arrepios congelantes que jamais havia sentido. Ela o deixa ver um seio e toca levemente seu pênis enquanto promete: traz um pouco de óleo de oliva daqueles que tua família compra no interior que eu te faço *umas coisinhas*. O pequeno Masino se deixa levar pela curiosidade: corre para casa, rouba um frasco de óleo e o leva à dona sem ter ideia do que está por vir. Ela recebe o óleo, abaixa as calças do menino que nunca usava cuecas por achar todas desconfortáveis e começa a mexer com insistência em seu pênis até vê-lo crescer e endurecer. Deitado em um lençol cinza, Tommaso olha para a mulher e vê suas axilas e seus tufos de pelos longos e negros. Ela sussurra: "Mete aqui". Depois aquele dia, declarou décadas mais tarde, nunca mais sairia com uma prostituta.

Tommaso vai à guerra

Da sacada do ostensivo Palazzo Venezia ele vê uma massa uniforme vestida com camisas negras. Na primeira fila, um pelotão de oficiais do Exército sacode seus quepes como se fossem bandeiras. A reação do povo ao avistá-lo é tenebrosa. Os gritos atiçam seus tímpanos enquanto é recebido por braços direitos levantados em sua direção como canhões exalando pólvora. O *duce* devolve a saudação romana e ordena que todos se calem e ouçam seu discurso naquele 10 de junho de 1940 — são seis horas da tarde e Roma está tomada. Antes mesmo de ele completar a frase que declara guerra à França e à Inglaterra, a massa explode novamente em delírio. Cornetas de som instaladas em todos os campanários e torres improvisadas fazem a voz de Mussolini chover pelas praças, lotadas de italianos ordenados a pegar em armas.

Benedetto Buscetta havia comprado uma farda militar para o insistente Masino mesmo depois de se declarar em família contrário ao fascismo. Comedido, o vidraceiro não tinha preocupações políticas. Não era filiado ao ilegal Partido Comunista Italiano e detestava o exibicionismo e a histeria em torno do regime de Mussolini. O pai de coração mole, no entanto, não soube dizer não ao caçula emocionado com a figura de um líder nacional carismático, que invadia países e criava um reino para seus súditos. Para um jovem siciliano que enxergava em cada canto de Palermo os traços da dominação estrangeira, as invasões à Etiópia e a Albânia nos anos anteriores àquele discurso eram puro revanchismo. Masino andava pela casa vestido de *piccolo duce* e cumprimentava parentes e amigos com a saudação romana *Vincere!*. A brincadeira era uma forma rebelde de expressar o começo da adolescência e confrontar pais e irmãos. A pequena fantasia fascista do último dos Buscetta teria seu fim abreviado. Hitler enviaria tropas para a Líbia já em fevereiro de 1941 e ainda mais soldados seriam desperdiçados em abril, na Grécia, com o objetivo de ajudar Mussolini e evitar que os desorganizados e mal-armados italianos perdessem as batalhas em fronts secundários abertos por eles próprios. A ilusão imperial cairia em 1943, quando os Aliados invadiram a Sicília e Mussolini foi aprisionado pelos próprios generais.

A queda do regime e o crescente medo de uma invasão americana na ilha faziam com que a vida cotidiana piorasse com muita rapidez. A farinha, que já era racionada, passou a ser controlada com cupons que limitavam porções semanais para cada família; encontrar pão branco no mercado tornara-se impossível, a qualquer preço; excedentes desviados ilegalmente iam para o mercado negro, onde eram vendidos por muitas liras acima da quantidade que a maioria dos sicilianos podia pagar. Em maio, Palermo foi bombardeada pelos Aliados e sofreu pesados danos. Temendo pela segurança das crianças, pais e professores decidiram fechar as escolas. Três dias antes de completar quinze anos, Masino ouviu que americanos, ingleses e canadenses haviam desembarcado na costa sul da Sicília. Enquanto o teatro de guerra seguia seu curso, o pai Benedetto tentava manter a vida com algum sinal de normalidade, abrindo a fábrica de espelhos quase todos os dias. Com a escola fechada, Tommaso tinha muito tempo livre. Já se sentia um adulto formado e via a infância e as fantasias de general fascista mutiladas pelas bombas lançadas sobre igrejas, comércios e casas vizinhas. Sente um ódio imediato por Mussolini e pelo regime. A família não havia empobrecido dramaticamente, mas ele sabia que daquele dia em diante deveria ajudar a colocar comida na mesa. Começou a vagar pela cidade retalhada e aos poucos fez amizades com vizinhos de bairro, vagabundos que tentavam sobreviver em meio ao caos. Logo descobriram formas de ganhar dinheiro. Em vários bairros, grupos criminosos montaram mercados negros de comida, vendida às famílias que precisavam de mais do que os cupons de guerra podiam comprar. Tommaso e seus parceiros praticavam pequenos furtos nas mercearias e casas do bairro para revender os produtos aos controladores da bolsa ilegal. Como ainda precisava bater ponto na empresa do pai, os períodos mais longos dedicados ao comércio ilegal passaram a ser as madrugadas. Em uma das noites, decidiram ir até o limite oeste do bairro. Andavam com cuidado para driblar o toque de recolher. Palermo havia sido bombardeada, mas ainda era controlada pelos nazistas. A menos de dois quilômetros de casa, Tommaso descobriu que os alemães montaram um acampamento bem no centro do Parque de Orleans, jardim do antigo palácio familiar construído durante o domínio francês no século XVIII e onde estavam lotados todos os soldados que vigiavam e protegiam a cidade contra a invasão americana. Os soldados tinham de tudo para comer, não precisavam respeitar o racionamento imposto à população.

    O contrabando e a receptação de mercadorias roubadas eram uma mina de ouro para quem tivesse contatos. Tommaso conhecia todos os trambiqueiros que comandavam as atividades ilegais na cidade. Sua ligação com a rede da *malavita* palermitana levava direto a quem comprava gasolina ou vendia pão — ele sabia onde encontrar manteiga para ser roubada, conseguia de tudo. Fez do acampamento alemão seu fornecedor. Percebendo o medo de seus parceiros de bando, começou a trabalhar sozinho. Enganava vigias e o grande holofote que iluminava o campo nazista; arriscava-se a tomar um tiro caso fosse pego, mas era rápido quando entrava e saía, garantiria em relatos feitos décadas mais tarde. Buscava as sombras para sair da caserna com salame, marmelada, pão, combustível, óleo ou qualquer coisa que pudesse carregar. Vendia parte à bolsa do mercado negro e levava o restante para casa. Para não chamar a atenção dos pais — que não desconfiavam de onde a comida vinha —, Masino continuava a pedir dinheiro para Benedetto todas as semanas mesmo que, àquela altura, já fosse financeiramente independente.

Não demorou para que Palermo fosse capturada pelos Aliados. Os alemães que não foram mortos são presos ou debandam e o eixo da guerra se volta para Nápoles, etapa fundamental da invasão que ruma em direção ao centro do país. A piada que mais se ouvia no front era aquela atribuída a Napoleão: "Se a Itália é uma bota, o melhor caminho para ocupá-la não passa pelo bico". Ninguém jamais havia conseguido invadir o país por ali. Fumando um cigarro atrás do outro, o comandante da Operação Husky, o general Dwight D. Eisenhower, seria o primeiro a atingir a façanha. Setembro de 1943: o verão está indo embora e Tommaso está apertado em uma Fiat Topolino que vacila pelas estradas bombardeadas da ilha. Viaja sem avisar a família — junta-se a outros homens em direção ao continente, a maioria combatentes amadores, muitos deles mafiosos em busca de espólios e vingança. Mussolini havia diluído a máfia siciliana durante os anos do fascismo. O *duce* não suportava a ideia de ter que dividir o poder na ilha e mandou que o Estado perseguisse e prendesse todos os suspeitos, usando meios legais e ilegais para que a organização fosse golpeada até a morte. Foram anos de grandes migrações de mafiosos para outros países, sobretudo para os Estados Unidos, onde estava em curso a montagem do maior sindicato mundial do crime.

Masino tem dois mafiosos sentados à sua frente, mas não sabe disso. Em Nápoles, o grupo percebe que o Exército fascista se dispersou depois da assinatura do armistício do dia 3 daquele mesmo mês. Os nazistas assumiram sozinhos o controle da cidade e tentaram organizar um exército popular espalhando cartazes pelos bairros.

AVISO

Ao decreto pelo serviço obrigatório de trabalho compareceram em quatro seções da cidade cerca de 150 pessoas, enquanto segundo o Registro Civil deveriam ter se apresentado mais de 30 mil pessoas. Disso resulta a sabotagem que vem sendo praticada contra as ordens das Forças Armadas Alemãs e do Ministério do Interior da Itália. Começando amanhã por meio de rondas militares, farei parar os inadimplentes. Aqueles que, não se apresentando, se mostram contrários à ordem pública, serão sem pena fuzilados.

O comandante de Nápoles

Os anúncios são acompanhados pelo toque de recolher e ordens para entregar armas. Os soldados, descontrolados, saqueiam a cidade e aterrorizam a população. Um marinheiro pego próximo à universidade é fuzilado na frente de estudantes. Hitler emite nota expressa da Alemanha: quer Nápoles reduzida a "lama e cinzas". O prédio da universidade, símbolo da repulsa nazista, é invadido e incendiado. Algumas ruas adiante, um grupo de catorze policiais encastelados na sede dos Correios troca tiros com um comando alemão. Horas mais tarde, são presos e fuzilados sob o sol. Em poucos dias, milhares de pessoas ficam sem casa. As ruas nas quais Tommaso tenta circular fedem a lixo e cadaverina. Muitas crianças como ele viram soldados. Aos doze anos, Gennaro Capuozzo parece brincar enquanto corre como um rato molhado em meio ao fogo cruzado de uma coluna de tanques. É ajudante de carga de uma metralhadora de solo instalada na rua Santa Teresa dos Descalços. Enquanto a arma dispara, aproveita para lançar granadas de mão contra os blindados. Morre mutilado ao ser atingido por uma bomba. Filipo Iluminato e Pasquale Formisano, de treze e dezessete anos, são cravejados por balas enquanto correm contra dois carros armados para tentar explodi-los. Muitos outros mais morreriam.

Homem feito: a iniciação na Cosa Nostra

Os dois mafiosos que tinha à sua frente enquanto o Topolino balançava na estrada eram Enzo Castellani e Nicola Giacalone. Tommaso os conheceu porque ambos haviam trabalhado na vidraçaria de um de seus irmãos. Castellani e Giacalone eram afiliados de uma Cosa Nostra que, mesmo adormecida pelos anos da guerra, sobrevivia. Rumores jamais confirmados davam conta de que estariam rumando a Nápoles sob ordens da Marinha americana: caberia a eles organizar a tropa de cerca de cinquenta homens que os acompanhava em outros carros desde Palermo ou se juntavam ao comboio no meio do caminho. Muitos estavam ali porque desejavam aventura, outros para roubar o que viam pelo caminho, mas todos receberam armas e ordens expressas para matar o maior número de nazistas que encontrassem. Enzo Castellani e Nicola Giacalone estariam a mando direto de um dos mais controversos chefões de todos os tempos, Salvatore Lucania. Nascido em 24 de novembro de 1897 em Lercara Friddi, pequeno burgo localizado cerca de 45 quilômetros a sudoeste de Palermo, aos dez anos de idade Salvatore imigrou com os pais e os quatro irmãos para Nova York. Adolescente, fez má fama no Lower East End, relacionando-se com os piores indivíduos do bairro italiano. Nos anos 1920, aproveitou a Lei Seca nos Estados Unidos e, com dinheiro de um contraventor judeu — Arnold Rothstein, chamado de "O Cérebro", seu sócio e mentor no crime —, botou em pé uma destilaria ilegal que seria o embrião de um mundo criminal quase infinito. Ampliou os negócios com a importação de uísque da Escócia e do Canadá e de rum do Caribe. Em meados daquela década faturava milhões de dólares com o comércio ilegal de bebidas, casas de jogos e prostituição. Em 1931, quando a máfia siciliana já havia sido exportada para os Estados Unidos e se consolidado no mundo do crime depois de anos de uma guerra cruenta entre gangues, Lucky Luciano — como Salvatore gostava de ser chamado — tinha enterrado vários chefões rivais, abduzido os sobreviventes para o seu próprio grupo e se tornado o mais famoso homem de honra do país. Para apaziguar os ânimos e melhorar os negócios, fundou a *Commissione*, espécie de parlamento mafioso onde sentavam os principais chefes das famílias dos Estados Unidos, italianas e hebraicas, que passaram para a História como "as cinco famílias de Nova York". Com ajuda do aumento da repressão policial nos anos 1930 e a prisão de vários chefões — inclusive o próprio Luciano —, os homicídios por disputas entre gangues diminuíram como o fim de uma onda anômala. A cidade viveria momentos de relativa tranquilidade. *Pax mafiosa*.

Lucky Luciano estava preso desde 1936 na Casa de Correção do condado de Clinton, em Dannemora. Longe das ruas e isolado, perdeu poder, mas se manteve influente entre os clãs. Sua inteligência e violência não poderiam jamais ser esquecidas. Os agentes americanos monitoravam sua vida e sabiam da capilaridade de seu poder na Sicília. Em 1942, os Estados Unidos decidiram invadir a Europa e enfrentar Hitler, e escolheram a ilha mediterrânea como o primeiro alvo do desembarque. Luciano foi transferido para um presídio mais próximo a Nova York, ouviu atentamente a proposta dos americanos e fechou um acordo que entraria para a história das Forças Armadas: o chefão forneceria informações sobre o território siciliano, entraria em contato com mafiosos locais e garantiria que nem um só tiro seria disparado contra os Aliados. Meses depois, um enxame de aviões B-17 — apelidados de Fortalezas Voadoras — despejou milhares de bombas sobre a ilha antes que a armada lançasse seus paraquedistas.

O acordo entre o governo americano e a máfia é polêmico entre os historiadores do período. Alguns defendem que ele jamais aconteceu. Outros sustentam que o chefão vendeu aos senhores da guerra um blefe — Luciano não teria condições de parar a Sicília para que as tropas passassem.

Em fevereiro de 1946, os jornais noticiavam que, no dia 10 daquele mês, após jantar um prato de espaguete nas cercanias do porto de Ellis Island, Lucky Luciano havia sido extraditado para a Itália. Ele nunca mais pisaria oficialmente na América, mas o respeito e a influência que granjeou na Cosa Nostra permaneceriam fundamentais nos dois continentes.

Enzo Castellani e Nicola Giacalone ficaram impressionados com o jovem Masino. Corajoso, ele disparou e praticou missões de sabotagem durante os três meses que esteve em Nápoles. Voltou a Palermo como herói de guerra no final de 1944, deixando para trás as cinzas de uma erupção inesperada do vulcão Vesúvio que, vista pelos combatentes, parecia um sinal de que a tomada da cidade representava o fim de tempos soturnos.

A reputação do jovem *partigiano* cresceu no bairro onde morava. A quantidade de mafiosos que gravitavam pela rua Oreto voltou a aumentar depois da queda de Mussolini. Chefes de famílias que haviam sido obrigados a se esconder ou fugir trataram de reorganizar os negócios. Masino começou a frequentar o bar central da zona e entrou nas rodas de conversa. Sentia que estava sendo observado e testado por aqueles homens cuidadosos e silenciosos que se exprimiam por gestos, jogos de palavras e sinais de fumaça, mesmo quando comentavam banalidades. A cada dia, a vontade de pertencer àquele grupo de senhores distintos aumentava. Sentia-se hipnotizado. Nas conversas, entre um café e outro, o sentimento mafioso nos bairros pobres de Palermo se resumia em reconstruir a organização e vociferar contra fardas, batalhões, policiais. O inimigo era a Lei. Masino logo daria um passo importante em direção à máfia, mesmo sem saber. Poucos meses depois de voltar à cidade, ele compareceu à igreja de Santo Antonino em uma manhã calma de 1945. Tinha dezessete anos e a altura que teria pelo resto da vida adulta. Vestia terno e aguardava. Estava calmo, mas contrariado. Era muito cedo, cerca de seis da manhã, horário proposital para não chamar a atenção para a "cerimônia reparadora" que aconteceria em poucos minutos. Foi assim que a família Buscetta chamou aquele evento indesejado. Três anos mais velha que Masino, Melchiorra Cavallaro foi a primeira a receber a aliança na mão esquerda sob a bênção do padre. Ele aceitou se casar com Melchiorra após descobrir que a jovem, cunhada de seu irmão Vincenzo, estava grávida por conta de algumas fugidas de ambos nos meses anteriores. "Esta é a pior coisa que poderia me acontecer", ele pensou na hora, sem saber que, na Cosa Nostra, o matrimônio é sagrado — raros são os mafiosos solteiros, e não por acaso os grupos criminosos são chamados de "famílias". O amém do pároco local ressoaria entre os chefões do bairro como um sinal divino.

    O casal foi morar na casa dos pais de Melchiorra enquanto Masino tentava arranjar dinheiro para alugar uma casa. Felicia nasceu saudável em 1946 e foi amada desde o começo, mas não tanto quanto Benedetto, o segundo filho do casal, nascido um ano e meio depois. Bene, como era chamado em casa, seria o predileto de Masino por toda a vida e acompanharia o pai por caminhos que, àquela época, nenhum dos dois poderia imaginar.

Trabalhador, discreto, inteligente, prodígio, e agora homem de família. Tommaso Buscetta tinha tudo o que os mafiosos desejavam naqueles anos de reconstrução e esperanças. Estava pronto para se tornar um deles.

Não se sabe a data precisa de sua iniciação mafiosa, nem mesmo o ano. Entre 1946 e 1948, um afiliado da família da Porta Nuova chamado Giovanni Andronico — pintor de móveis que conhecia Tommaso por causa de seu trabalho como vidraceiro — o apresentou a outros mafiosos da zona. Andronico o sondou sobre os motivos de ter ido a Nápoles, sobre o que pensava da polícia e dos juízes, sobre o que pensava da família e das relações de confiança entre homens que estão juntos em um mesmo negócio. Depois de ouvir atentamente, perguntou-lhe o que ele acharia de fazer parte do clã. Tommaso não sabia, mas, antes disso, Cosa Nostra siciliana havia expedido pequenos bilhetes a todas as famílias mafiosas da cidade nos quais se podia ler apenas o seu nome. Uma investigação tradicional feita pelos grupos antes de iniciar alguém. A família que propunha a iniciação deveria fazer uma consulta às demais para saber se haveria motivos para não iniciar o neófito. Motivos mafiosos. Havia brigado com algum homem de honra? Tinha se metido em confusão pública ou desonrado alguém? A família dos Buscetta, mesmo não sendo de tradição mafiosa, seguia um dos provérbios mais difundidos entre os sicilianos: "Quem cuida da própria vida dura cem anos". Enfim, para Tommaso, filho de Benedetto, *nula osta*.

A cerimônia seguiu os preceitos de afiliação à irmandade, conforme relataria o próprio Masino. Giovanni Andronico segura um espinho e pergunta a Tommaso se ele está disposto a deixar a própria mulher, mesmo em trabalho de parto, caso chamado pelos irmãos. A resposta é sim. Durante décadas, muito se debateu sobre as origens do ritual de iniciação. A versão mais aceita é a da convivência entre mafiosos, carbonários e maçons, na cadeia, durante as batalhas de unificação italiana, em 1861. O segredo passaria a ser a atmosfera da fraternidade do crime. Andronico explica como a organização funciona: *capo*, *subcapo*, soldados. Quem mandava e quem obedecia. Segurando a mão de Tommaso, o padrinho perfurou um de seus dedos; um fio de sangue escorreu sobre a imagem de uma santa que ele segurava. Tudo ficava mais claro: se com sangue se entra, só com sangue se sai. Andronico ateou fogo ao papel com a impressão da santa enquanto Masino a via queimar por inteiro, sem soltar nem mesmo quando já sentia a carne arder. Era preciso queimar até o final, porque *máfia* seria também a luta contra o próprio instinto. Masino era então um mafioso.

Para ser aceito pela Cosa Nostra não bastariam as poucas gotas de sangue de um dedo perfurado. Anos mais tarde, Buscetta reconheceria que, antes de sua iniciação, teve que provar seu valor. "Não lembro nem mesmo o nome do morto. Essas coisas pertencem ao passado."

Uma outra América: Argentina e Brasil nos anos 1950

A carreira mafiosa de qualquer recém-iniciado seguia um percurso comum. As cobranças de *pizzo* em nome dos chefões locais e os pequenos negócios pelo bairro dominavam a rotina. Palermo é dividida em quatro grandes mercados populares de rua que abrem todos os dias bloqueando zonas inteiras, e deles se apropriavam as famílias mafiosas que dominavam a distribuição de água, frutas, verduras, peixes e carnes. Um mafioso iniciante era demandado a cumprir tarefas aparentemente desimportantes, como passar recados, coordenar operações de carga e descarga, conferir quantidades de mercadoria, indicar fornecedores ou estimular comerciantes locais e autoridades de baixo escalão que deveriam decidir em nome das famílias mafiosas. Havia ainda a Palermo em reconstrução: uma nova rua a ser pavimentada, uma nova zona a receber água encanada, um novo loteamento a ser esquadrinhado, fatiado e vendido — obedecendo aos interesses do crime. Em pouco tempo, a máfia havia se reestruturado e dominava suas áreas de influência na capital, mesmo que os lucros ainda não fossem de encher os bolsos.

Os negócios do crime local estavam reservados aos chefões de berço. Para Tommaso, os dias de pequenos trabalhos e faturamento modesto se alargavam no horizonte por mais tempo do que estava disposto a esperar. Com dois filhos pequenos, ele tinha urgência.

As classes baixas sicilianas da qual fazia parte sonhavam o sonho possível: todos queriam encontrar fortuna como os primos que haviam imigrado para a América. Com as fronteiras dos Estados Unidos cada vez mais fechadas, corriam pela cidade rumores de que o novo eldorado após as ondas de imigração das décadas anteriores não passava mais pelo porto de Ellis Island, em Nova York. Famílias inteiras de sicilianos estavam sendo sustentadas por dinheiro enviado do exterior, de uma terra idílica com grandes espaços, ruas largas, vida agitada e onde a carne, artigo de luxo na Itália daqueles anos, custava quase nada. A nova fronteira além-mar se chamava Argentina.

Tommaso decidiu arriscar tudo em busca de uma vida melhor. A Cosa Nostra havia estabilizado suas finanças, mesmo que sua fonte principal de renda ainda viesse do trabalho como vidraceiro. Ouvira falar que Buenos Aires era uma capital cheia de vida e oportunidades e que nem mesmo cobrava dos imigrantes como ele que falassem a língua local — estimava-se que 60% de seus habitantes fossem estrangeiros, a maior parte deles italianos do Sul, sobretudo da Calábria, da Sicília e da Campânia. A cidade tinha fama de cosmopolita, com uma linha de metrô inaugurada nos anos 1910 que fazia sonhar um siciliano acostumado com a Palermo pós-guerra. Depois de pedir permissão aos chefões, Masino subiu em um barco a vapor da companhia Costa no porto de Nápoles levando consigo Melchiorra, Felicia e Bene. Após quinze dias de viagem com apenas uma parada em Dakar, no Senegal, a família desembarcou em Buenos Aires em novembro de 1949, onde seu irmão Vincenzo já os esperava.

* * *

A vida em Buenos Aires era melhor do que Masino poderia imaginar. Não existem registros sobre suas possíveis atividades criminosas na cidade. É certo que, mesmo afastado, um mafioso precisa contribuir com a Cosa Nostra. Não se pode descartar, portanto, que Masino tenha enviado dinheiro aos clãs palermitanos naqueles anos. Em vez de cometer delitos, a julgar pelos próprios relatos, ele foi fazer o que sabia desde menino: fabricar espelhos e pequenas peças de decoração em vidro.

O irmão Vincenzo, que já estava na Argentina havia um ano e também levara a esposa — irmã de Melchiorra —, montara uma fábrica de espelhos em Temperley, na periferia da capital, onde moravam. Batizara seu empreendimento de "Conca d'Oro", nome dado pelos palermitanos à baía de Palermo, uma concha de areia e pedras dourada pelo sol. Foi em Buenos Aires que Masino descobriu a vida noturna.

Nos finais de semana ele passeava pelo bairro boêmio homônimo à sua cidade natal, Palermo, admirando suas avenidas largas e bem pavimentadas, seus bares e cabarés e suas vitrines com artigos de butique que lembravam Paris, jamais vistos na Itália meridional. De dia, frequentava cafés e partidas de futebol. À noite, após jantar em casa, deixava Melchiorra com a irmã e as crianças e ia ao cinema, assistia a peças de revista das grandes companhias do mundo em passagem pela cidade ou se acomodava nas luxuosas poltronas do teatro Colón, uma edificação eclética monumental inaugurada em 1908 acostumada a hospedar as maiores óperas da Europa. Foi em Buenos Aires também que Masino começou uma vida extraconjugal com amantes esporádicas.

A capital argentina era mais moderna que Palermo em tudo, inclusive na manufatura de artigos de vidro. Para a desgraça dos negócios, Vincenzo e Tommaso não conseguiam acompanhar os concorrentes locais. Tentaram mudar os rumos, qualificaram a produção, mas isso também não adiantou. A exígua decoração nas casas argentinas tampouco ajudava. Na Sicília e na Itália em geral, as casas eram barrocamente decoradas com espelhos e objetos de vidro — salas inteiras eram tomadas por reflexos e adereços coloridos. Mais modernos, os portenhos dispensavam os excessos. Os compradores eram raros, e os vidraceiros sicilianos foram abandonados até mesmo por Deus: crucifixos de vidro, feitos como último apelo aos clientes, encalharam na loja. Para piorar, Melchiorra ainda daria à luz mais dois filhos: Antonio e Domenico.

As baixas perspectivas atingiram primeiro Vincenzo. Em 1950, ele decide juntar as coisas e voltar à Sicília. Tommaso se vê isolado. Em uma noite de festa, conhece um italiano que dizia ter contatos mais ao norte, onde a economia estava se desenvolvendo e ainda havia muito trabalho a ser feito. Relutante em seguir o mesmo caminho do irmão, Masino é convencido pelo compatriota a vender tudo e se mudar com a família para o Brasil.

Melchiorra desembarcou no porto de Santos em 10 de novembro de 1950 levando consigo os quatro filhos. Vincenzo e a esposa foram junto — passariam alguns meses ali antes de voltar à Itália. Masino só chegaria em janeiro do ano seguinte.

Por indicação do amigo que conheceu em Buenos Aires, a família foi direto ao bairro do Brás, onde uma comunidade de imigrantes italianos havia se formado desde as levas das décadas anteriores.

Alugaram o apartamento número 18 na rua Uruguaiana, 212. A zona e a proximidade com a estação de trens lembravam a casa dos pais na rua Oreto e a infância em Palermo. Ele amou São Paulo.

Em pouco tempo, abriu outra fábrica de espelhos, desta vez

na rua do Gasômetro, cruzando os trilhos. Nem pensou em um nome que não fosse Conca d'Oro. Via uma alegria de viver nos brasileiros que jamais havia experimentado antes. "Gente pobre capaz de suportar e sorrir como se a felicidade fosse a única condição humana", lembraria décadas mais tarde. Eram sicilianos ao contrário. Fosse por ele, jamais teria saído desse país. Por longos períodos esquecia que era um mafioso — os gestos, as desconfianças e os silêncios que o seduziram na adolescência eram também fonte constante de uma angústia que passou a incomodar após se afastar da Sicília. Seu caráter expansivo precisava de ar. Sua cultura maior do que a da maioria de seus compadres também. Não usava mais cachecol e boina *alla siciliana* como os outros. Depois de Buenos Aires, passou a usar tênis esportivo e roupas mais modernas, influenciado pelos colegas que jogavam tênis no clube de bairro em Temperley. Era capaz de cantar árias inteiras de ópera quando a maioria dos mafiosos nem sequer passava na frente de um teatro; eles preferiam os filmes de gângster ou algum faroeste com o ator americano Tom Mix, o *macho* do momento. Ao menos era essa a imagem que Masino tinha de si e dos outros. No dia a dia pesavam também a incapacidade de conseguir mais poder e dinheiro, motivo pelo qual havia cruzado o Atlântico, e a inquietude de jamais ter se contentado em ser pau-mandado no baixo clero da organização. Emigrar era um modo de melhorar, como muitos mafiosos haviam feito. Tommaso Buscetta estava feliz em São Paulo.

Os dias de alegria no Brasil durariam nove meses. Após a volta da irmã à Itália, Melchiorra passou a se sentir isolada e infeliz. As constantes saídas de Tommaso pioravam a situação. O estopim foi um motivo inusitado: a esposa não suportava mais ser a "sra. Buscetta". O sobrenome, em português, soava mal e foi a gota d'água para o retorno da família à Sicília. Os filhos eram alvo de brincadeiras no colégio, e ela própria tinha vergonha de se apresentar para desconhecidos por temer risos. Nos últimos meses mal saía de casa. Tommaso não se importava com o mal-entendido, embora tivesse tentado em vão acrescentar um "h" no sobrenome para forçar a pronúncia italiana correta — Buchetta. Confirmou que o gosto dos brasileiros para a galhofa era irrefreável. Para piorar, a palavra "fica", em italiano, é justamente o nome vulgar dado à vagina: buceta. "Fica, sra. Buscetta" era uma frase de terror para Melchiorra, que não ficou: ela se mandou em um navio em direção à Europa, levando os filhos. Tommaso novamente ficaria para trás, embarcando no dia 1º de outubro de 1951.

Masino retomou seu lugar no baixo escalão da Cosa Nostra, mesmo que a ideia de "fazer a América" jamais saísse de sua cabeça. Em 1955, decidido, ele viajou novamente para a Argentina, desta vez sem a família. Queria uma nova chance para provar que Buenos Aires era um futuro viável e parece ter convencido os chefões de que a capital portenha precisava ser colonizada pelo crime: embarcou acompanhado de Antonino Camporeale, Salvatore Prester, Giuseppe Schiera e Bernardo Diana — todos mafiosos.

A comitiva teria azar e nunca se soube os reais motivos daquela viagem. Na chegada, em setembro, as ruas de Buenos Aires foram invadidas por tanques de guerra que ordenavam a deposição imediata do presidente Juan Domingo Perón. A situação era crítica. Masino, que conhecia a guerra desde menino, julgou imprudente que os italianos saíssem do hotel para o que quer que fosse. Três meses antes, depois de uma tentativa frustrada de capturar Perón, as Forças Armadas bombardearam a praça de Maio, o principal ponto da cidade. Com explosivos e potentes metralhadoras de trinta milímetros, os aviões atingiram a sede do governo, o edifício da Confederação Geral do Trabalho — que apoiava o presidente — e a residência oficial do político. Centenas de pessoas foram mortas, algumas nem sequer puderam ser identificadas pelo estado de mutilação ou carbonização dos corpos.

A notícia da deposição de Perón logo chegou ao hotel do grupo no dia 19 daquele mesmo mês de setembro. Nas mãos de militares, a Argentina seria perigosa para a máfia. Masino sentia que a perseguição de Mussolini poderia se repetir em Buenos Aires. Voltaram à Sicília, frustrados e derrotados, poucos dias depois.

Os anos de idas e vindas para a América do Sul atrasaram a ascensão de Tommaso na Cosa Nostra. De meados ao final dos anos 1950 ele serviu sem fazer muitas perguntas. Era um observador nato e sabia tirar proveito de tudo o que via e ouvia, sem se expor. Precisava recuperar o tempo perdido. Durante aqueles anos, conquistou a confiança dos chefes para arriscar algumas empreitadas independentes no mesmo ramo que a máfia siciliana avidamente dominava, mesmo que eles não soubessem disso: cigarro.

A palavra piscava diante dos olhos dos chefões. Desde a década de 1950, o contrabando de tabaco do bloco comunista europeu era uma mina de ouro. Vendido sem impostos, o produto rendia grana alta. Era o que esperavam todos, e também era o que esperava Tommaso naquela manhã de março de 1959 antes de receber um telefonema.

Do outro lado da linha, o informante dizia que a carga de cigarros contrabandeada em sociedade com outros mafiosos seria roubada assim que aportasse nas cercanias da cidade de Taranto. Perder a mercadoria era um desastre para um mafioso com dinheiro contado. Abatedouros ilegais, lavouras de laranja e limão, extorsão de comerciantes, empréstimos ilícitos, especulação imobiliária e a venda de água estavam nas mãos das famílias de antiga tradição mafiosa. Para Tommaso e outros novatos do baixo escalão restavam os nichos de livre iniciativa, com o apoio da máfia aqui e ali, seguindo a lógica maçônica: cada qual com seus negócios, todos ajudando na medida do possível — ou do interesse.

A ligação o deixara em alerta. Decidiu meter o revólver na cintura, correr para o aeroporto e embarcar no primeiro voo para Taranto. De madrugada — mesmo com a garantia da máfia local de que a carga estaria a salvo dos possíveis ladrões —, decide ajudar a descarregar os pesqueiros e supervisionar o transbordo. O produto era transportado por navios até pontos estratégicos no Mediterrâneo, quando vinham cercados por barcos menores, de pesca, que esvaziavam a nave-mãe. Apos atracar na costa siciliana, as caixas eram carregadas em caminhões, que alimentavam os varejistas nas cidades. A história do roubo premeditado fede à armação. Ao que tudo indica, os clãs da cidade estavam vendendo ao compadre palermitano aquilo que a Cosa Nostra mais sabe vender: proteção contra si mesma, dinheiro em troca de serem deixados em paz. Masino coordena os carregadores e horas mais tarde tem diante de si dois caminhões gordos de fumo. Dali em diante teriam somente o trabalho de tatear por uma estrada clandestina de chão batido até chegar à via principal. São apenas cinco quilômetros, mas, de tão estreito, o desvio mal comporta os eixos dos automóveis. Avançam lentamente. A carga segue na frente, enquanto Tommaso vem logo atrás em um carro de passeio. Não consegue enxergar coisa alguma além de pó e da traseira do último caminhão e não entende por que o motorista parou no meio do nada. Ainda não havia descido do carro quando viu quatro policiais saltarem de uma viatura. Parte dos carregadores foge pela lateral da pista e desaparece na escuridão. Masino e outros se desbaratinam na tentativa de jogar as armas fora e recebem ordens para levantar as mãos. Os policiais temem vasculhar sozinhos os caminhões e decidem chamar o coronel da cidade enquanto mantêm o grupo sob a mira de metralhadoras. Os suspeitos passam uma hora rendidos, com os braços sempre esticados para o alto, até a chegada do superior. Suam e tremem de dor. Ninguém se move. Os músculos queimam.

O coronel chega e dá uma bronca nos policiais que haviam efetuado a prisão. Em casos como aquele, era preciso chamar a Guardia di Finanza, uma polícia aduaneira que cuida de crimes fiscais.

Levados à delegacia, os agentes levantaram a ficha dos suspeitos e atestaram que Tommaso já havia sido preso pelo mesmo crime pouco depois de voltar da Argentina pela segunda vez. Com ele estava Pascal Molinelli, francês com contatos no porto de Tânger, no Marrocos, de onde organizava o transporte do tabaco. Buscetta e Molinelli estavam em um hotel em Roma quando a polícia meteu o pé na porta. Reincidente, Tommaso foi novamente encaminhado para a prisão.

Ascensão na máfia e um encontro secreto

A segunda prisão por contrabando de cigarros quase encerrou sua carreira mafiosa. O *capo* da família de Porta Nuova, Gaetano Filippone, havia reprovado com veemência a iniciativa de Masino de acompanhar a carga pessoalmente. "E se aparecessem os ladrões, você atiraria? E se atirasse, não traria problemas para todos nós? Além do mais, ninguém sabia dessa sua carga..." Tommaso não replicou. Havia perdido muito dinheiro e não pôde nem contar com a ajuda de Filippone, que não evitou os seis meses de detenção que o esperavam na cidade de Taranto. Em Roma, no ano anterior, tinha passado três meses na companhia de criminosos comuns — ciganos que roubavam cavalos e depois os pintavam de preto para serem vendidos.

O que parecia uma tragédia se converteu em sorte. As duas passagens pelo cárcere serviram como graduação mafiosa e deram a Masino um status importante dentro da organização: diante dos interrogatórios policiais, ele não havia "cantado", como se dizia. Tinha provado que não era um delator, característica fundamental para o que viria a seguir. O comportamento lhe rendeu acesso a salões mais elevados assim que foi solto. Estava, finalmente, deixando a base da pirâmide. Suas habilidades como organizador de contrabando no mar foram apreciadas, mas também era culto, se comparado à maioria dos mafiosos, persuasivo e bom negociador, além de ter coragem e ter cometido crimes de sangue.

Começou a gravitar entre os Greco, tradicional família da cidade de Ciaculli, controladores de parte do interior palermitano. Logo conheceu o *boss* Salvatore Greco, chamado de "Cicchiteddu" — o "Passarinho". Herdeiro moral de quatro gerações de mafiosos, Passarinho tinha uma guerra nas costas.

Seu pai, Giuseppe, havia sido morto por um primo de mesmo nome, junto com o irmão, tio de Salvatore. Os assassinatos desencadearam uma disputa armada entre os dois ramos dos Greco que só terminou com uma batalha em campo aberto na praça da cidade de Ciaculli em 17 de setembro de 1947, quando metralhadoras e bombas de mão foram usadas. Cinco mortos — um deles aparentemente esfaqueado pela mãe e pela irmã de Passarinho.

Tommaso frequentava uma família ambiciosa e violenta. Estava abandonando a vida de soldado raso para começar a frequentar os círculos de poder no coração da Cosa Nostra. O peso das relações tinha aumentado, e, mesmo que os chefões não tivessem dito nada, ele conhecia os próximos passos que a máfia daria em pouco tempo graças a um encontro ocorrido logo que voltou de Buenos Aires pela segunda vez.

Antes que os chefões sicilianos permitissem que Masino circulasse entre eles, alguns *primos* americanos de primeiro escalão já haviam percebido a inteligência do mafioso outsider. Em 1956, poucos meses após a volta frustrada da Argentina, ele foi levado ao Hotel Sole, em Palermo, e apresentado a um homem entre 55 e sessenta anos, com cerca de um metro e oitenta, gentil, de modos pacatos e paternais e que ostentava um belo relógio importado. Ao contrário do que demonstravam as fotografias da época,

Lucky Luciano lhe pareceu um homem de aspecto agradável. Contou a Tommaso sobre sua vida de exílio forçado entre Havana, Nápoles e Palermo, longe dos Estados Unidos que amava, e repetiu a sua versão da história do desembarque dos americanos na Sicília. Era um mito do submundo. Não era casado, não tinha filhos. Vivia trancado em casa cercado por seis cachorros chihuahua. Saía só para ir ao hipódromo assistir às corridas acompanhado da namorada, uma bailarina baixinha de pernas arredondadas chamada Igea Lissoni.

Apesar de não ocupar nenhum cargo nem chefiar nenhuma família na Sicília, o chefão exilado usava seu prestígio para circular entre os maiores padrinhos da época. Tinha um pressentimento e um plano: precisava evitar uma guerra entre os clãs capaz de arruinar os negócios do outro lado do Atlântico.

O contrabando de cigarros feito pela Cosa Nostra era lucrativo, mas não a ponto de transformar a organização em uma entidade imbatível na ilha. Muitas cargas eram negociadas por grupos independentes com pouco dinheiro, como os que Tommaso organizava, incapazes de gerenciar sozinhos toda a cadeia. Não afiliados eram empregados no negócio, o que o tornava mais perigoso e menos interessante. A concorrência não temia os clãs: gangues externas mais experientes eram de fato os donos do negócio, sobretudo "Os Espiões", criminosos ligados à polícia e à guarda aduaneira com salvo-conduto para trabalhar — marinheiros surrados pelo sal que conheciam os atalhos do mar, gente com dinheiro vivo para comprar navios inteiros carregados de cigarros com descontos impensáveis para a máfia da época. Era preciso desbravar outros mercados, e a resposta veio da América.

Em meados dos anos 1920, o proibicionismo do álcool nos Estados Unidos já havia ensinado aos mafiosos americanos como comprar e vender produtos ilegais faturando fortunas. Os negócios estavam azeitados quando a proibição a outras drogas se tornou consenso no Ocidente. A máfia vibrou diante das novas oportunidades. Mesmo que a maior parte dos chefões negasse, os olhos dos padrinhos douravam diante da heroína.

Heroína

O bulbo verde da flor da papoula é arranhado por um instrumento de metal com pontas em garra. A pele machucada faz sangrar uma seiva semelhante ao látex branco. Em contato com o ar, o líquido se torna marrom. É dele que se sintetiza o $C^{21} H^{23} NO^5$, produto surgido na terceira fase de refino — que passa antes pelo ópio e depois pela morfina — até ganhar o nome de heroína.

A papoula não representava uma ameaça no começo do século passado na América. Seus derivados faziam parte do convívio social. O ópio foi usado em salões que iam do mar ao Velho Oeste, além de ser a base do *Laudanum*, um xarope alcoólico que era dado aos velhos e às crianças como elixir para doenças tão variadas quanto sem sentido. A planta só alarmou a sociedade quando o país criou uma geração de ex-soldados da Guerra Civil viciados na morfina ministrada nos campos de batalha. Os problemas decorrentes do vício eram contados e aumentados nos jornais e nas rádios, o que levou a população a contestar a classe médica e o governo. Os doutores não sabiam o que fazer até que a solução veio da Alemanha, sintetizada e vendida pela Bayer e exportada para os Estados Unidos logo que lançada em frascos unitários ou em kits de madeira com doses e agulhas dispostas em um veludo vermelho. A heroína (nome fantasia da diacetilmorfina) era receitada por médicos por ser "menos perigosa e viciante" que a morfina. Criava-se uma geração de novos *junkies*.

Depois da proibição, a Bayer suspendeu as vendas dos derivados da papoula e o governo alemão destruiu as plantações. Mas a heroína tinha já seus milhares de fãs. O fornecimento da maior parte da droga aos consumidores americanos se tornou ilegal e passou às mãos dos franceses da Unione Corse, um grupo de maioria córsega que operava em Marselha, um dos maiores portos da Europa. As docas recebiam a morfina-base importada da Indochina — território francês onde hoje estão Laos, Camboja e Vietnã. A mercadoria passava pela Turquia, onde era engrossada com mais morfina-base de colonos licenciados que vendiam ilegalmente para o crime organizado.

As refinarias estavam instaladas em Marselha. Do porto da cidade, a heroína recém-fabricada era despachada para Nova York. Lucro colossal, muito superior ao de todas as atividades da máfia nos Estados Unidos. Nada mais seria como antes.

A Segunda Guerra congelou os negócios da droga até o disparo do último tiro, mas já em 1946 correios humanos voltaram a testar as rotas do tráfico. Os franceses ainda mantinham os melhores químicos da Europa sob seu comando, e a pureza da heroína dos corsos era marca registrada na América. Só que a rota Marselha-Nova York estava cada vez mais vigiada, e as apreensões se tornavam uma ameaça. Em um mundo pós-bélico cheio de incertezas, também era preciso dar mais confiabilidade ao negócio. Os primos americanos, que por muitos anos evitaram tratar com os sicilianos porque os consideravam toscos e atrasados, começaram a olhar com mais carinho para a velha ponte que ligava a Sicília e a América. Em um momento de crise de confiança, Cosa Nostra siciliana poderia dar confiança. Em um negócio sem proteção, poderia prover proteção. Os sicilianos pareciam ser a única alternativa para evitar bancarrotas, furtos de mercadoria, fraudes, assassinatos. Para vigiar e punir. E Cosa Nostra estendeu a mão.

A partir de meados dos anos 1950, a mesma rede de fornecedores, carregadores, transportadores e distribuidores que operava as rotas do tabaco parecia uma alternativa atraente para começar a bombear heroína. Depois de refinada em Marselha, a droga seguiria para a Sicília e de lá viajaria para os Estados Unidos, primeiro gota a gota, forrando a bagagem dos pobres que retomavam a imigração para o Novo Mundo, depois em cargas maiores, escondida em mercadorias agrícolas.

O começo foi promissor. Os Estados Unidos eram abastecidos com heroína, o mercado crescia e um dinheiro jamais visto jorrava em quantidades maiores do que as mãos dos chefões podiam segurar.

Só que as coisas não iam bem na ilha.

Como Lucky Luciano havia advertido a Masino, a heroína traria fortunas, mas também engrossaria os problemas que já pairavam no ar. A Cosa Nostra não era uma entidade com decisões unânimes, e os interesses de vários grupos criminosos se chocavam dentro da estrutura, com divergências nos negócios e nas relações. Corpos começaram a aparecer com frequência, o que assustava a população e forçava o Estado a agir. As disputas internas históricas entre os clãs resultavam cada vez com mais frequência em morte e prejuízos. A Sicília era a nova solução mergulhada em velhos problemas. As fraudes e quebras de acordo que deveriam ser evitadas eram incontroláveis: os chefões passavam a perna uns nos outros. A *omertà* tão valiosa nos discursos de salão era relativa a cada situação, uma lei interpretada e desrespeitada. Lucky Luciano precisava organizar as coisas.

Homicídios deveriam ser evitados e, quando inevitáveis, era preciso decidir em conjunto. A solução proposta foi criar um órgão consultivo que indicasse o que fazer, como fazer e a quem caberia fazer, exatamente como aquele que mantinha as cinco famílias de Nova York em acordo desde os anos 1930. Em Manhattan era chamada de *Commission* — em Palermo, seria *Commissione*, corriqueiramente mencionada como *Cupola*. A mesa dos reis do crime.

A julgar por declarações de Tommaso jamais desmentidas pelos envolvidos, os americanos tinham realmente se afeiçoado a ele. "Eu falava algumas gírias que aprendia com Paolo e Giuseppe Gambino, irmãos do grande chefão nova-iorquino Carlo Gambino. Os dois passavam temporadas na casa da irmã, que morava no mesmo prédio que o meu em Palermo. Saíamos para jantar e conversar sobre as coisas da América." Sua fama de contrabandista de cigarros era conhecida, assim como sua influência crescente na cidade. Durante os meses de 1956 até meados de 1957, Masino é levado por Luciano em viagens pela ilha com a missão de convencer as famílias a organizar a *Commissione*. Um a um, mesmo desconfiados, os chefões concordaram. Em outubro de 1957, uma das figuras mais simbólicas do crime ítalo-americano chega a Palermo para selar o acordo. Joe Bonanno tem 52 anos e nasceu em Castellammare del Golfo, cidade costeira nos arredores de Palermo. Mudou-se com os pais para os Estados Unidos em 1908, aos três anos de idade, mas já em 1911 retornou à terra natal para testemunhar sua primeira guerra: o pai, Salvatore, membro de um dos clãs locais, pretendia matar seu maior rival e tomar conta da cidade, grande exportadora de bens legais e ilegais para os Estados Unidos. O plano teve sucesso, mas Bonanno pai morreria logo depois, em 1915, deixando Joe órfão. Com a ascensão de Mussolini, o jovem Giuseppe (seu nome de batismo) passa a ser perseguido e é fichado na polícia como "antifascista". Foge para Cuba e volta aos Estados Unidos, fixando residência no Brooklyn em 1924. Em poucos anos, se tornaria o chefe de uma das cinco famílias de Nova York e *capo* da *Commission* graças a uma série de assassinatos de chefões das antigas, tramados por ele e por seu mais novo sócio, Lucky Luciano.

Bonanno está na crista da onda quando é recebido com pompa magna em Palermo. É elegante, sorridente e vaidoso. Usa anéis preciosos com rubis, safiras, ônix, jade. Os chefões locais organizam um jantar de boas-vindas em sua homenagem no mais renomado restaurante da cidade, o Spanò. Tommaso não tem trinta anos quando senta à sua frente e conquista o *boss* com sua pequena coleção de frases decoradas sobre a cultura americana. Jamais havia pisado na América, mas sabia boa parte das gírias de Hell's Kitchen, onde as crianças italianas brigavam com meninos polacos e irlandeses e roubavam na estação central de trens. Bonanno detalha seu plano quase em confidência enquanto come peixe. "Existe uma lacuna na organização de vocês sicilianos que precisamos preencher, Masino."

A ideia de organizar um comitê mafioso partia do princípio de que cada grupo de famílias teria um representante, batizado de *capomandamento*, uma espécie de deputado que levaria as questões divergentes entre os criminosos para reuniões presenciais. Ninguém poderia matar em território de outro *capomandamento*, os homicídios deveriam ser decididos em conjunto e comunicados com antecedência. Cada facção continuaria livre para cuidar dos próprios negócios — a *Cupola* não transformava a Cosa Nostra em empresa, mas seria o único tribunal capaz de dissolver intrigas. A reunião durou cerca de dez horas e, embora nenhum dos presentes jamais tenha admitido, oficializou de vez a Sicília como porto de partida das cargas de heroína dirigidas à América, substituindo Cuba, que caíra nas mãos de Fidel Castro, dando fim ao porto franco dos mafiosos.

Nos dias que se seguiram, Bonanno recebeu diversos chefões no luxuoso Hotel delle Palme, em uma das principais avenidas da cidade, onde estava hospedado. Seu plano e o de Lucky Luciano só estaria completo se pudessem garantir que todos os *capos* estavam dentro, olho no olho. Os primos americanos tiveram o apoio de Masino, de outro jovem mafioso de sua geração, Gaetano Badalamenti, e de Salvatore "Passarinho" Greco, nomeado primeiro-secretário. O cargo não lhe conferia a autoridade de *capo dei capi* que mais tarde teria, mas garantia certo controle sobre as decisões. A Comissão estava criada.* Masino não tinha e jamais teria posição oficial na mesa, porém era ouvido pelos outros. Começava ali, aos 29 anos, a experimentar o verdadeiro poder. Nos anos seguintes, com as famílias pacificadas, sicilianos e americanos fariam fortunas com o monopólio da droga nos Estados Unidos.

A Comissão vai em frente trazendo paz e deixando todos mais ricos do que nunca. Os carregamentos se tornam cada vez maiores e ousados. As malas dos sicilianos sem sorte que imigravam para a América eram insuficientes. No mar aberto, a máfia navegava. E também queria voar.

No início de 1962, um transporte aéreo é organizado. O

---

* Estão listados aqui os membros que seriam os fundadores e a região que dominavam: Salvatore Greco "Ciaschiteddu" (Ciaculli), Antonio Matranga (Resuttana), Mariano Troia (San Lorenzo), Michele Cavataio (Acquasanta), Calcedonio Di Pisa (Noce), Salvatore La Barbera (Palermo Centro), Cesare Manzella (Cinisi), Giuseppe Panno (Casteldaccia), Antonio Salamone (San Giuseppe Jato), Lorenzo Motisi (Pagliarelli), Salvatore Manno (Boccadifalco), Francesco Sorci (Santa Maria di Gesù), Mario Di Girolamo (Corso Calatafimi).

aeroporto de Punta Raisi opera em uma área considerada extraterritorial, com índices de controle muito baixos por parte das autoriades locais. Joe Bonanno ficou impressionado quando desembarcou nele, observando sua organização e limpeza e a cordialidade dos funcionários — que mais tarde saberia serem obras de Cesare Manzella, mafioso da velha guarda nascido em 1897, chefe da família de Cinisi e *capo* dominante na zona.

Os registros policiais não são conclusivos, mas uma versão da história pode ser montada a partir da análise dos personagens envolvidos. Manzella dominava o aeroporto e garantiria caminho livre no embarque enquanto outros mafiosos de peso organizariam a empreitada: os irmãos Angelo e Salvatore La Barbera e os primos Totò e Salvatore Greco. O homem que deve acompanhar a carga é indicado por Manzella: chama-se Calcedonio Di Pisa, descrito anos mais tarde pelo escritor inglês Norman Lewis como "um jovem pirata falastrão, quase sempre de luvas, apertado em uma camisa de seda coberta por um casaco de pelo de camelo pálido, dirigindo um Alfa Romeo tunado cor de manteiga. Uma presença dândi que era um anátema para os mafiosos da velha escola". Di Pisa era um experiente contrabandista de cigarros.

A operação consolida dois centros de poder que já vinham causando inveja nas demais famílias. De um lado, os tradicionais Greco. De outro, os La Barbera, jovens de menos de quarenta anos que despontavam com toda a força.

Salvatore La Barbera é o mais velho, duro e decidido: quer ser o chefe dos chefes e usa seu poder na Comissão para isso. Angelo tem dois anos a menos, é o *capo* da família. Mafiosos de segunda linha, como Tommaso, os irmãos escalaram o poder em Palermo eliminando adversários a tiros de metralhadora. Sua geração ficaria conhecida como *Nuova Mafia*, jovens sem tradição criminosa que decidiram crescer à base de muita violência e pouca diplomacia.

O movimento decisivo para a ascensão do grupo teria sido dado alguns anos antes, em 1952, quando Angelo e Salvatore mataram o chefe mafioso Eugenio Ricciardi e tomaram sua empresa de transportes. Com Ricciardi fora, os La Barbera se ligam ao construtor palermitano Salvatore Moncada, também afiliado. Graças a contatos no alto escalão da política, Angelo La Barbera e Salvatore Moncada se tornam os barões do cimento: participam da reconstrução do pós-guerra com direito a demolir antigos palácios, criar novas zonas nos arredores do centro e construir em áreas de preservação ambiental. Fazem isso superfaturando obras, emitindo licenças de operação em nome de centenas de laranjas, matando os concorrentes. Acumulam montanhas de velhas liras. O período ficaria conhecido como o "Saque de Palermo".

Angelo se torna chefe da família de Palermo Centro, uma das principais da ilha. Tommaso Buscetta é um de seus homens de maior confiança, amigo e parceiro nos negócios. Compravam juntos terras demarcadas como ecológicas e faziam a prefeitura mudar a destinação dos lotes para condomínios. La Barbera e Masino não ficam de fora do negócio do Oriente e também operam carregamentos de heroína para os primos americanos.

O voo de Calcedonio Di Pisa segue o roteiro, a mercadoria é entregue e ele volta para casa. Mas algo dá errado. Na divisão dos lucros, o dinheiro é insuficiente. Di Pisa argumenta que apenas entregou a droga e recebeu o dinheiro, no entanto os sócios no esquema não se satisfazem. Em contato com os compradores americanos, Angelo descobre que a quantidade de dólares era proporcional ao tamanho da carga, menor do que a contratada. Se os americanos estivessem dizendo a verdade, uma parte da heroína havia desaparecido no ar. A principal suspeita recai sobre Di Pisa.

Salvatore pede uma reunião da *Cupola* e acusa Di Pisa de ter roubado parte da carga: exige uma punição exemplar. Diante da Comissão, Di Pisa explica que não tocou na mercadoria e que não estava sob sua responsabilidade conferir o peso antes da viagem. A Comissão não consegue provas contundentes, não vê na fraude algo tão grave e acha por bem deixar tudo por aquilo mesmo. Os donos da droga são ouvidos. Os primos Greco concordam. Cesare Manzella concorda. A reunião termina com a decisão de que Di Pisa não deve ser punido. Salvatore La Barbera se enfurece.

Passariam-se meses antes que a Comissão se reunisse outra vez. Angelo e Salvatore La Barbera mostravam-se cada vez mais distantes do grupo criado para coordenar o crime. Não têm o hábito de aceitar ordens e não conseguem esconder que a gerência dos outros mafiosos sobre os negócios de sua família os desagrada. A absolvição de Calcedonio Di Pisa é ainda amarga quando o *capomandamento* da região de Salvatore Moncada leva à *Cupola* uma queixa contra os La Barbera: um construtor reclama que Angelo o força a comprar todos os insumos de sua empresa de construção dos próprios La Barbera, que teriam inclusive matado seu sócio para terem ainda mais poder durante o Saque de Palermo. Angelo é levado à Comissão, não aceita ser repreendido e deixa a reunião batendo portas. Está decidido e procura Buscetta para começar uma guerra. Este, que ganhava dinheiro com os irmãos La Barbera e era tido por todos os outros padrinhos como seu principal matador, vacila. Tem relações também com outros mafiosos do grupo, sobretudo com os Greco, e não pode ver o comitê que ele próprio ajudou a criar ser desrespeitado. Acreditava que só a paz tinha habilidade de trazer dinheiro. Tenta convencer Angelo a aceitar, mas o "Playboy" o ignora.

Os irmãos somem de Palermo um dia depois dos festejos do

Natal de 1962. Horas mais tarde, Calcedonio Di Pisa seria morto a tiros por um comando de três homens que o atacaram quando saía de uma tabacaria.

Tommaso Buscetta sumiu da cidade poucos dias antes do assassinato, o que pareceu suspeito para os demais mafiosos. Ele voou de Palermo a Milão. Da cidade, foi à Holanda e depois retornou a Milão. Conforme declararia, "para cuidar de uma empresa que tinha por lá, de importação de manteiga".
O corpo de Calcedonio Di Pisa mal havia esfriado quando a *Cupola* decidiu que Angelo e Salvatore La Barbera deviam morrer. Pelo sumiço sem explicação, também pôs a prêmio a cabeça de Tommaso. Quem o adverte é Salvatore Catalano, em Milão. Catalano é um proeminente mafioso da família de Ciminna, um dos principais núcleos dos Bonanno na ilha. Aconselhado a fugir, Buscetta decide voltar a Palermo e se explicar diante de todos. Catalano diz que seria loucura. Nem o secretário da Comissão e seu amigo Salvatore Greco poderia ajudar. "Logo Tommaso, um dos fundadores da *Commissione*, sabia de um assassinato desautorizado e não teria feito nada para impedir?", esbravejavam todos os padrinhos. O sangue seria o único remédio. "Eu agradeço pela oportunidade de estar diante de vocês", diz Tommaso para uma dezena de chefões mudos. "Obrigado por usarem seu tempo para ouvir as palavras de um homem de honra que vocês conhecem há bastante tempo e que quer provar que não agiu mal. Antes de expor minhas razões, quero declarar que não estou armado. Vim de mãos limpas, contrariando meus hábitos, que muitos de vocês conhecem. Deixei pedidos claros a todos de minha família que não reajam caso Tommaso Buscetta não volte desta reunião. Estou certo de que vocês não tomarão uma decisão tão grave sem estarem convencidos de minha culpa. Conheço um por um e sei

que não são pessoas superficiais e influenciáveis, que agem por impulso."

Enquanto falava, Masino observava o rosto de um por um e pensava nas consequências fatais caso aquela reunião desse errado: *Eu tinha certeza de que todo o clã de Porta Nuova seria dizimado se houvesse uma guerra.* "Sofri a triste experiência de ouvir gente chorando e me dando adeus antes de vir até aqui. Aquilo me fez mal, tanto quanto a falência de meus esforços para criar esta Comissão. Ela deveria ser uma fonte de deliberações sábias, apreciadas pela Cosa Nostra, e não se tornar uma ameaça a quem se comporta corretamente. Sou um de seus fundadores. Estou certo de que ela ainda serve para evitar grandes erros e que não deve temer aquele que vem até ela falar somente a verdade. A prova disso é minha presença aqui na frente de vocês."

As palavras diziam uma coisa, seus pensamentos, mais tarde relatados ao escritor Pino Arlacchi, outra: *As expressões dos chefões não prometiam nada de bom.* "Penso que tenho o direito de me desculpar pelas dúvidas que todos têm em relação a mim. Estou aqui para responder. Aceitarei o veredicto, qualquer que seja, como homem de honra que sempre fui e ainda acredito ser."

Tommaso relata: *Olhei um a um nos olhos. Não estavam dispostos a aceitar. Mas alguma coisa no olhar de Totò Greco, primo de Salvatore, reacendeu meu ânimo. Não havia como defender La Barbera sem conhecer os detalhes do caso, mas ao mesmo tempo eu deveria acreditar que, se Angelo fosse partir para a guerra contra a Comissão, ele teria me alertado. Em vez de esperar por perguntas, decidi ir para cima.* "Irmãos de honra, não me parece que vocês tenham muito contra mim. Se não querem condenar como os tribunais fora daqui, sem provas e de modo forçado somente para achar um culpado, têm que encontrar quem matou Calcedonio Di Pisa. Agora, me digam uma coisa: onde está Salvatore La Barbera?" *Tentei dissimular e fazer de conta que não sabia que Salvatore tinha desaparecido.*

O que Masino não sabia é que, àquela hora, Salvatore já estava morto. Somente seu carro foi encontrado, queimado, dias depois. "Você está aqui para pedir desculpas, não para fazer acusações!", gritou um dos chefões, Nino Matranga, quase saltando da cadeira. "Você está sendo acusado de matar Calcedonio Di Pisa por motivos particulares, que não quer revelar por medo de nosso julgamento!" "Se eu tivesse medo, não teria voltado de Milão. Neste momento, no entanto, devo perguntar a Totò Greco se tenho os plenos direitos de um homem de honra ou se estou suspenso", disse calmo. "Não está suspenso. Você é um homem de honra para todos os efeitos e o estamos tratando como tal", afirmou, um pouco embaraçado, Totò. "Se é assim, não é verdade que estão me tratando corretamente. E não permito que reajam desse modo contra mim. É a polícia que fala assim, e não os homens de honra", falou, alongando bem as últimas palavras. Matranga ficou vermelho de ódio. "Basta! Paramos esta briga por aqui", urrou Greco. "Não permito que prossiga dessa forma. Masino, pare de usar essas expressões. Aqui não tem polícia. Vamos continuar em paz. Convido a todos a se acalmarem. Esta Comissão deve pensar de cabeça fria."

Silêncio. "É o momento de dizer que juro sobre a minha honra não ter participado dos acontecimentos que levaram à morte de Calcedonio Di Pisa. Juro que não soube nada sobre preparativos ou projetos e que nem mesmo sabia que Salvatore viajaria. Se não acreditam nesta declaração, matem-me aqui e agora. Depois, perceberão que não resolveram nada."

Tommaso segue em seu relato para Pino Arlacchi: *Recuperei o ar olhando para Totò Greco e para outros que ainda poderiam estar do meu lado. O rosto deles os traía com expressões de incerteza e desorientação. Pensei que o encontro estava a ponto de um fim trágico quando Mariano Troia, compadre de Matranga e pessoa completamente desagradável, interveio.* "O que você fez em Milão? Ocupou-se do trabalho o dia todo ou teve tempo para fazer outras coisas?" "Eu estava ali para trabalhar, não para me divertir. Mas não entendo o que a pergunta tem a ver com o que estamos discutindo." "Você pode nos dizer em que hotel dormiu? Assim, quando qualquer um de nós for a Milão, saberá onde passar a noite...", *continuou Troia, olhando em volta e colhendo o cinismo dos presentes.* "Entendi aonde quer chegar e poderia responder como uma pergunta dessas merece. Mas não vim aqui para brigar, vim para me confrontar com homens de honra, meus pares. E advirto que aquilo que faço à noite não é problema seu nem de ninguém." *Estava claro que eu tinha um inimigo pela frente. Sem provas em relação ao homicídio, Troia tentava demonstrar que, enquanto a Comissão se debatia por um assunto gravíssimo, eu estava em Milão entre hotéis e mulheres.* "Masino tem razão. Cada um que resolva sua vida na cama. Se não é algo imoral, são questões que não devem interessar aos outros", *disse Totò Greco.* "Acredito na sua palavra, Masino, e tenho certeza de que os outros também. A suspeita contra você é infundada. Você não é o responsável pela morte de Calcedonio Di Pisa." *Me senti renascer. Pude ouvir o oxigênio voltar aos meus pulmões, e por um instante experimentei euforia pelos homens que ali estavam e por tudo o que a Cosa Nostra significava. Mas Totò prosseguiu.* "Agora devo lhe impor, em nome da Comissão, uma ordem. Procure Angelo La Barbera e faça-o sumir da face da Terra. Você é o mais apto a encontrá-lo, já que aquele verme certamente está fora de Palermo, em lugares que você conhece melhor do que qualquer um de nós." *O sangue me subiu aos olhos. Eu estava sendo perdoado só porque era o único capaz de encontrar Angelo. O meu discurso e os meus direitos de homem de honra não tinham sido levados em consideração. Queriam me usar para prosseguir com aquela vingança estúpida*. "Não aceito o pedido. Mesmo se for uma ordem, recuso-me a cumprir. Se é verdade aquilo que acaba de dizer Totò Greco, que todos acreditam na minha inocência, então não devo dar nenhuma prova de fidelidade. Não preciso cumprir pena. Não vou procurar Angelo La Barbera!", disse, com a voz alterada. Muitos rostos ficavam vermelhos. Tommaso prosseguiu carregando a dose: "Recuso-me a fazer isso porque vocês não são confiáveis. Condenaram Salvatore La Barbera à morte sem nenhuma prova, agindo com uma leviandade que não é digna de homens honrados. E me acusaram usando o mesmo método. Agora querem eliminar Angelo sem justificativa. Repito: não seguirei a ordem, a custo de ser morto agora mesmo".

Começou um pandemônio. Todos se levantaram gesticulando e gritando. Muitos chegaram bem perto dele para insultá-lo na cara. Salvatore Greco, o secretário da Comissão, se meteu no meio e separou a briga. "Você está louco? O ar de Milão danificou o seu cérebro? Você não pode falar conosco desse jeito. Deu-se conta de que está na frente da *Commissione di Cosa Nostra*? É gente que pode despedaçá-lo como uma noz por muito menos do que isso. Peça desculpas imediatamente, caso contrário, não tenho como salvá-lo." "Os loucos são vocês porque se negaram a raciocinar e mataram Salvatore La Barbera injustamente. Todos vocês sabem como éramos amigos. Ele nunca me disse que tinha intenção de se livrar de Di Pisa. Querem entender isso ou não? La Barbera não teve nada a ver com isso! Se resta um pouco de inteligência na cabeça de cada um aqui, fechem esse capítulo e peguem outra estrada", disse com a voz cada vez mais baixa, olhando para Totò à espera de uma reação positiva que precisava vir. *Totò me olhou e fez um sinal para que eu saísse da sala. Poucos minutos depois, chamaram-me para que entrasse de novo. Totò comunicou o veredicto: daquele momento em diante, eu deveria me considerar expulso da Cosa Nostra, assim como toda a minha família. A punição era resultado da minha negativa em seguir uma ordem da Comissão. Era a resolução mais bizarra e imprevisível que poderia haver. Eu deveria sair de lá livre ou morto, jamais expulso. Não me restaria muito a fazer a não ser me reunir com minha família e explicar o que tinha acontecido.*

Todos ficaram furiosos. Nenhum afiliado de Porta Nuova poderia fazer negócios em nome da Cosa Nostra, nem mesmo cumprimentar outros mafiosos pela rua. Uma decisão inédita e que se mostraria fatal nos meses que se seguiriam.

A caça ao homem era o principal objetivo da Comissão. Angelo La Barbera sabia disso e estava escondido em Roma. Tommaso foi encontrá-lo e, antes que terminasse de dar os pêsames pela morte de Salvatore, ouviu novamente a proposta do playboy: queria Masino a seu lado para exterminar todos os padrinhos, um a um. "Você não quis me escutar da primeira vez, Masino. Agora estou sem meu irmão e você, sem um amigo. E sem moral na Cosa Nostra porque dissolveram a sua família. E sem futuro, porque aqueles imbecis nunca mudarão de ideia até nos encontrarem e nos matarem. Ajude-me a destruir todos, para vingar a morte do meu irmão e para que você possa recuperar o seu poder."

Angelo tentava asfaltar a mágoa de Tommaso com vingança. Mas Masino tinha o costume de raciocinar sem usar o gatilho. "Há muitos imbecis na Comissão", disse Tommaso, "mas também muitos amigos verdadeiros que não quero trair ou combater." "Que belos amigos! Primeiro matam Salvatore e depois o chutam da Cosa Nostra! Tudo bem, se você se nega a entender, então terei que fazer tudo sozinho." O tom de Angelo era zombeteiro, mas com boa dose de razão. Masino tentou mudar de assunto. "Angelo: o que Salvatore teve a ver com a morte de Calcedonio Di Pisa?" "Nada, assim como eu. Eu nem estava na cidade no dia…"

Contra todas as evidências, a resposta lhe pareceu sincera. Outros dois mafiosos que estavam no encontro e que haviam acompanhado Salvatore no dia em que ele saiu de Palermo — o mesmo do assassinato de Di Pisa — testemunharam que o irmão já tomara a decisão de passar um tempo longe da Sicília antes de qualquer suspeita. Queria pensar em sua posição como *capomandamento* e não escondia de ninguém que sentia ciúmes de Angelo como chefe da família. Tommaso ainda tentaria convencer o playboy a voltar a Palermo e explicar tudo diante da Comissão. Angelo acendeu um charuto, girou os calcanhares e se afastou.

Tudo parecia tranquilo até que uma bomba explodiu, dias depois, na porta da casa de Totò Greco, o mesmo que teria salvado a vida de Tommaso diante da Comissão. Quando soube da notícia, Masino ficou pensativo: *Por que explodir a casa de Totò se todo mundo sabe que neste momento ele está fugindo da polícia? Que não está morando lá?* Decidiu falar com ele. O *boss* o recebeu tenso e agitado. "Angelo é louco", disse. "Meteu essa bomba na frente da minha casa para chamar a atenção da polícia, para botar todo mundo atrás de mim." "Estamos em meio a uma tempestade, Totò. Deixe-me dormir aqui por uns dias, vamos conversar com todos e tentar acalmar as coisas."

Era tarde demais. Dezenas de homicídios tinham sido ordenados pela Comissão. Todos os matadores de Palermo estavam em alerta. A prioridade era Angelo La Barbera, mas seus amigos, afiliados e conhecidos também estavam com a cabeça a prêmio. Em 19 de abril, um grupo abriu fogo contra uma peixaria em Palermo onde Angelo e outros mafiosos se reuniam: dois mortos — entre eles um vendedor de peixes — e dois pedestres feridos. Em 21 de abril, o chefe Vincenzo D'Accardi é morto. Três dias mais tarde, Rosolino Gulizzi tem o mesmo destino. Ambos eram desafetos de La Barbera. No dia 26, um carro-bomba destroça Cesare Manzella, que havia garantido pista livre para

Calcedonio Di Pisa no aeroporto — pedaços de seu corpo foram recolhidos em uma plantação de limão a dezenas de metros de distância de onde explodiu seu Alfa Romeo Giulietta. Palermo era uma zona de guerra. Angelo foge para Milão e sobrevive a outro atentado à bala no centro da cidade, em maio.

Com o caos instalado na Comissão, todos os ajustes de contas aparecem nas calçadas: no dia 19 de junho, um dos membros da *Cupola* e adversário dos irmãos La Barbera, Michelle Cavataio, marca um encontro em um apartamento no centro da cidade com Pietro Garofalo e Girolamo Conigliaro, dois afiliados. Ao chegarem ao local, percebem se tratar de uma emboscada e procuram uma saída. Cavataio tenta estrangular Garofalo, que consegue se desvencilhar e pula da sacada: é atingido por tiros e morre no meio-fio. Conigliaro, mesmo ferido, consegue escapar. Em 22 de junho, Cavataio e seu *subcapo* matam Bernardo Diana, um dos mafiosos que viajaram com Masino para a Argentina em 1955, quando Perón foi deposto. Uma semana depois, matam também Emanuele Leonforte, chefão ligado a Salvatore "Passarinho" Greco.

Durante a madrugada de 30 de junho na cidadezinha de Villabate, um carro entupido de TNT estacionado em frente à empresa do *boss* Giovanni Di Peri salta pelos ares desmoronando meio prédio e matando um padeiro e um vigia. As autoridades mal começavam a se mover quando um telefonema anônimo alerta sobre um veículo suspeito estacionado com as portas abertas em uma estrada de terra nos arredores da cidade de Ciaculli, que leva à casa de campo de Salvatore Greco. Um grupo de policiais é designado para verificar a ocorrência. Desconfiados de que se tratasse de outro carro-bomba, chamam os peritos, que logo notam um pacote dentro do carro. Em poucos minutos, eles conseguem desativar uma pequena quantidade de explosivos e declaram a área livre de perigo. São cerca de quatro da tarde quando um tenente abre o porta-malas do Alfa Romeo Giulietta. Um mecanismo é acionado e inicia a reação em cadeia de uma quantidade ainda maior de TNT, desta vez forrando o porta-malas. Sete homens das forças de segurança morrem na hora.

A reação do Estado foi imediata. Dois dias depois, casas foram cercadas e quarenta pessoas presas. Nos meses seguintes, quase 2 mil ordens de prisão foram emitidas pela Justiça contra qualquer homem que pudesse um dia ter respirado máfia. Naquele verão, a Comissão seria dissolvida e muitos chefões fugiriam para o exterior. Salvatore Greco e Tommaso Buscetta deixaram as famílias em Palermo e embarcaram para a Suíça, onde se despediram. Greco voaria para a Venezuela, país de forte imigração italiana. Buscetta seguiria para o México, onde seria fácil conseguir um visto e uma nova identidade antes de cruzar a fronteira com os Estados Unidos. Sem poder e com pouco dinheiro, Masino via alguma chance de sobrevivência do outro lado do Atlântico, cruzando a velha ponte, batendo na casa dos primos americanos.

Uma nova vida nos Estados Unidos

O México dos anos 1960 era um país a ser colonizado pelo crime. Séculos depois da invasão dos espanhóis, outros povos começavam a povoar as terras baixas da América. Os cartéis mexicanos ainda em formação se ocupavam basicamente do transporte da mercadoria oriunda da Europa: a heroína refinada em Marselha — aspirada, fumada e injetada nas ruas dos Estados Unidos — passaria a fazer escala no país com mais frequência. A fronteira não tinha limites.

Giuseppe Catania Ponsiglione era um siciliano que havia chegado naquelas bandas ainda adolescente. Sua primeira ocupação declarada seria a de vendedor de camisas. Quando Tommaso desembarcou com uma carta de recomendação de Pietro Davi — mafioso pioneiro do tráfico no México —, Catania lhe deu as boas-vindas. E acolheu também sua nova mulher. Vera Girotti era uma personagem do espetáculo italiano que Masino havia conhecido em um cassino ainda antes da guerra interna da Cosa Nostra que espalhou mafiosos em fuga pelo mundo. Namorada de um famoso músico quando Masino a seduziu, era o oposto de

Melchiorra: vivaz, aventureira e despreocupada, viajara grávida depois que ele abandonou a esposa com os quatro filhos pequenos em Palermo. Em poucos meses, Vera daria à luz uma menina de nome Alessandra, o quinto filho de Tommaso. Giuseppe Catania a batizou. Tommaso sempre negou que Catania fosse mafioso, mas poucos modos de montar a árvore de uma família criminosa são mais eficientes do que observar registros de nascimento, casamento e óbito. Os padrinhos estão sempre ali, na vida e na morte.

Catania guiou Masino pelos caminhos mexicanos. A heroína passava para o outro lado da fronteira em carros de passageiros ou caminhões, sempre guiados por correios contratados — nunca por mafiosos. A polícia aduaneira podia ser subornada facilmente.

Ele ainda estava se ambientando à vida local quando os primos americanos o alcançaram.

Salvatore Catalano era um jovem mafioso com pouco mais de vinte anos e se apresentava como emissário de Carlo Gambino, chefe de uma das cinco famílias de Nova York e irmão de Paolo Gambino, com quem Masino manteve boas relações quando o nova-iorquino passou férias em Palermo. Catalano trouxe no bolso quinhentos dólares — um presente de boas-vindas. Para sua surpresa, Masino recusou o dinheiro. "Diga a Carlo que sou muito grato, mas que não preciso de esmolas."

A história seria contada por Buscetta muitos anos depois como um ato de honradez e heroísmo. Quem teria coragem de peitar o grande criminoso americano? Correspondências internas do FBI baseadas em investigações do Serviço de Naturalização e Imigração são mais precisas: em vez de carregar um maço de dólares, Catalano levava uma proposta que seria decisiva no destino do tráfico global.

* * *

A máfia buscava o monopólio no México sem fazer guerra. A porosidade da fronteira era fundamental: havia sido testada milhares de vezes nos anos anteriores e continuaria a alimentar parte do negócio por muito tempo. Mas Nova York estava longe dali, ao menos 3 mil quilômetros — o maior mercado da droga ficava na outra margem dos Estados Unidos, onde os compradores poderiam arrematar todos os quilos que os primos sicilianos conseguissem desembarcar. Era preciso estar mais perto da terra por excelência da Cosa Nostra americana.

Masino passa pouco mais de um ano no país com a identidade de Manuel López Cadena, conseguida com uma certidão de nascimento falsa. Sua foto estampada repetidas vezes nos jornais locais limita sua mobilidade. É um clandestino procurado. Não demora a perceber que seria capturado caso continuasse por lá. Precisava ir embora.

Uma crise na família Gambino mudaria sua sorte.

O *American way of life* estava erodindo a máfia nos Estados Unidos. As famílias tinham dificuldades para suprir a carência de soldados: os vazios deixados pelos mortos e a necessidade de crescer para suportar o gigantismo dos negócios eram problemas cada vez maiores. Boa parte dos velhos mafiosos queria os filhos longe da organização. Quanto mais a economia progredia, mais rareavam os iniciados. A morte andava próxima dos homens de honra, um risco que cada vez menos americanos estavam dispostos a assumir.

O primeiro chefão a se dar conta disso foi Carlo Gambino. Sexagenário, Gambino liderava uma das mais poderosas organizações criminosas do mundo, tinha sobrevivido a gerações de mafiosos e sabia que a lealdade havia se tornado matéria rara na América. Sua preocupação era imediata: o equilíbrio entre as famílias de Nova York estava se degenerando, e Gambino acreditava que Joe Bonnano e outros chefes tinham um plano para matá-lo. Era preciso arregimentar músculos.

Os modos americanos copiados de Paolo Gambino em Palermo, que tinham ajudado Masino a conquistar a confiança de Joe Bonanno durante a fundação da *Commissione*, lhe seriam novamente úteis, mesmo que de forma indireta. Se os jovens descendentes de italianos nascidos em Nova York buscavam um futuro longe do crime — e da própria fama ruim de imigrantes criminosos que carregavam, muitas vezes sem culpa —, o jeito seria importar sicilianos. Com os portões do México fechados, Carlo Gambino levantou os olhos e enxergou o Canadá.

A imigração para os Estados Unidos passava por bloqueios severos. Na ex-colônia francesa, ao contrário, qualquer um poderia entrar e permanecer por até três meses desde que apresentasse um endereço de hospedagem e trezentos dólares no bolso. A fronteira com os Estados Unidos era imensa, muito próxima das grandes cidades do norte, todas nas mãos da máfia.

No fim de 1964, Tommaso Buscetta, Vera Girotti e a filha Alessandra desembarcaram em Toronto.

O que começou como uma crise de escassez de novos soldados acabou mudando a história da máfia. Na mão de chefões empreendedores, os novos rumos gerariam negócios em cadeia, primeiro na família Gambino, depois em todas as outras.

"O Canadá, por suas leis liberais em relação à imigração, se tornou a Meca para qualquer ilegal que aspire a chegar aos Estados Unidos", relataria a força-tarefa do Serviço de Naturalização e Imigração (INS, na sigla em inglês) na cidade de Newark, destinada a investigar o esquema. O documento, produzido pelo Setor de Inteligência e Espionagem do INS, foi batizado de *Influência do crime organizado na imigração ilegal*. Cópias foram distribuídas aos escritórios da Imigração e às delegacias de Albany, Buffalo, Detroit, Pittsburgh, Filadélfia, Nova York e Baltimore, cidades com alta infiltração mafiosa. "Autoridades canadenses estimam que novecentos estrangeiros entraram no país em um período de seis meses. A maior parte sicilianos, entre vinte e trinta e poucos anos, que estão em processo de entrada ou já entraram ilegalmente nos Estados Unidos", relata o procurador que assina o caso. No ano anterior à investigação, o INS havia deportado mais de 6 mil ilegais somente de Nova York.

Os interessados em emigrar procuravam um "agente" em Palermo. De um voo Alitalia para Toronto, seguiam de Air Canada até Windsor, às margens do rio Detroit, de onde a vista já poderia alcançar a América. No verão, a travessia era feita por barcos. No inverno, a quadrilha produzia documentos falsos para cruzar a fronteira por terra. A viagem era paga pelos aventureiros com um serviço de correio: carregando desde a Sicília heroína colada ao corpo ou escondida na bagagem, para ser despachada nas cidades americanas. As famílias engordavam as fortunas e reforçavam as fileiras, transformando mulas em soldados.

A investigação americana — que produziu mais de novecentas páginas — só seria desencadeada quase uma década depois do começo do esquema, quando a apreensão de um carro importado da Itália com 86 quilos da droga chamou a atenção das autoridades. O sistema funcionaria sem obstáculos antes disso, durante os anos 1960, e seguiria pouco abalado após aquela apreensão ainda por muitos anos. Quase não havia testemunhas; os poucos presos quase nada falavam. A máfia era uma fortaleza.

No documento redigido pelos investigadores americanos, Tommaso Buscetta é apontado como "o homem do meio" na cadeia de imigração e heroína. Os agentes acreditavam que Carlo Gambino o quis no Canadá para organizar o transporte da mercadoria e, com outros mafiosos, a entrada dos ilegais nos Estados Unidos. Os investidores que teriam dado abrigo a Buscetta no país seriam Pasquale Cuntrera e seus irmãos, sicilianos que também haviam imigrado para evitar a prisão. Pasquale caminhava rapidamente para se tornar, junto com a família Caruana, o maior comprador de heroína do mundo. Conseguiria seu intento em poucos anos. O clã seria chamado, mais tarde, de "os Rothschilds da máfia" pela Comissão Parlamentar Antimáfia italiana, que via neles uma espécie de banqueiros do sistema.

Masino tinha um trunfo que Carlo Gambino não poderia ignorar: era amigo íntimo de Gaetano Badalamenti. Depois da revoada de mafiosos em 1963 e da dissolução da *Commissione*, o tráfico passaria às mãos de Don Tano, como era conhecido. Cinco anos mais velho que Tommaso, Gaetano também fora um dos fundadores da Cúpula. Tinham admiração e identificação mútuas: quase a mesma idade, caçulas de famílias pobres e numerosas sem tradição na máfia, haviam crescido na organização à base de contrabando de cigarros e assassinatos. Ambos eram ligados a Angelo La Barbera e Salvatore "Passarinho" Greco.

Gaetano era o subchefe da família da cidade de Cinisi quando um carro-bomba despedaçou o padrinho Cesare Manzella — o mesmo que garantira pista livre para Calcedonio Di Pisa voar aos Estados Unidos com a carga de heroína que daria origem à Primeira Guerra da Máfia. O comando do clã cairia no colo de Badalamenti, que tinha a seu favor o fato de conhecer bem os Estados Unidos. Nos anos 1950, o então jovem mafioso já havia morado em Detroit com o tio, Emanuele, testando a ponte Sicília-

-América para traficar. Quase sem concorrência, Don Tano se tornaria o maior exportador mundial da droga.

O esquema não terminava com a entrega da mercadoria do outro lado da fronteira. Os chefões ainda precisavam distribuir a heroína nas grandes cidades e lavar a fortuna que ela gerava. A forma encontrada para fechar o ciclo que começava com a papoula no Oriente Médio terminava emblematicamente em pizza.

Os recém-chegados, quase sempre, iam a Nova York, onde se dirigiam para um dos clubes sociais de imigrantes italianos no Brooklyn. Lá, passavam por uma espécie de seleção natural. Sem referências e com pouco dinheiro, eram mais uma vez cooptados para seguir trabalhando para os clãs. Os menos aptos para o crime se tornavam mão de obra barata na construção civil. A maioria virava soldado.

A solução para empregar os novos mafiosos e girar os negócios foi encontrada onde os italianos mais tinham tradição. Os chefões montaram uma rede de empresas no setor de alimentação — companhias que forneciam queijos, tomates, pratos, copos, fornos e todos os insumos para que dezenas de pizzarias espalhadas pelos Estados Unidos pudessem garantir a distribuição da droga e a limpeza do dinheiro. No papel, as fornecedoras pertenciam quase sempre a laranjas. As pizzarias acabariam sendo "compradas" pelos imigrantes por preços irrisórios, para que também servissem como negócio de fachada.

O capital para a compra das pizzarias vinha da máfia. Os preços eram bastante baixos — muitas delas estavam instaladas em péssimos pontos ou se encontravam à beira da falência. Era um grande negócio para a Cosa Nostra, que nem sequer precisava de clientes, e também para os imigrantes, que poderiam viver nos

Estados Unidos com trabalho fixo e juntar dinheiro para trazer da Sicília as famílias que tinham ficado para trás.

O esquema seduziu Buscetta.

No Canadá, em pouco tempo, a logística montada com seu auxílio estava consolidada. O clã Cuntrera-Caruana garantia o dinheiro, e Gaetano Badalamenti, a droga. As mulas eram cooptadas por Lorenzo Sciarrino, siciliano nascido em Carini, responsável, segundo as autoridades canadenses, por trazer ao país "centenas de imigrantes". O inquieto Tommaso se moveria mais uma vez.

É impossível saber se ele pediu permissão a Carlo Gambino. Talvez o próprio chefão o quisesse na América — mas as coisas funcionavam tão bem no Canadá que é provável que Carlo não tivesse interesse em mexer no esquema. Fato é que, em 1965, depois de um ano no país, Masino, Vera e Alessandra cruzaram ilegalmente outra fronteira e se instalaram em uma pequena casa no Brooklyn. Contrariado ou não, Gambino pagou do próprio bolso 10 mil dólares por uma pizzaria na Pitkin Avenue e entregou as chaves na mão de seu compadre.

Não consta que Masino fosse pizzaiolo. É provável que, participando do esquema, empregasse outros sicilianos desterrados e fosse responsável por gerir os negócios, legais e ilegais.

A rede que fazia o dinheiro sujo entrar na economia formal era azeitada. Todos os insumos eram vendidos pelos distribuidores associados: da Ferro Cheese Corporation, apontada como propriedade de Carlo Gambino, vinham os fornos. Da Grand Cheese Company e da F&A Cheese Company, os queijos. Da Sunshine Shortening Company, óleo de oliva. Da Fort Green Meat Market, a carne. Da Neptune Nuggets, os frutos do mar.

Os fornecedores gravitavam em torno da M. Piancone Enterprises Inc., uma rede de pizzarias e distribuidores com filiais em diversas cidades. Uma campana do INS constatou que vários membros da Cosa Nostra frequentavam a sede da empresa em South Amboy, Nova Jersey. Além da Piancone, as cadeias Dominick's Pizzeria, Sal's Pizzeria e Amato's Pizzeria foram apontadas pelos investigadores como parte do esquema. Em pouco tempo, os agentes identificaram 21 estabelecimentos nas mãos de laranjas. Dezenas de outros ainda seriam descobertos durante os longos anos que o sistema perdurou.

O Brooklyn abrigava 2,5 milhões de pessoas quando Masino chegou, a maioria imigrantes judeus e italianos. Naquela época, a chegada de americanos negros aos quarteirões imprimia grande transformação social. Os conflitos e arruaças — principalmente entre italianos e afro-americanos — se tornariam rotina. Os comerciantes da zona pagavam para que a máfia os protegesse da microcriminalidade, o que significava, basicamente, bater nos negros. As gangues de rua odiavam os *"zips"*, como chamavam os italianos, uma referência ao inglês mal falado ou aos dialetos do sul da Itália que soavam cacofonicamente como um amontoado de *"zip zip zip"* quando pronunciados. Tommaso não escapou da má fama nem das desavenças.

Em um fim de tarde, perto do horário de fechamento, três garotos negros insistiram para serem atendidos. Com seu inglês rudimentar, pois jamais aprendeu a língua, Masino explicou que a pizzaria estava fechada. Inconformado, um dos meninos teria cuspido em sua cara, o que o motivou a espancar os três com o boleador de servir sorvete. Na manhã seguinte, mesmo apreensivo, decidiu abrir o comércio. Na frente da porta, um grupo de pessoas o esperava, entre elas os três meninos agredidos. Tommaso passa por todos e abre o local. Com medo de uma invasão, posiciona sobre o balcão duas facas de cortar mortadela. Sabia e pretendia usá-las, se necessário. Ainda se preparava para o pior quando um dos garotos entrou na pizzaria para intimá-lo: "Queremos falar com você". "Estou pronto para ir lá fora", respondeu Tommaso, caminhando em direção à porta com as duas facas escondidas no bolso do avental. Calmos, os três olharam para o italiano e pediram desculpas.

Quando souberam do ocorrido, na noite anterior, as famílias dos meninos os repreenderam. "Vocês fizeram essa desfeita na pizzaria do italiano da Pitking? Todos os dias ele dá as sobras das pizzas para os negros pobres que moram no bairro", teriam explicado as mães. A paz reinaria por todos os anos em que Masino morou lá.

O episódio foi caso isolado. Tommaso, Vera e Alessandra estavam felizes na América. Viviam pelo bairro em meio à sempre crescente comunidade italiana. Nem era preciso falar inglês: cafés, mercados, quitandas, bares, barbeiros — quase todo o comércio existente era gerenciado por compatriotas. Os três saíam frequentemente para jantar fora e descobrir novos lugares. Quando deixava Vera em casa com a filha, preferia alguma boate ligada a um dos chefões da cidade. Estacionava costumeiramente na célebre Copacabana. Aberta em 1940, a casa pertencia ao mafioso calabrês Frank Costello, sócio de Lucky Luciano nos tempos da Lei Seca. Decorada com motivos brasileiros, era palco de grandes artistas. Seu logotipo exalava em cores muito vivas a efígie de Carmen Miranda — foi lá que ela e Groucho Marx gravaram seu musical de sucesso, também chamado de *Copacabana*.

Os espetáculos eram muito barulhentos para levar convidados dispostos a conversar. Para isso, Masino preferia o hipódromo. Era um perdedor nato. Apostava vinte dólares em cada uma das oito corridas da noite, deixando no caixa uma bela cifra para a época. Mas não ia lá para fazer dinheiro, ao menos não diretamente. O hipódromo era o lugar para onde levava os "hóspedes que vinham da Itália trazer notícias sobre a Cosa Nostra siciliana", ainda aos pedaços e sob intensa perseguição policial. O restaurante, construído sobre um deck, oferecia excelente comida e vista panorâmica dos duelos entre os cavalos.

Todas as semanas, às vezes por duas noites intercaladas, ele levava a família para a casa de Paolo Gambino. Depois da refeição, as mulheres se retiravam para uma rodada de baralho amistoso em uma sala à parte enquanto os homens conversavam sobre negócios durante longas rodadas de pôquer e uísque. Um programa *all'americana*. Paolo morava no Brooklyn. Masino gostava de frequentar sua casa — assim como a de Carlo — porque algo na família Gambino lhe recordava Palermo. De fato, os irmãos eram dos poucos mafiosos da velha guarda que ainda falavam o dialeto da cidade. Joe Bonanno era de Castellammare del Golfo, outro sotaque. Os chefões da família Genovese eram napolitanos. Só os Gambino conseguiam fazer Tommaso se sentir um pouco em casa.

Em 1966, tomado pelo remorso por tê-los abandonado em Palermo, Buscetta decidiu trazer Melchiorra e os filhos Felicia, Benedetto, Antonio e Domenico para Nova York. Instalou a família secretamente no Queens. Uma mulher não sabia da outra. Para não causar embaraços, ele decidiu trocar todo o seu guarda-roupa: jogou fora as peças antigas e comprou novas, em dobro. Quando gostava de uma calça, comprava duas iguais. O mesmo com as camisas, cuecas e paletós. Mantinha um conjunto em cada casa e, assim, evitava aparecer vestido com roupas que elas pudessem não conhecer.

O regime de bigamia causava alguns problemas maiores do que o vestuário. Durante as festas mais importantes do ano, sobretudo Páscoa e Natal, Masino precisava cronometrar a participação em cada uma das casas e, pior, fazer duas vezes a mesma refeição. A dupla ceia de Natal, com entradas, primeiros e segundos pratos, tinha efeito devastador. Sua vida conjugal causaria problemas na Sicília, onde a Cosa Nostra não aceitava o divórcio — sob pena de gancho. Nos Estados Unidos era diferente. Os chefões não se importavam com a vida pessoal dos seus, desde que ela não arruinasse os negócios.

Com os filhos na mesma cidade, os negócios só prosperaram. Antonio e Benedetto começaram a trabalhar com o pai no Brooklyn e logo viram grandes possibilidades. Em poucos meses, Masino foi até a rua 42, em Manhattan, e convenceu o dono da pizzaria local a vendê-la. Não se passaria muito tempo para que ele comprasse a terceira loja. Pai e filhos administravam os locais. Masino jamais admitiu, no entanto, que Benedetto e Antonio tivessem sido iniciados na máfia. Não há registros de que foram.

Anos mais tarde, Buscetta comentaria que "teria feito 1 milhão de dólares" com os restaurantes sem jamais admitir ter lucrado com o tráfico. Na época, um pedaço de pizza não custava mais do que trinta centavos de dólar.

O modo mais rapido para matar a saudade da Itália no Brooklyn dos anos 1960 era encostar a barriga no balcão de uma cafeteria. Eram incontáveis os expressos tirados pelos baristas *zip* todos os dias nas dezenas de estabelecimentos espalhados pelo bairro. Quando se deram conta de que a imigração ilegal escondia uma série de crimes, os agentes do INS trocaram o aguado café americano pelo curto italiano. Vigias eram periodicamente postados em frente aos bares mais frequentados. Em visitas, disfarçados de clientes, os policiais decoraram até mesmo a disposição dos móveis: descreveram as duas mesas de bilhar e a máquina de pinball nos fundos do Café Aurora, as duas mesas de bilhar e as quatro máquinas de pinball no salão do Gran Cafe, o balcão de sorvetes do Empedocle. Em todos eles — e também no Napoli, no Gioiosa, no Capriccio e no Roma —, havia sempre "clientes jogando cartas" e conversando na indecifrável língua insular.

A investigação avançava e já eram conhecidos nomes e redes de relacionamento, mas era muito difícil conseguir provas que levassem os chefões ao tribunal. Os telefones de todos os cafés foram grampeados, e funcionários de algumas pizzarias começaram a ser interrogados. Todos contavam a mesma história: a ilíada do pobre siciliano imigrante que pagou a um agente para que o ajudasse a chegar aos Estados Unidos. Nem uma palavra sobre a máfia. Nada sobre o tráfico.

As companhias fornecedoras de matérias-primas também sofreram campana. Em um relatório, um agente reportou ao diretor do INS que Tommaso Buscetta havia sido visto na Eagle Cheese Company (dos irmãos Frank e Filippo Casamento, mafiosos) e que era formalmente registrado como empregado da empresa. As forças de ordem estavam cercando os grupos, mas o trabalho de investigação que começara somente por conta da imigração ilegal ainda se estenderia por anos.

A heroína, que não parava de fluir da Sicília para a América, começaria a causar alguns problemas. O número de indesejados aumentava no desembarque no Canadá. Todos os passageiros que vinham de Palermo eram suspeitos. Em poucos meses, centenas foram carimbados como "delinquentes" e enviados de volta à Itália — na segunda metade de 1969, quase mil passageiros foram expulsos. Entre os que conseguiam passar, muitos acabavam presos nos trens que iam para os Estados Unidos, acusados de imigração ilegal e tráfico de drogas. A polícia começou a entender os padrões, sobretudo das malas: todas parecidas, capazes de suportar muitos quilos de pó em um fundo falso. A máfia contra-atacou na política, usando petições de congressistas amigos para pedir cidadania americana a imigrantes que entravam pelo

Canadá. Só em janeiro de 1969, as investigações do INS levantaram noventa petições suspeitas para famílias inteiras de sicilianos, a maioria com entrada ilegal pela fronteira norte. Centenas seriam protocoladas nos meses seguintes.

O negócio ainda era lucrativo, mas a perda de parte do produto e o aumento do risco com os presos que poderiam contar detalhes sobre a operação forçariam a máfia a procurar alternativas.

Marselha era um porto franco para degenerados de todos os tipos. A heroína produzida nos laboratórios locais tinha a Cosa Nostra como fiel cliente, mas não único: dezenas de criminosos independentes e outros grupos organizados também embarcavam o produto para ser vendido a grandes compradores americanos. A demanda era infinita. Os mesmos franceses que abasteciam as conexões sicilianas faziam negócios por si — vendedores avulsos que formavam uma rede descentralizada e complexa de compra, refino e distribuição e que gravitavam em torno de um grupo de criminosos de guerra, assassinos comuns condenados à prisão perpétua, ladrões e sequestradores donos de longas fichas policiais. A facção dominante se chamava Unione Corse, uma organização mafiosa gerenciada por corsos e marselheses moldada à semelhança da Cosa Nostra siciliana: piramidal e *omertosa*, silenciosa e violenta. Com sangue se entra, com sangue se sai.

Um agente do Serviço Secreto alemão na França ocupada durante a Segunda Guerra Mundial se tornaria o maior financiador do esquema que operava o transporte paralelo ao da máfia nos anos 1960. Auguste Joseph Ricord celebrou a paz em 1945 com as mãos molhadas de sangue e os bolsos cheios de espólios. Mercenário dos nazistas, Ricord tinha vida criminal desde a adolescência. Nascido em Marselha em abril de 1911, teve sua ficha inaugurada em uma delegacia duas semanas antes de completar dezesseis anos, acusado de roubo e extorsão. Poucos meses mais tarde, outra linha seria adicionada: violência e posse de arma de fogo. Perseguido, abandonou a cidade e passou a viver como fugitivo em Paris, onde seria preso e acusado novamente por posse ilegal de arma, além de ganhos com prostituição. Parecia destinado a viver de pequenos crimes e morrer precocemente quando a marcha do Exército alemão sobre a capital francesa, em junho de 1940, lhe deu uma nova vida. O Terceiro Reich logo procuraria se aliar aos piores elementos do submundo para montar uma rede de espiões. Auguste Ricord se tornaria um dos mais proeminentes, servindo aos nazistas em troca de permissão para gerenciar a prostituição na periferia de Paris. Com o fim dos conflitos, sabia que seria impossível escapar de uma condenação. Foragido da França, passa curtos períodos na Alemanha, na Áustria e em Milão. Voa para Buenos Aires em 1948 e se torna um fugitivo internacional condenado à morte pela Corte Militar de Paris.

As conexões de Auguste Ricord com químicos franceses se solidificaram nos anos 1950. Na década seguinte, ele se tornaria um dos principais exportadores de heroína da Europa, abastecendo parte importante do mercado americano. O esquema montado pelas famílias de Nova York com a ajuda de Tommaso Buscetta era canalizado basicamente pelo Canadá. Com a rota cada vez mais vigiada, Ricord colonizou a América do Sul.

Localizado a alguns passos da praça Constituição — em um conjunto de ruas onde convivem prostitutas e policiais —, a Maison des Anciens Combattants Français é um clube para onde confluem todos os franceses desgarrados que habitam Buenos Aires. É no restaurante da associação, sob uma bandeira napoleônica espelhada em um imenso vitral importado da pátria natal, que Auguste Ricord instala seu escritório informal: todas as noites ele se reúne com compatriotas residentes ou recém-chegados à cidade, que se transformava rapidamente em um paraíso para nazistas e colaboracionistas fugitivos dos tribunais pós-guerra. Ricord se integra aos degregados para arregimentar músculos. É neles que deposita o futuro dos negócios. Enquanto as forças policiais americanas e canadenses olhavam para o norte, um novo sistema de transporte de heroína floria no sul do continente sob o comando da Unione Corse. De Buenos Aires, Montevidéu e, mais tarde, Assunção, o mercenário Ricord passou a controlar uma rede de traficantes que usava, inicialmente, voos diretos Paris-Nova York. Mais tarde, as cargas partiriam de qualquer grande cidade europeia, com dezenas de transportadores por mês.

O esquema foi montado com o recrutamento de mulas nas principais metrópoles sul-americanas. Após serem instruídas, elas voavam para a capital francesa, hospedavam-se em hotéis predeterminados e esperavam um contato local, que portava uma mala, um casaco ou pequenos sacos forrados de pó para serem colados ao corpo. Poucos dias depois, as mulas embarcavam em aviões com destino aos Estados Unidos. Aquelas que conseguiam pela alfândega se hospedavam em um hotel estabelecido pelo grupo e aguardavam outro contato. A mercadoria era entregue e a mula voltava direto para a América do Sul, com os dólares do pagamento no bolso. O sistema era fragmentado e limitava o conhecimento dos envolvidos. O responsável pela heroína na Europa não sabia exatamente de onde o carregador vinha nem para quem a carga seria entregue nos Estados Unidos; os compradores na América não conheciam os operadores europeus. Medidas de segurança.

O perfil dos recrutas variava. Pessoas comuns querendo faturar, gente em desespero financeiro, criminosos profissionais. Ou o ideal: pilotos, comissários de bordo e diplomatas que, à época, tinham facilidades alfandegárias — quase nunca eram revistados. Aos homens de mais confiança cabiam cargos gerencias. Eram trazidos de outros países, aliciados em Argel, Casablanca, Barcelona, Roma.

Em meados dos anos 1960, Auguste Ricord já tinha uma operação sedimentada e estava sentado em uma montanha de dinheiro. Era dono de ao menos seis restaurantes e duas boates em Buenos Aires e um dos principais negociadores de narcóticos do planeta. Para a divisão antidrogas dos Estados Unidos, seu codinome era *Mr. Heroin*. No mundo da criminalidade, era reverenciado como *Il Commandante*.

Ricord teve que se mudar para o Paraguai em 1965 após ter sido preso em Montevidéu e Buenos Aires. Na capital argentina, escondia em casa um arsenal de assalto que incluía metralhadoras. Na época, ele era vigiado pela polícia e visto acompanhado de seus dois melhores homens: Lucien Sarti e Christian Jacques David, mais jovens, também criminosos fugitivos da França, acolhidos pelo *Commandante* para se tornarem seus tenentes. Sarti e David contratavam e instruíam mulas, conheciam compradores e fornecedores e viajavam pelo mundo para organizar o transporte da droga. A prisão de Ricord era um recado definitivo do governo argentino para que ele deixasse o país. Convencido, usou sua rede de relacionamentos e subornos para evitar a extradição para a França. Solto, voou para Assunção para se reestabelecer no mercado.

O interesse dos argentinos em prender Auguste Ricord — que até então vivia tranquilo em Buenos Aires — teve um precedente que direcionaria o resto de sua vida. Em 8 de outubro de 1964, Albert Garofalo, um agente do departamento antidrogas dos Estados Unidos, invadiu uma casa em uma zona semirrural na periferia de Marselha. Dentro dela se escondia Joseph Cesari. Ele não era um membro qualquer da organização, mas o mais famoso refinador da Europa. Nascido em 2 de janeiro de 1915, em

Bastia, o ex-navegador e ex-barman que mal sabia ler e escrever era conhecido como "Monsieur 98%" em referência à pureza da heroína que conseguia extrair de um quilo de ópio. Havia mais de uma década que um laboratório não era descoberto na cidade. Com Cesari estava Edouard Toudayan, um armênio identificado como seu primo e conhecido pelos investigadores por ser o maior atacadista a abastecer Marselha.

A prisão de Cesari levou a polícia a farejar Ricord do outro lado do Atlântico. Além dele, os agentes levantaram os nomes de outros criminosos franceses procurados em todo o mundo. Lucien Sarti e Christian Jacques David estavam na primeira fila, enquanto outros nomes eram cuspidos pelos telégrafos das polícias da França, do Canadá, da Itália e dos Estados Unidos: Michel Nicoli, François Chiappe, François Antoine Canazzi, Christian Bernard Javet, Claude Andre Pastou, Robert Bordoulous. Buenos Aires era a base de operações da gangue que, àquela altura, desempenhava um papel decisivo no comércio de entorpecentes. Logo, todos se mudariam para o Brasil.

Buscetta teria conhecido Auguste Ricord e outros traficantes franceses no Canadá durante os anos 1960. Lucien Sarti era um deles. Dezenas de viagens do francês foram localizadas pelos serviços secretos nos registros de voos internacionais, com documentos falsos ou em nome próprio. Em dezembro de 1967, Sarti foi fotografado na Estação Central de Nova York enquanto a polícia esperava para algemá-lo. As autoridades sabiam que ele aguardava a chegada de mulas vindas da Europa. Era obcecado por controle. As suspeitas se confirmaram e todos os carregadores foram presos no desembarque, mas o criminoso enganou a vigilância e conseguiu escapar.

Lucien Sarti nasceu na Córsega, talvez em 1931. Evidências policiais indicam o ano de 1966 como o de sua estreia no tráfico internacional de grande escala, mas ele já negociava cargas menores muito antes. Para os policiais que o perseguiam, Sarti se tornaria em pouco tempo "o maior traficante do mundo baseado na América Latina". Sua ascensão simbolizava uma troca geracional no crime organizado francês. Auguste Ricord já tinha quase sessenta anos e estava sufocado pela diabetes, abatido a ponto da depressão. Sentia no corpo a caçada que as polícias empreendiam para tentar algemá-lo. Sarti tinha pouco mais da metade de sua idade e estava no auge. Gostava de viajar, era um comprador e vendedor global que preferia supervisionar pessoalmente as operações que gerenciava.

A empreitada logo passaria de mãos, mas Ricord ainda teve tempo para dar sua última grande contribuição ao tráfico mundial. No Paraguai, conheceu um grupo que seria chamado pela imprensa de "Os Contrabandistas", pilotos que traziam jeans, eletrônicos, relógios, uísque e outras muambas de Miami para serem vendidos na fronteira com o Brasil. Operavam pequenas aeronaves que pousavam em aeroportos da Flórida ou em pistas clandestinas e abandonadas no México. A carga cruzaria a fronteira por terra, como se fazia desde os tempos do anfitrião de Buscetta, Giuseppe Catania. No Paraguai, Ricord se associou a Andrés Rodriguez e Patricio Colmán — dois generais de primeira linha do ditador Alfredo Stroessner —, que cediam aos monomotores suas fazendas, em uma zona inóspita do país, em troca de parte dos lucros. A estratégia adotada por Auguste seria usada por seus herdeiros no crime por muitos anos: os aviões que vinham dos Estados Unidos com contrabando voltavam para lá com heroína.

O cerco policial que começara no Canadá se estreitava. Em meados dos anos 1960, o Serviço de Imigração já tomaria como rotina uma série de inspeções nas pizzarias das maiores cidades do norte dos Estados Unidos. O ritmo de prisões e extradições de soldados da máfia americana aumentaria, e com eles caíam também muitos compradores importantes. O confronto desestabilizava o esquema, mas não era capaz de diminuir a demanda por heroína. Os atacadistas que restariam em pé — mesmo tendo que tomar cada vez mais precauções — seriam os novos barões da droga, concentrando o mercado em poucas mãos.

Carlo Zippo é um napolitano de 41 anos com cabelos pretos e uma pequena cicatriz abaixo do olho esquerdo. Era conhecido pelo Departamento Antidrogas americano como um parceiro independente da família Gambino. Um comprador não iniciado na Cosa Nostra. Neófito, mas com os bolsos fundos: era considerado um dos maiores varejistas do país. Testemunhas detalharam operações em que Zippo recebia centenas de quilos de droga em diversos estados do Meio-Oeste dos Estados Unidos, trazidos diretamente por aviões ou em carros guiados por mexicanos desde a fronteira. A mercadoria era paga em dinheiro sonante. Em épocas de abundância, 4 mil dólares o quilo. Quando rara, algo em torno de 11 mil dólares. Vendedores que frequentavam sua base em Nova York, no Hotel Woodstock, número 127 Oeste da rua 43, seguidamente saíam de lá carregando meio milhão de dólares. Ou muito mais.

Os agentes rodeavam Zippo sem conseguir prendê-lo. Assim como Lucien Sarti em sua misteriosa fuga da Estação Central de Nova York, Zippo era capaz de antever as ações policiais. Um delator do esquema daria uma pista somente muitos anos mais tarde, sussurrando um nome aos investigadores: "Lorenzo". O mistério seria desfeito quando o italiano Giuseppe Sarago foi preso com uma mala forrada com heroína no Aeroporto Internacional de Montreal. Sarago havia sido contratado em Buenos Aires, feito escala em Paris e seguido para o Canadá com a carga. Em um caderno de anotações que levava consigo, o correio anotara à mão: "Inspetor de Polícia Lorenzo 37-5737 Seção da Interpol — Dep. Cent." Na agenda, saltitavam mais dois nomes de agentes da Interpol — com toda a probabilidade, informantes da quadrilha. Zippo resistiria ao cerco e seria, por mais de uma década, ponto de referência para qualquer um que tivesse alguma quantidade de heroína para negociar nos Estados Unidos. Tommaso o conhecia havia muitos anos. Não demoraria para que os interesses comuns fizessem florescer a relação entre Buscetta, Sarti e Zippo.

No começo de 1967, Masino tenta sair da ilegalidade e prepara a burocracia para requerer o visto americano. Apresenta-se como Manuel López Cadena. Sem saber, seu nome falso é idêntico ao de um militante comunista mexicano, tido pelos Estados Unidos da Guerra Fria como terrorista procurado. Com a prisão decretada contra Cadena, Masino passa horas em uma delegacia até convencer os policiais de que se trata de um homônimo. A polícia não consegue confirmar sua identidade e os agentes o liberam após pegar suas impressões digitais. Elas não batiam com as do terrorista, mas, por precaução, seriam transmitidas para todos os órgãos do país. Alheio à apreensão de Buscetta sob falsa identidade, em 4 de abril de 1967, um investigador do FBI em Roma responde a uma requisição feita semanas antes por seu diretor confirmando que o mafioso estaria nos Estados Unidos se fazendo passar por outra pessoa. O agente reitera que Buscetta era acusado de "extorsão, conspiração criminal agravada, posse ilegal de armas e diversos homicídios" e levanta a possibilidade de que esteja vivendo na América como Manuel López Cadena. Junto ao comunicado, o agente enviou as digitais do criminoso, que bateram com as digitais do falso Cadena que ansiava se tornar cidadão americano. Buscetta agora tinha nome, rosto, caligrafia e polegares cadastrados nos sistemas de busca e apreensão dos Estados Unidos. Seus dias de paz acabaram.

Seu advogado tentou convencê-lo de que o melhor a fazer seria fugir. Masino mudou as famílias de casa, deixou as pizzarias com os filhos e sumiu do Brooklyn para se esconder em Nova Jersey. Sabia do perigo, mas não se sentia acuado. Para alguém criado em uma ilha, a América era uma vastidão de terra onde até mesmo o mais procurado dos seres poderia se esconder. Acreditou tanto nisso que guiava com a mesma carteira que trazia o nome do terrorista mexicano, em uma época em que falsificar documentos consistia basicamente em dominar técnicas rudimentares de vaporização de fotos e colagens. No ano seguinte, é condenado na Itália a catorze anos de prisão à revelia. A notícia não o abalou, e a liberdade provisória nos Estados Unidos durou tempo suficiente para que ele baixasse a guarda.

Em 25 de agosto de 1970, um enxame de viaturas da Polícia Estadual de Nova York cerca seu carro em cima da ponte do Brooklyn. Masino olha o banco de trás e vê os filhos Felicia e Benedetto, talvez pensando que, sem eles, pudesse reagir. Gira a maçaneta do vidro e alcança a carteira de motorista. Antes que o policial diga qualquer coisa, declara: "Me chamo Tommaso Buscetta". É preso imediatamente. Felicia é levada para casa enquanto Benedetto fica com o pai para ajudá-lo: mesmo após sete anos na América, Tommaso ainda falava um inglês muito rudimentar.

Na delegacia, um registro indica que o mafioso italiano procurado pela Justiça tem pequenas cicatrizes nas bochechas e no queixo, provocadas por ligeiros cortes com bisturi. A descrição bate com o preso, que confessa ter feito duas cirurgias plásticas no México para tentar alterar a fisionomia, sem sucesso.

Masino passa três meses em isolamento em uma cadeia de segurança máxima enquanto a Itália pede sua extradição. Nega a todo momento ser mafioso, traficante ou criminoso. Alega ser pobre, incapaz de custear qualquer operação internacional. Uma fiança de 75 mil dólares é estabelecida para que ele saia em condicional. Roma insiste que Buscetta seja deportado para cumprimento imediato de pena. Na contramão do pedido, a fiança é reduzida para 40 mil dólares. O pagamento é feito em 4 de dezembro com dinheiro que teria sido recolhido duramente por Melchiorra entre seus parentes em Palermo. Uma quantia impensável de velhas liras, suficientes para comprar quatro ou cinco casas de cem metros quadrados na Itália daquela época. O cheque, na verdade, foi preenchido pela Public Service Mutual Insurance Company, sediada no número 393 da Sétima Avenida, em Nova York. A empresa era especializada em tirar pessoas da cadeia mediante o pagamento da fiança e a posterior cobrança de juros. Existia um modo mais seguro de a companhia ver seu dinheiro de volta: o governo restituiria a fiança caso Tommaso sumisse do país, em cumprimento a um acordo com a Justiça americana, assinado por ele e uma sessão do júri.

Com o aval da seguradora, Masino é solto. O governo italiano não entende a decisão americana e ainda tenta reaver seu cidadão para trancafiá-lo. Por terra, ele cruza a fronteira do Texas com o México e de lá voa para o Rio de Janeiro, onde desembarca em junho de 1971.

Em agosto, seu advogado o encontra em Buenos Aires e faz com que ele assine um papel com o timbre do City Hotel da capital argentina — prova entregue ao júri de Nova York de que Buscetta havia abandonado os Estados Unidos. Antes de voltar ao Rio, Masino ainda passaria por Assunção, no Paraguai, onde teria conseguido uma naturalização falsa daquele país sob o nome José Roberto Escobar, facilitada por Auguste Ricord.

A decisão americana de deixar Tommaso livre para escolher um país onde se refugiar enfureceu a Itália e foi tema de muitas teorias. A tese mais divulgada sobre a soltura do criminoso é de que ele teria se tornado informante dos americanos — delator de comunistas na América Latina ou de outros traficantes procurados pelo país depois de Nixon declarar guerra às drogas, em 1968. Em um documento do FBI enviado do escritório de Nova York para o diretor do órgão em 18 de novembro de 1971, um agente descreve a investigação do Serviço de Imigração sobre Buscetta. Nele, o agente constata que o governo estava ciente de muitos crimes cometidos por Tommaso na Itália e que, diante disso, seria "incomum" que ele fosse solto. O procedimento padrão seria extraditá-lo para seu país de origem. O agente conclui, textualmente: "Existe a possibilidade de que Buscetta tenha se tornado informante das autoridades americanas".

Até que documentos secretos conclusivos sejam liberados pelos Estados Unidos, não há indícios suficientes para sustentar tal versão.

Brasil, 1971: French Connection

O Brasil de 1971 era menos pobre e mais encantador do que aquele que ele havia conhecido nos anos 1950. Campeão do mundo na Copa do México, a economia andava muito melhor e o governo dos militares parecia tão capilar à corrupção quanto as ditaduras vizinhas. Era possível comprar documentos, obter informações privilegiadas, assinar contratos, subornar policiais para que fechassem os olhos em Montevidéu, Buenos Aires e Assunção. Por que não seria assim no Rio de Janeiro, capital com tradição imperial na arte da corrupção?

A identidade falsa de José Escobar desapareceu assim que Tommaso Buscetta chegou ao Rio. Em poucos dias, ele mudaria seu nome novamente, desta vez para Tomás Roberto Felice, empresário italiano que vinha dos Estados Unidos para investir na América do Sul. Foi assim que se apresentou à Maria Cristina de Almeida Guimarães na praia de Copacabana no fim de uma tarde de julho de 1971. A jovem, estudante universitária de 21 anos, jamais havia visto um homem como aquele. Duas décadas mais velho que ela, alto, cabelos muito pretos e compridos quase até o pescoço, sempre de terno impecável e óculos escuros de lentes grandes, movia-se com gestos lentos, intercalando passadas enigmáticas. Ela apaixonou-se por ele, assim como ele por ela. Masino resumiria aquele momento como "fulminante". Enquanto ela o via quase como uma entidade mística, ele foi tocado pela doçura e ingenuidade da loirinha de olhos vivazes, fluente em várias línguas, educada nos melhores colégios que a seleta burguesia brasileira podia pagar e recém-repatriada da Alemanha depois de um ano de estágio na empresa Siemens.

Foi por ideia dela que os dois marcaram um jantar de cortesia para seus pais. Maria Cristina queria que o italiano pedisse consentimento à sua família para oficializar o namoro. Homero de Almeida Guimarães chegou desconfiado ao prédio de número 160 da rua Sá Ferreira, em Copacabana, acompanhado de seu filho, Homero Júnior. A mãe, Nadir Pirondi, não foi. No apartamento, Masino os aguardava com dois convidados. Benedetto, seu filho com Melchiorra, que chegara ao Brasil depois do pai. Viera de Nova York acompanhado de um amigo, apresentado aos Guimarães apenas como Barone. Era Carlo Zippo, o grande atacadista da heroína de Nova York.

Durante o jantar, Tommaso contou a Homero uma história que misturava ficção e realidade. Roberto, como dizia se chamar, era um siciliano separado, tinha filhos, mas nada disso impediria que desse o melhor para Maria Cristina: era empresário, dono de uma rede de pizzarias em Nova York e de uma exportadora de camarão para os Estados Unidos sediada na Venezuela. Sua intenção no Brasil seria usar o dinheiro da venda das pizzarias americanas para investir no país, onde desejava "viver para sempre".

Homero foi embora contrariado. Talvez por achar que Maria Cristina e Roberto fossem seres de galáxias distantes, talvez por achá-lo muito velho, ou talvez por suspeitar da história. Tentou tirar a filha do relacionamento. Sem acordo, teve que aceitar a união.

Em pouco tempo, Masino e Maria Cristina estavam morando juntos no apartamento da rua Sá Ferreira. O filho Benedetto também tinha um quarto em casa. Apesar das desconfianças iniciais, a convivência com a família dela era estável. Observador como sempre, Tommaso sentiu que o sogro era um homem de relações, que poderia lhe apresentar oportunidades valiosas no país.

Homero de Almeida Guimarães tinha 52 anos, 1,72 metro de altura, cabelos já grisalhos e sobrepeso aparente, parecendo mais baixo do que realmente era. Não tinha mais a feição do soldado que havia servido no forte de Copacabana no final dos anos 1930. Terceiro-sargento da Reserva, em 1942 chegou a ser convocado pela Força Expedicionária Brasileira para embarcar para a Itália durante a Segunda Guerra Mundial — seria salvo um dia antes da viagem ao declarar ter "sofrido um acidente".

O período de Homero dentro do Exército foi dedicado menos à guerra do que à arte da diplomacia pessoal. Graças aos contatos que cultivou — sobretudo com oficiais de alto escalão —, em 1946, filiado ao Partido Democrata Cristão, candidatou-se a deputado estadual em São Paulo. Não foi eleito, mas a roda política o projetaria para o colo do Estado em poucos anos. De vendedor de papéis e comerciante de fios de seda, passou a dono de imobiliária, posto de gasolina e loja de móveis na capital paulista. Todos negócios malogrados. Em 1952, por influência de um deputado amigo, foi nomeado inspetor do trabalho, emprego vitalício conferido a ele pelo próprio Ministério. O cargo público não o impediu de, nos anos seguintes, montar uma série de empresas relacionadas a seguros e assessorias relacionadas com sua posição na máquina pública, em um flagrante conflito de interesses.

Estava feliz dos dois lados do balcão até que em 1962, já como delegado de seguros, desencadeou uma investigação que puniu dezessete das 21 seguradoras brasileiras, golpeando pesadamente a Transatlântica, que, segundo evidências, havia maquiado uma fraude contra o Tesouro montada pela Ford do Brasil. A pena contra a então poderosa Transatlântica causou preocupação aos ministros Antônio Albino e Evandro Lins e Silva, que pediram a cabeça de Homero. Sua amizade com o presidente João Goulart não o salvou da guilhotina, e Jango o exonerou do cargo.

O golpe militar de 1964 lhe deu a oportunidade de transformar o azar em sorte. Dez dias após a tomada de poder pelos generais, escreveu uma carta ao ditador Castelo Branco, na qual explicava os motivos de sua exoneração. Recebeu um telegrama de agradecimento e um convite para voltar à máquina pública. Aceitou, mas não estancou sua saga de abrir empresas: foram mais três, até que, em 1969, inaugurou em São Paulo a Satec (Sociedade e Assessoramento Técnico-Econômico), cuja filial no Rio de Janeiro se chamava Staf (Sociedade Técnica de Assessoramento de Fiscalização). Tommaso Buscetta seria presença constante em ambas.

Homero tinha dois sócios no Rio de Janeiro. O também advogado e ex-funcionário do Ministério do Trabalho Orpheu dos Santos Salles, experiente burocrata que navegava na máquina pública desde os anos de Getúlio Vargas, e o então marechal Joaquim Justino Alves Bastos, ex-comandante de Homero no Forte de Copacabana, empossado à frente do 4º Exército em Recife, em 1963. O militar ficaria conhecido como o homem que havia neutralizado os movimentos camponeses contrários ao golpe de 1964 no Nordeste, apenas poucas horas depois de garantir, por telefone, lealdade ao presidente João Goulart.

Mudanças no mercado de seguros trabalhistas soterraram a Satec e a Staf de dívidas. Coube a Orpheu dos Santos Salles tomar coragem para tentar salvar as empresas. Ao saber que o genro de

Homero era um rico empresário estrangeiro, pediu ao italiano um empréstimo. Os olhos de Masino brilharam, e por 80 mil cruzeiros parte da companhia foi passada para o nome de Maria Cristina. Ele conquistou uma sala na sede da Staf no Rio de Janeiro e outra na Satec, em São Paulo. Transformaria ambas em seu salão de negócios.

Com dinheiro e fama de grande empresário, Roberto Felice caiu na noite. Os restaurantes da moda e as boates no Beco das Garrafas ferviam de gente e eram os preferidos no Rio de Janeiro. Ele gostava dos locais mais badalados, onde poderia sentir a sociedade carioca. Com o fechamento dos cassinos no centro da cidade na segunda metade dos anos 1940 — e a ordem pública para recolher prostitutas, vagabundos, gigolôs e malandros —, os boêmios migraram para Copacabana, que, uma década antes, ainda era um areal em cujo mar os moradores de outros bairros procuravam por bênçãos em dias de santos. Quando Tommaso chegou ao Brasil, a zona era o núcleo da vida noturna brasileira. Nenhuma descrição da atmosfera do sul do Rio seria como aquela fornecida pelo maior cronista da cidade à época, Antônio Maria de Araújo Morais:

> Da guarita do Forte do Leme à guarita do Forte de Copacabana, de sentinela a sentinela, são 121 postes de iluminação, formando o "colar de pérolas", tantas vezes invocado em sambas e marchinhas. Cada edifício tem uma média de cinquenta janelas, por trás das quais se escondem, estatisticamente, três casos de adultério, cinco de amor avulso e solteiro, seis de casal sem bênção e dois entre cônjuges que se uniram, legalmente, no padre e no juiz. Por trás das 34 janelas restantes, não acontece nada, mas muita coisa está por acontecer. É só continuar comprando os jornais e esperar. Na calçada

preta e branca da praia, um vai e vem de príncipes, ladrões, banqueiros, pederastas, estrangeiros que puxam cachorros, mulheres de vida fácil ou difícil, vendedores de pipocas, milionários, cocainômanos, diplomatas, lésbicas, bancários, poetas, políticos, assassinos e *bookmakers*. Passam estômagos vazios e outros empanturrados, em lenta digestão. No asfalto deslizam automóveis cada vez mais novos, compridos e mais conversíveis. Enquanto isso, a vida está acontecendo dentro dos bares e restaurantes.

O amante de óperas Masino Buscetta lembrava-se de Palermo quando ouvia o toque de qualquer piano-bar. Erwin Wiener, um imigrante tcheco radicado no Brasil desde o fim da Segunda Guerra, era um dos mais assíduos pianistas das noites cariocas. Entre baladas brasileiras, espanholas, argentinas, francesas e americanas, Wiener dedilhava canções e trechos de árias italianas que faziam Tommaso se emocionar. Pescava da memória as noites no Teatro Massimo, que frequentava desde os dez anos de idade na capital siciliana. Quando adulto, Masino jamais recusou um convite para cantar de improviso em festas e casamentos. No Rio de Janeiro, fazia Cristina sorrir quando encenava, em casa, os dois sozinhos, um trecho da ópera *I Pagliacci*, de Ruggero Leoncavallo. "*Recitar!... mentre preso dal delirio*" [Recitar!... enquanto tomado pelo delírio]. A fala do protagonista tinha marcas da vida do mafioso que mudava de nome e de história a cada par de anos. "*Ridi, Pagliaccio, sul tuo amore nfranto. Ridi del duol che t'avvelena il cor*" [Ria, palhaço, de teu amor quebrado. Ria da dor que te envenena o coração].

São Paulo era menos glamorosa e provocativa do que o Rio, mas na capital paulista Tommaso tinha um motivo particular para jantares e noitadas: todas as casas noturnas e bares com nomes franceses que frequentava pertenciam a imigrantes ligados à máfia Unione Corse. O restaurante La Toque Blanche era administrado por Michel Novion; Jean Louis de Simoni era dono da boate Club de Paris e tido como sócio de Robert Bourdoulous no piano-bar L'Amiral; a Christian Bernard Javet pertenciam as casas La Colgaine e Le Tacada e o hotel-restaurante Tanda Safari.

A presença de franceses no Brasil havia se intensificado a partir de meados dos anos 1960 e ganhou mais força no final daquela década. O governo argentino caçou e prendeu os desterrados que giravam em torno de Auguste Ricord e da Maison des Anciens Combattants Français em Buenos Aires. Com a fuga de *Il Commandante* para o Paraguai, seus principais homens, Lucien Sarti e Christian Jacques David, ficaram descobertos. Sarti foi preso na capital e conseguiu — possivelmente mediante suborno — ser transferido para uma prisão menor, na periferia da cidade, de onde fugiu. O desaparecimento de Sarti e David dos baixos fundos de Buenos Aires provocou uma revoada de compatriotas em direção ao Brasil, para onde os dois também se mudaram. As boates e restaurantes abertos no país se tornariam os locais de reunião do grupo criminoso.

Não era o tráfico a principal preocupação dos militares que buscavam desmantelar a organização francesa que operava na Argentina. No poder depois de um golpe em 1966, eles estavam de olho nas atividades subversivas de Christian Jacques David. Sua presença era considerada perigosa para os generais. Eles tinham motivos para acreditar nisso.

Nascido em Paris em março de 1931, David era conhecido como Beau Serge [Belo Sérgio] por seu físico garboso. Sua pele morena era colorida por duas tatuagens: no pulso direito, quatro ases de baralho, no esquerdo, um sol nascente. Ex-combatente da Resistência francesa na Segunda Guerra, passou a maior parte da adolescência e da primeira juventude na cadeia. Aos 29 anos, libertado de uma penitenciária psiquiátrica, foi arrolado no Serviço de Ação Cívica (SAC), a polícia política montada pelo general Charles De Gaulle para destruir a oposição, sobretudo comunistas e rebeldes das colônias africanas. David confessou — sem apresentar provas — ter sequestrado o líder da resistência marroquina antifrancesa Mehdi Ben Barka e o levado a um cativeiro na periferia de Paris, onde teria sido morto por outra pessoa a facadas. Seu corpo foi enterrado sob uma camada de três sacos de cal viva a poucos quilômetros do local do assassinato.

O sumiço de Ben Barka foi escandaloso e se espalhou pela Europa, o que teria motivado David a fugir do país: ele voou para a Argentina no final de 1965 com um passaporte belga, falso.

O posto de soldado infiltrado na guerra silenciosa contra o avanço do comunismo fez de Beau Serge um mestre da espionagem. Em Buenos Aires, entrou em contato com grupos guerrilheiros argentinos que pretendiam derrubar os militares. Participou de assaltos a bancos, casas de câmbio e cartórios. Conseguiu conquistar a confiança dos grupos até descobrir onde ficava um dos maiores cofres dos comunistas de Buenos Aires. Em meados de 1966, declarou ter arrombado a caixa-forte em uma casa na avenida Córdoba, subtraído de lá quatro pistolas, cinco passaportes argentinos em branco e cerca de 250 mil dólares. Após rodar por Venezuela, Bolívia, Brasil, Peru e Chile para trocar dinheiro, decidiu voltar a Buenos Aires, onde recebeu mais propostas para lutar em guerrilhas na Guatemala, em Uganda e na Tanzânia. Operou por algumas semanas em serviços de sabotagem contra a oposição desses países, levantando mais dinheiro. Já nessa época, no entanto, autoridades dos Estados Unidos acreditavam que o francês era peça-chave na rede que fazia chover heroína em território americano. Depois de anos de andanças de guerra em guerra, Christian David parecia disposto a fazer riqueza de outra maneira. O caminho usado por ele para chegar ao Brasil foi o mesmo traçado por Tommaso Buscetta. Em 1968, após pedir ajuda para Auguste Ricord em Assunção, Beau Serge conseguiu a naturalização paraguaia. Com os novos documentos, cruzou a fronteira e dirigiu-se até o Rio de Janeiro.

Auguste Ricord reinou livre no Paraguai até conseguir transferir toda sua organização para o Brasil. Parecia prever que seus dias estavam chegando ao fim. Em uma manhã de verão na capital paraguaia, duas viaturas entram a toda velocidade no pequeno porto de balsas às margens do rio Paraguai. Com meio corpo para fora do carro e a pistola engatilhada em punho, o policial Salvador Ibarrola grita em idioma guarani para um marinheiro: "Um velho fugiu do hotel Paris-Niza!". "Careca, baixinho, com uma pasta na mão?", pergunta o marujo. Ibarrola acena positivamente. "Ele embarcou em uma lancha em direção a Clorinda." O policial desceu do carro e obrigou o homem a perseguir o criminoso pilotando outro barco. Havia semanas que tentava prender o fantasma do submundo — não deixaria que ele chegasse à outra margem, onde poderia evaporar em território argentino. Salvador Ibarrola vagava havia dias pelas ruas de Assunção com outros cinco homens de sua confiança. Tinha visitado policiais, taxistas, prostitutas e funcionários de todos os hotéis da cidade até descobrir o paradeiro de seu alvo. A voz de prisão foi dada cedo naquela manhã, no restaurante que o criminoso dirigia — enfeitado, do lado de fora, com uma réplica em escala dez vezes menor da Torre Eiffel, iluminada por neons azuis. Detido, fugiu por uma porta secreta em direção ao rio ao pedir para ir ao banheiro ainda no hotel.

O marujo conseguiu alcançar a lancha na metade do trajeto. "Não seja bobo, policial. Deixe que eu desapareça e você fica com a minha mala." Ibarrola ignorou a proposta e o algemou. Abriu a pasta e calculou que segurava ao menos 1 milhão de dólares. O fugitivo insistiu para que ele o soltasse e ficasse com o presente. O policial voltou para a delegacia com o prisioneiro em custódia. Duas décadas depois de abandonar Paris e montar uma das maiores empreitadas criminais do Ocidente, os anos de contravenção de Auguste Ricord chegavam ao fim.

A prisão de *Il Commandante* no Paraguai e a fuga de David e Sarti da Argentina fecharam de vez as portas daqueles países para o grupo. Mas as baixas na América do Sul não abalaram o mercado. A demanda por heroína seguia alta nos Estados Unidos e o tráfico precisava encontrar novas rotas para sobreviver.

Com a Argentina e o Paraguai fora do jogo, Uruguai e Brasil começaram a ganhar importância no tabuleiro do tráfico mundial. Ricord tinha seus contatos em Montevidéu e, depois de preso, orientou os capangas a reordenar mulas e remessas a partir do Uruguai. Sem Ricord, o grupo se reorganizava de baixo, tentando dissipar a tensão evidente que pesava no ar. Quem seria o novo chefe? Quem organizaria o grupo? O francês não tinha um sucessor natural, o que piorava tudo. Em situações como aquela, uma guerra interna poderia despontar no horizonte.

A solução veio da América. Os atacadistas americanos, como Carlo Zippo, entendiam que o plano de reordenar as remessas parecia bom, mas esbarrava em um problema fundamental: a desconfiança dos compradores americanos. Sob fogo pesado por conta da guerra às drogas declarada por Nixon, os atacadistas que permaneciam operando nos Estados Unidos redobraram todas as medidas de segurança. E viam gente como Christian David, Lucien Sarti e Michel Nicoli — que surgiam como os herdeiros diretos de Auguste Ricord — como mercenários com muito mais sede por sangue do que apetite para os negócios. Faltava um homem do meio para fazer a ponte entre os Estados Unidos e a heroína. Faltava um *broker* internacional que operasse telefones em vez de pistolas. Carlo Zippo confiou em Tommaso Buscetta. Sem cerimônias ou pompas, Masino assumiu a direção.

A perseguição policial na América do Sul tinha efeitos tão deletérios quanto a repressão nos Estados Unidos e na Europa. Desorganizava os negócios. Para Masino, a percepção de terra arrasada se assemelhava com aquela que erodiu a Sicília dos anos 1950 — muita energia gasta com preocupações que não encheriam os bolsos. Era preciso encontrar uma solução rápida para que a empreitada não terminasse em guerra entre os próprios traficantes. Seguindo o modelo que havia aprendido com os americanos durante a fundação da *Commissione*, Tommaso decidiu organizar um encontro como o que havia colocado os chefões sicilianos na mesa e organizado o tráfico a partir da ilha, à época tendo Joe Bonanno como padrinho e Lucky Luciano como executor.

Em vez de Palermo, o Rio de Janeiro. Em vez do Hotel delle Palme, o Copacabana Palace.

Em agosto de 1971, Tommaso Buscetta, Carlo Zippo, Lucien Sarti, Christian Jacques David e Michel Nicoli estão hospedados no mais luxuoso hotel carioca. O mármore italiano e a arquitetura que lembrava os mais famosos hotéis-cassino da Riviera Francesa faziam Masino se sentir em casa. Observando o Atlântico e a praia de Copacabana, italianos e franceses conversavam para reorganizar o fornecimento da droga para os Estados Unidos. Zippo tinha outros vendedores que o supriam, mas deixa claro que era capaz de comprar cada quilo que pudesse pousar em solo americano. Sarti, David e Nicoli estavam naquele negócio havia muitos anos e fariam as operações de campo, viajando pelo mundo para enviar e receber cargas, mulas e dólares. Buscetta atuaria como supervisor de operações, usando como base os escritórios da Staf e da Satec pertencentes ao sogro.

Ainda era preciso definir um novo plano de rotas. Com a queda de Auguste Ricord no Paraguai, a ideia central era usar o interior do Brasil — ermo e imenso — como ponto de apoio. Era preciso comprar ou arrendar uma fazenda propícia para o pouso de pequenas aeronaves, que passariam por outros países sul-americanos e chegariam fartas de pó ao México ou diretamente aos Estados Unidos, dependendo do caso. Os transportadores deveriam variar o repertório e se adaptar aos novos tempos de aperto na fiscalização. O que havia começado como uma investigação sobre imigração ilegal de sicilianos para os Estados Unidos através do Canadá tinha se transformado em uma guerra institucional contra traficantes, deflagrada pelos americanos e espalhada no mundo inteiro.

Para além dos planos futuros, Lucien Sarti e Christian David tinham uma solução momentânea e concreta. Os franceses, apoiados por Francesco Toscanino no Uruguai, operavam uma ligação terrestre entre São Paulo, Rio de Janeiro e Montevidéu, trazendo heroína e dinheiro sujo pela estrada. Seria o caminho usado pelo grupo enquanto uma fazenda não fosse encontrada para dar início à "Rota Caipira", como a polícia mais tarde a chamaria.

Naquele mesmo agosto da reunião no Copacabana Palace, Lucien Sarti e um homem identificado por duas testemunhas como Jean Paul embarcaram em um carro em direção ao sul do Brasil. Não está claro se Jean Paul seria Christian David (que chegou a usar esse codinome), Jean Paul Angeletti (outro francês ligado a Auguste Ricord) ou um terceiro membro do grupo. Sarti e Jean Paul viajariam em um Dodge Dart azul acompanhados de duas moças que haviam conhecido no trânsito poucas semanas antes. Helena Ferreira tinha 25 anos e dirigia um Volkswagen TL 1600 amarelo pela avenida Nossa Senhora de Copacabana quando foi abordada por dois homens em um Oldsmobile. "Você fala francês?" A loura de boca carnuda e olhos grandes achou graça do sotaque e da pergunta, encostou no meio-fio, apresentou-se como modelo fotográfica e deu um número de telefone ao motorista, um estrangeiro que se dizia chamar Luís Alberto Conte — na verdade, Lucien Sarti.

Além de eventuais trabalhos para publicidade, Helena Ferreira dançava em boates e fazia programas como acompanhante. Com ela, naquele dia, estava Zaida Gomes Viscardi, uma gaúcha de 24 anos que morava no Rio de Janeiro havia pouco tempo. Zaida se aproximou de Jean Paul e o encontrou algumas vezes na noite de Copacabana depois daquele primeiro dia. O ponto preferido da turma era o bar Les Enfants Terribles, na galeria Carvalho de Mendonça, no Beco das Garrafas. Ao saber que Zaida era de Porto Alegre, Jean Paul a convidou para ir com ele e Luís Alberto para Montevidéu, onde tinha negócios a tratar. Ela relutou, mas precisou só de mais alguns jantares e noitadas em boates para ceder, depois que soube que poderiam, na volta, parar na capital gaúcha para visitar sua mãe.

No dia da viagem, antes de pegarem a estrada, os quatro foram até o Hotel Excelsior. Sarti precisava conversar com um homem identificado como Roberto — mesmo nome usado por Tommaso Buscetta no Brasil. Após se despedirem, o Dodge Dart rasgou a estrada até São Paulo, onde os casais pernoitaram. No dia seguinte, cobriram um percurso longo de centenas de quilômetros cruzando o Paraná, Santa Catarina e o Rio Grande do Sul até chegarem em Pelotas, no extremo do país. Na cidade, sentados por mais de uma hora em uma lanchonete, Sarti e Jean Paul pediam paciência às acompanhantes. Estavam aguardando um amigo. A espera terminou quando uma Mercedes-Benz 280 S azul de quatro portas estacionou em frente ao lugar em que o grupo aguardava. Depois de uma breve conversa com o motorista, Sarti mandou que Helena e Zaida entrassem no carro. Apenas Jean Paul seguiu no Dodge, que foi escoltado pela Mercedes até a fronteira uruguaia. Os veículos pararam na aduana observados pelos militares. Somente o motorista da Mercedes desceu, falou com os guardas e liberou a entrada de todos, sem revistas ou perguntas. Em poucos minutos, Lucien Sarti, Jean Paul, Helena Ferreira e Zaida Viscardi eram recepcionados como convidados na sala da casa consular oficial brasileira na cidade de Chuy, no Uruguai. Eles não estavam ali para uma visita oficial — queriam contratar os serviços de um transportador de heroína qualificado, capaz de passar batido pelos aeroportos do mundo todo.

Com os dois pés estacados no chão, cabelos longos até o pescoço e costeletas robustas, um homem observa com vago interesse o pátio dos fundos do Consulado brasileiro. Ele está completamente nu. Bêbado, empunha com incerteza uma pistola Beretta 7.65, como se a brisa daquela manhã de inverno estivesse em gravidade zero. Inspira, levanta a arma até ver o silenciador na altura dos olhos, alinha o corpo e mira seco na parede que reveste o forno usado para queimar lixo; dispara uma, duas, três, quatro, cinco, seis, sete, oito vezes. As balas do tipo dum-dum — capazes de criar um buraco considerável quando perfuram a carne — ficam cravadas no tijolo e no concreto, que voam esfarelados. Respira e então se sente melhor.

José Antônio de Sá Netto tem 41 anos e nasceu em São Paulo em 1930. Morou com os pais até os 23 anos, quando saiu de casa para fazer faculdade. Bem conectado, conseguiu emprego, em meados dos anos 1960, na Embaixada do Brasil em Varsóvia, na Polônia. São desconhecidos os caminhos que usou para ser nomeado pelo presidente ditador Castello Branco, sem concurso público ou concorrência, cônsul honorário do Brasil no Uruguai.

Serviu à missão diplomática primeiro em Paysandú, para, poucos meses depois, se instalar em Chuy, onde comandava o consulado desde 1966.

Sá Netto levou os visitantes em sua Mercedes até o Consulado, onde também residia. Não que eles precisassem de guia. Lucien Sarti já havia visitado o cônsul algumas vezes antes daquele agosto de 1971. Sarti e Sá Netto tinham sido apresentados por Christian Jacques David, que se aproximara do diplomata brasileiro antes de todos, em 1970. Chegara à embaixada dizendo que seu carro, um Oldsmobile, estava preso na fronteira por problemas fiscais. De pronto se entenderam: Sá Netto liberou o automóvel para que entrasse no Brasil, e David viu no cônsul um espírito aventureiro a ser usado pelo tráfico. Com passaporte diplomático, Sá Netto foi uma das primeiras mulas qualificadas usadas pelos traficantes na América do Sul.

A casa oficial brasileira habitada por Sá Netto no Uruguai servia de pouso para forasteiros franceses e italianos. Além de Sarti e David, outros criminosos a frequentavam com liberdade e entusiasmo — eram recepcionados com festas explosivas chamuscadas pelos melhores uísques escoceses, licores franceses, charutos cubanos, cigarros americanos e perfumes europeus, dados de presente às acompanhantes que, segundo relatos de testemunhas, participavam de intermináveis bacanais. Já em seu primeiro ano à frente da representação diplomática, Sá Netto importou, além do carro alemão que dirigia, 1691 dólares em bebidas, cigarros e produtos eletrônicos, o que equivalia a mais de dez vezes seu salário mensal, de 148,63 dólares, declarados pelo Itamaraty.

As festas eram tão intensas que o proprietário da casa alugada pelo cônsul precisou sair em seu socorro durante uma madrugada. O dr. Campos Ross encontrou um Sá Netto em pânico, que lhe contou que estava com duas moças em uma festa particular quando ambas passaram mal. Estariam "em estado de delírio", contaria Ross, anos mais tarde, em depoimento à polícia. "Depois de atender às duas infelizes criaturas, eu as levei para um hospital." O cabelo em completo desalinho foi o primeiro impacto percebido pelo médico plantonista. O choque viria poucos segundos depois, quando — ao se aproximar das garotas — o médico sentiu cheiro de merda. As duas estavam ensopadas de urina e haviam defecado. Enquanto o médico plantonista se negava a atendê-las naquele estado, sofrendo com xingamentos de um Sá Netto possuído pela ira, Campos Ross fez uma conexão mental instantânea e lembrou-se de um episódio que havia presenciado meses antes: no Consulado, tinha flagrado, sem querer, Sá Netto com um cidadão que parecia "falar espanhol" — a dupla estava entretida arrumando alguns pacotes. "Quando me viram, esconderam tudo atrás do refrigerador." A dissimulação não impediu o proprietário da casa de ver um "rastro de pó branco" pela peça. A heroína — em estado de pureza quase absoluta como a que o grupo traficava — é branca.

A recepção a Lucien Sarti, Jean Paul, Zaida e Helena não reservou episódios rocambolescos. Eles estavam ali para um acerto de contas que seria o motivo pelo qual Carlo Zippo teria apostado em Tommaso Buscetta para o comando do tráfico na América Latina.

Em abril daquele mesmo ano, José Antônio de Sá Netto embarcou para Nice, na França, com um missão delegada por Christian David: pegar trinta quilos de heroína refinada na Europa e levar a carga até os Estados Unidos. David havia persuadido Sá Netto com um pagamento de 50 mil dólares. O alto custo do transporte era incomum para as mulas da época, mas David sabia o que estava fazendo: por ser cônsul, Sá Netto corria riscos mínimos de ser revistado nos aeroportos. A chance de perder a mercadoria beirava a zero.

David telefonou para Sá Netto, que estava no Rio de Janeiro

desde o começo do mês, em férias. Marcaram de se encontrar na calçada em frente ao Miramar Palace Hotel, em Copacabana. O francês discursou sobre como o cônsul deveria se portar durante a viagem e o instruiu sobre a mala de acrílico com 28 litros de capacidade que pegaria na França. Antes de se despedirem, David revelou que Sá Netto embarcaria em um voo Alitalia com destino a Roma e, de lá, seguiria de carro até a costa francesa. Em Nice, iria se hospedar no luxuoso Hotel Negresco, em frente ao Mediterrâneo, uma das construções que inspiraram os arquitetos responsáveis por desenhar o Copacabana Palace. No Negresco, Sá Netto receberia uma ligação com ordens para descer ao hall. Para ser identificado, deveria segurar um jornal dobrado embaixo do braço.

O telefone da suíte do Negresco tocou conforme o combinado. Sá Netto desceu amassando o jornal e foi abordado por um cidadão italiano baixo, musculoso e de cabelos pretos lisos, vestido em trajes esportes. Trocaram meia dúzia de palavras até o diplomata entender que a mercadoria não estava em Nice, e sim em Roma, e que ele deveria retornar à capital italiana e se hospedar no Grande Hotel. Levou dois dias até que recebesse algum sinal na Itália: uma ligação em seu quarto perguntando se ele estava esperando "uma encomenda de Jean Pierre", nome falso mais usado por Christian David. Sá Netto assentiu que o desconhecido subisse. Em poucos minutos, um cidadão alto, encorpado, de pele branca e cabelos pretos estava em seu quarto com uma mala cinza lacrada a chaves — que foram entregues ao brasileiro. Depois que o italiano foi embora, ele verificou o conteúdo: cerca de sessenta sacos de aproximadamente 1,5 centímetro de espessura, vinte centímetros de comprimento e dez centímetros de largura lacrados com plástico duplo e maleável. Calculou exatos trinta quilos de heroína.

Ficou mais dois dias em Roma antes de partir para a Cidade

do México, com escala em Nova York. A tensão surgiu no aeroporto de destino. Com a ajuda de um carregador, Sá Netto enfileirou em um carrinho as seis malas que carregava — cinco delas cheias de sapatos, roupas, souvenirs e presentes —, tendo o cuidado de deixar por último a carregada com a droga. Pensou que passaria reto pela alfândega quando percebeu que um agente caminhava em sua direção. Depois de olhar para o brasileiro, o oficial mexicano começou a revistar a bagagem. Sá Netto tomou certa distância, pegou os tíquetes de retirada de malas e destacou o último deles, onde estava impresso o número da mala com heroína. Estava disposto a jogá-lo fora, caso o fiscal chegasse à droga. A fila de passageiros aumentava. O cônsul olhava para trás enquanto o agente inspecionava ainda a primeira mala. Terminada essa, partiu para a segunda. Quando parecia que havia se dado por satisfeito, decidiu abrir a terceira. E depois dela, a quarta. Sá Netto estava pronto para tudo quando o agente o interpelou: "Até onde vai sua bagagem?". De longe, o brasileiro apontou vagamente, sem identificar com precisão se a sexta mala era dele ou não. O agente então levantou os olhos e foi encarado por uma fila gigantesca de passageiros recém-chegados aguardando inspeção. Contrariado, puxou do bolso um cartão de adesivos de "inspeção completa", colou em todas as seis malas de Sá Netto e o liberou. O cônsul apressou o passo, entrou em um táxi e correu para o Hotel Executive, onde ficaria hospedado sozinho por três dias.

    O transporte até os Estados Unidos seria feito do velho modo usado por Giuseppe Catania, o compadre italiano que havia recepcionado Buscetta no México após sua fuga da Itália, em 1963. O cônsul brasileiro deveria cruzar o país por terra, em um carro alugado, passar pela fronteira em Nova Laredo e dirigir até San Antonio, no Texas, onde seria contatado por alguém da organização que levaria a droga às mãos de Carlo Zippo. Uma viagem de 1400 quilômetros que deveria enfrentar sozinho.

A fronteira com os Estados Unidos era terreno desconhecido para o cônsul. Seguindo instruções de Christian David, ele parou em um parque à beira da estrada, ainda no México, e camuflou os pacotes com heroína dentro da forração dos bancos e sob o painel do automóvel. De novo na estrada, jogou a mala pela janela e acelerou. Antes de chegar a Nova Laredo, pernoitou em um motel. No dia seguinte, na aduana, a primeira revista trouxe bons pressentimentos: os militares mexicanos mal olharam o porta-malas antes de permitir a passagem para a América. Nos Estados Unidos, a situação mudou. Sá Netto teve que descarregar as cinco malas que levava, que foram devassadas pela fiscalização. Enquanto um agente vasculhava seus pertences, outros três oficiais se debruçavam em seu carro como se fossem coiotes sobre uma carcaça fresca. Tiraram as calotas, bateram e apalparam os pneus, destrincharam o porta-luvas e o bagageiro. Quando partiram para os assentos, cutucaram somente o banco dianteiro direito, único no qual Sá Netto não havia escondido papelotes. Foi liberado para seguir viagem. Quarenta quilômetros à frente, parado pela Polícia Federal, esperou o pior. Teria sido denunciado? Por que está sendo revistado de novo? Seu passaporte diplomático finalmente o salvou, e os agentes apenas seguiram a rotina. Olharam o bagageiro por cima e disseram que o diplomata poderia prosseguir. Sá Netto estava exausto. Parou em um restaurante de beira de estrada para comer e relaxar. Enquanto aguardava o prato, notou uma moça no balcão — talvez uma prostituta. Aproximou-se, puxou papo e perguntou seu nome. Meia hora depois, Lídia entraria no carro e guiaria o brasileiro até um motel, onde os dois passariam a noite juntos.

No dia seguinte, ele a convenceu a seguir viagem até San Antonio. Ela aceitou. Não sabia da carga de heroína escondida no carro.

Sá Netto tinha um cronograma específico a cumprir. Em três

dias diferentes, determinados por David ainda no Rio de Janeiro, ele deveria estar, em frente à agência central dos Correios ao meio-dia do primeiro dia; em frente à agência do banco Banif às duas horas da tarde do segundo dia e, às cinco horas da tarde do terceiro dia, na porta do Hotel Hilton. Em todos os encontros, o carro com a heroína deveria estar com ele. David queria garantir que Sá Netto não estava sendo vigiado. Se fosse cair, que caísse sozinho. Era uma mula de luxo, é verdade, mas ainda assim uma mula. O cronograma foi cumprido pelo cônsul, porém ninguém apareceu. Confuso, Sá Netto via o fim de suas férias se aproximando e sabia que precisava estar de volta ao Chuy para acompanhar a inauguração de uma ponte entre o Brasil e o Uruguai, em poucos dias, com a presença de ministros e militares. Como justificaria sua eventual falta? Sem saber como encontrar seu contato americano, bolou uma estratégia. Pegou Lídia no hotel, levou o carro até o estacionamento do aeroporto de San Antonio, fechou-o à chave e embarcou no primeiro voo para Miami, de onde pegaria um avião da Varig com destino ao Rio de Janeiro. Na Flórida, contou a Lídia que o carro precisaria ser entregue a alguns amigos. Pediu para que ela voltasse a San Antonio e se hospedasse no Hilton à espera de um contato, que ela deveria guiar até o automóvel. Por trezentos dólares, a mexicana topou.

José Antônio de Sá Netto foi recepcionado por Lucien Sarti e mais três pessoas no Aeroporto do Galeão no dia 6 de junho. Contou a história da viagem, desculpou-se e disse que o carro estava estacionado no aeroporto de San Antonio. Em Copacabana, sentados em um bar, o cônsul deu a Sarti as chaves do veículo, o contrato de aluguel e o tíquete do estacionamento. Sarti orientou Sá Netto a ligar para o Hilton e conferir se Lídia estava realmente lá. A carga teria de ser entregue a Claude Andre Pastou. Sá Netto o conhecia. Haviam sido apresentados por Christian David poucas semanas antes da viagem, na casa consular brasileira no

Chuy. No dia seguinte, Sá Netto pegou sua Mercedes — estacionado na casa de amigos — e acelerou até o Uruguai. Acabaria recebendo, dias depois, metade do prometido, pelas trapalhadas que cometeu. Os 25 mil dólares foram pagos em Montevidéu, diretamente por Christian Jacques David. A heroína foi entregue por Pastou a Carlo Zippo, que pagou por ela 330 mil dólares.

Zaida e Helena fazem compras em Montevidéu enquanto Lucien Sarti e Jean Paul se encontram com Francesco Toscanino. No dia seguinte, os casais alugam um Mustang em Punta del Este. Curtem a cidade e o cassino do balneário uruguaio antes de voltarem ao Brasil com outro carro, um esportivo Ford Torino creme. Uma nova viagem seria feita no mês seguinte, cumprindo o mesmo itinerário Rio-São Paulo-Chuy-Montevidéu, mas com novos carros. A cada trecho, o veículo — segundo alegava Sarti — "estragava" e era mandado para uma oficina. Então outro carro era alugado. Os inquéritos policiais nada concluíram sobre a constante troca de autos — sempre por "defeito mecânico", como apontam diversas testemunhas ouvidas à época. Tudo leva a crer, no entanto, que os carros eram recheados de pó ou dinheiro sujo nessas oficinas, em cada parte específica das viagens, atuando como centrais de distribuição. Um sistema trabalhoso, arriscado e pouco lucrativo, que precisava ser substituído. A viagem do cônsul Sá Netto tinha sido o teste final. De São Paulo, da sede da Satec, Tommaso Buscetta conversa em italiano com um interlocutor de fora do Brasil. Usa sua linha particular e as portas estão fechadas. Por telefone, Masino planeja o futuro.

Um encontro com Jango

Homero não tinha dinheiro suficiente para topar a proposta que Tommaso acabara de fazer, mas seria difícil recusá-la. Após sanar as dívidas da Satec e da Staf, Masino tinha derramado mais 35 mil cruzeiros para tapar outros rombos na empresa. Como negócios legalizados, as consultorias eram uma furada. A parceria se mostrava lucrativa para Buscetta, Homero e seus sócios por outras vias. "Quem sabe botamos no nome do Homerinho", sugeriu Masino. Homero de Almeida Guimarães Júnior tinha 26 anos e trabalhava com o pai. Tommaso o adorava, e aos poucos os dois se tornaram verdadeiros amigos. Casado há pouco tempo, não tinha dinheiro, mas sua esposa recebeu, como herança, uma casa e um prédio de apartamentos em São Paulo. "Eles podem vender os imóveis..." Homero aceitou. Comprou a metade de uma fazenda de criação de gado em sociedade com o genro Roberto, que entrou com o restante do dinheiro. As terras foram colocadas em nome de Homero Júnior e Benedetto Buscetta, o Bene.

Enquanto Sarti e David viajavam para o Uruguai para continuar as operações do tráfico, Masino recebia por telefone propostas de vendedores de áreas agrícolas. Homero tinha ativado todos os seus contatos, inclusive o general Ernesto Bandeira Coelho, chefão da Superintendência do Desenvolvimento da Amazônia, a Sudam. Além de procurar por terras disponíveis, esperava conseguir do militar o rápido andamento do processo para descontos no Imposto de Renda, concedidos pelo governo a projetos agropecuários.

Homerinho e Bene também tinham se tornado amigos. Com a ideia de adquirir as terras, Masino ordenou que os rapazes rodassem o Brasil em busca de uma oportunidade. Amazonas, Goiás e Mato Grosso foram os estados escolhidos. Antonio, o Toni, terceiro filho de Tommaso com Melchiorra, os acompanhou — tinha chegado ao Brasil havia pouco, vindo de Nova York.

Homero ficou encarregado de analisar as propostas que chegavam por telefone entre dezembro de 1971 e fevereiro de 1972, período em que Tommaso e Maria Cristina viajaram, em alegadas férias, pela América Latina. Estiveram na Venezuela, onde Salvatore "Passarinho" Greco morava desde que a bomba de Ciaculli matara sete policiais, em 1963. Embora corresse o risco de ser preso, Masino ainda iria para os Estados Unidos e para a Itália em viagens cujos objetivos até hoje são desconhecidos. De volta ao Brasil pouco antes do Carnaval de 1972, o italiano recebe uma boa notícia: Homero havia localizado uma grande área para negócio no Mato Grosso — com pista de pouso em boas condições. O italiano ficou empolgado quando soube que o dono era um velho amigo do sogro, um personagem público que traria excelentes garantias ao negócio, mesmo que exilado do país pelos milicos: João Belchior Marques Goulart, o Jango, presidente deposto do Brasil.

Jango vivia no Uruguai desde o golpe. Seu rancho em Maldonado, a duas horas da fronteira, era destino de peregrinação de amigos, políticos e militantes de esquerda. A pouco mais de cem quilômetros de Montevidéu, a cidade litorânea era escorada de um lado por dunas muito brancas e águas muito frias e, do outro, por imensidões campeiras de ar gelado onde as estradas pareciam pistas de pouso, e as pistas de pouso, estradas de barro. Por aquelas bandas, a presença de animais de corte era mais apreciada do que a de seres humanos. Os brasileiros que desandavam ao sul buscavam em Jango amparo e conselhos — e tentavam convencer o político a voltar ao Brasil e enfrentar o Exército.

Tommaso, Homero, Maria Cristina, Bene e Homerinho marcaram de se encontrar com o gaúcho no dia 1º de março. São recepcionados com um churrasco, oferecido aos cinco e a outros convidados, em comemoração aos 53 anos de Jango. Cardíaco, Jango bebe uísque e fuma um de seus quarenta cigarros diários — misturados com remédios vasodilatadores que ajudam suas veias a sustentar o coração, maltratado por um infarto que o acometeu três anos antes. Sentia faltas de ar constantes. Abria um vidro e sacava do algodão um Isordil. O comprimido derretia sob a língua, invadia a corrente sanguínea e obrigava a pressão sobre as veias a arrefecer; os pulmões voltavam a se encher de ar.

Amigo de Homero havia mais de uma década, João Goulart explica a localização exata da fazenda Três Marias — 10 mil hectares situados à margem norte do Pantanal mato-grossense. As terras abrigavam um naco de rio, cabeças de gado, uma floresta particular e um pedaço de história. Na sede — uma simples mas acolhedora casa de estância —, Jango, ainda presidente do Brasil, havia se reunido secretamente com o então ditador do Paraguai, Alfredo Stroessner, para assinar o tratado que daria origem à construção da hidrelétrica de Itaipu. Ele conta aos convidados que costumava visitar a área partindo de avião de São Borja, no Rio Grande do Sul, e esclarece que as terras estavam sendo administradas por seu piloto particular e homem de confiança. A localização da fazenda era perfeita: poucas horas de voo da Bolívia e do Paraguai — ponto de reabastecimento adequado para o tipo de empreitada que Tommaso buscava secretamente levantar. Jango acerta os olhos em Homero e estabelece suas condições. O homem era tido como grande negociador. Sua dedicação às atividades agropecuárias vinha desde a adolescência, nas terras da família em São Borja. Deposto, passou a negociar fazendas e tudo o que elas poderiam produzir: bois, arroz, ovelhas, lã. Comprou áreas no Uruguai, no Paraguai e na Argentina. Organizou empresas de exportação de carnes e grãos — e se tornaria tão reconhecido que teria ajudado o presidente da Argentina, Juan Domingo Perón, a desatar nós de exportação bovina entre aquele país e a Líbia. Como os tempos eram incertos, o ex-presidente, precavido, ofereceu a Homero, em vez da venda, o arrendamento da propriedade. Masino aceitou, sob a condição de que o piloto fosse dispensado. Não queria gente de fora troteando por lá. Negócio fechado.

De volta ao Brasil, Homero procurou o general Bandeira Coelho para apressar a documentação junto à Sudam. Tinha ânsia em tomar posse da fazenda do ex-presidente, sobretudo pela pressão de Masino. O militar o atendeu amistosamente na própria residência. Homero acreditava que tudo andaria bem antes de ouvir do general que o negócio não poderia ser concretizado. Ao notar que a fazenda era de João Goulart — que se beneficiaria financeiramente com o arrendamento —, Bandeira Coelho se negou a assinar a papelada e mandou Homero procurar outras terras. Ao saber da notícia, Masino ficou desapontado.

O esfriamento do negócio trouxe um problema maior. Os aniversários de João Goulart no Uruguai eram vigiados pelos órgãos repressores do Brasil. Nos anos 1970, fotos das confraternizações em Maldonado seriam anexadas aos arquivos contra Jango, montados pelos serviços de inteligência. Os militares tinham medo de que o ex-presidente retornasse ao país. Sua liderança ainda era respeitada por boa parte da população.

Com o fim do regime, os arquivos secretos da ditadura correspondentes ao ano de 1972 desapareceram da pasta de João Goulart organizada pelos órgãos de repressão. Seu paradeiro é um mistério. É impossível afirmar se os militares tiveram acesso a uma imagem clandestina daquela criatura cabeluda, estranha ao convívio de Jango. Sem documentos contundentes que esclareçam a história, há apenas um depoimento-chave de um personagem diretamente envolvido na questão.

Mesmo que os arquivos da ditadura tenham sido destruídos, uma foto familiar sobreviveu ao tempo e foi capaz de desencadear uma tormenta na vida de Tommaso. Orpheu dos Santos Salles, sócio de Homero, teria entregado ao Dops a foto na qual Masino, Homero, Cristina, Bene e Homerinho aparecem abraçados ao ex--presidente. A imagem enfeitava um móvel na sala do apartamento de Buscetta em São Paulo. Orpheu e os generais ligados a Homero tentariam, assim, se livrar do italiano — e mostrar aos militares que não tinham nada a ver com ele. Àquela altura, eles já desconfiavam de Tommaso, que passava os dias recebendo gente estranha e despachando pelo telefone dos escritórios da firma sem jamais dizer o que realmente fazia.

A foto foi parar direto nas mãos do delegado Sérgio Fernando Paranhos Fleury, um dos mais implacáveis agentes do Dops, reportado como persistente torturador por dezenas de prisioneiros que passaram por sua delegacia. Fleury e a cúpula da repressão não tinham nada contra Tommaso Buscetta. Nem mesmo sabiam quem ele era. Ligados em tudo o que era relacionado a Jango, acreditaram que o italiano pudesse fazer parte de algum grupo comunista disposto a financiar a volta do ex-presidente ao Brasil — movimento que a ditadura não poderia permitir. Fleury começou a buscar informações sobre "Roberto" sem saber seu verdadeiro nome, muito menos sobre seu passado mafioso e o presente no mercado internacional de heroína. Acreditou estar levantando a ficha de um subversivo europeu. Mirou no que viu, acertou o que não viu.

A frustração provocada pelo distrato do negócio da fazenda pressionou Masino a encontrar uma solução. Ele intuía que Homero entraria em qualquer negócio que propusesse, e tudo indica que tenha forçado o sogro a enfrentar uma nova tentativa. Sabendo que Homero havia recebido a visita de um corretor que lhe oferecera uma fazenda em Echaporã, no interior de São Paulo, Tommaso apelou para o instinto paterno: disse que estava desgostoso com o Brasil e que levaria Cristina para morar com ele no exterior. O velho foi tomado pelo pavor. Em um final de semana, levou Masino, Bene e Homerinho para conhecer o rancho em Echaporã. Masino e o filho ficaram encantados com a fazenda Santo Antônio e seus 4,4 mil hectares, 360 cabeças de gado e diversos animais de montaria. Sem pensar muito, Homero desembolsou 300 mil cruzeiros para dar entrada na papelada das terras — que custariam mais de 1 milhão de cruzeiros —, penhorando a própria casa. Com a promessa de Masino de que cobriria parte da dívida, outros 300 mil, esperava conquistar Bene, que convenceria o pai a ficar no país.

Parecia ter dado certo. Bene e Homerinho tomaram posse da fazenda Santo Antônio e Tommaso visitaria a fazenda diversas vezes ao longo dos meses seguintes. Para ficar mais próximo, saiu da mansão em que morava na avenida Indianápolis, 595, em São Paulo, e alugou dois apartamentos — um para ele e Cristina, outro para Bene e sua esposa, que acabara de chegar de Nova York — em Marília, a quarenta quilômetros de Echaporã. Estava decidido a investir tempo na nova empreitada.

O transporte aéreo de heroína era uma novidade no Brasil, mas já funcionava havia alguns anos em outros países. Um ano antes, em outubro de 1971, Lucien Sarti convidou Helena para mais uma de suas viagens. Juntos, viajaram para São Paulo, Montevidéu, Lima e Cidade do México. Na capital do Peru, o francês se encontrou com Housep Caramian, um correio responsável por fazer a droga voar da América Latina para os Estados Unidos. Lá, combinaram que Caramian colocaria 120 quilos de heroína recém-chegada da Europa em um avião particular de Sarti. Caramian e um piloto rumaram de Lima com destino a uma pista militar abandonada no deserto mexicano, onde Lucien Sarti, Michel Nicoli e outro homem recepcionaram a carga e a levaram de carro para a Cidade do México. O negócio teria sido feito ali mesmo, com Carlo Zippo, que teria pagado pela droga 840 mil dólares — 7 mil dólares o quilo, valor mais baixo do que se fosse entregue diretamente nos Estados Unidos. Sarti voltou ao Brasil em um voo via Panamá, onde provavelmente depositou o dinheiro.

A ideia de usar o interior do Brasil como entreposto de carga e abastecimento parecia firme. Depois de tomar posse da fazenda em Echaporã, Masino se encontrou com Michel Nicoli no terraço do Edifício Itália, em São Paulo. Tommaso e Nicoli já se conheciam. O francês, nascido em Marselha em dezembro de 1930, era um dos homens de maior confiança de Auguste Ricord. Carteiro desde a adolescência, enveredou para o crime nos anos 1960, dirigindo carros de fuga para uma quadrilha de assaltantes na França. Em 1963, já clandestino em Buenos Aires, importava roupas falsificadas da Europa para revender na Argentina. Sua entrada no tráfico ocorreu aproximadamente em 1966, quando conheceu Lucien Sarti no restaurante El Sol, ponto de encontro de desterrados franceses na capital. Nicoli vivia no Brasil desde 1969 sob o nome de Carlos Collucci da Silveira, um cidadão brasileiro fictício nascido no Rio Grande do Sul. Com o dinheiro que tinha levantado fazendo viagens de leva e traz de heroína, Michel fundou no número 255 da rua Acre, na Mooca, em São Paulo, a empresa Delga Alumínio e Plástico Ltda. As investigações policiais da época não foram a fundo na contabilidade da companhia, mas é provável que a Delga fizesse lavagem de dinheiro. Ao menos dois malotes com dólares sujos viajaram do Rio de Janeiro para Nova York, onde foram depositados na conta da empresa nos Estados Unidos e depois retransferidos para o Brasil como "investimentos externos".

Tommaso contava com Nicoli para sua nova empreitada. Ele já havia participado da reunião no Copacabana Palace, em agosto de 1971, onde também estavam Carlo Zippo, Lucien Sarti e Christian Jacques David. Sabia trabalhar e estava pronto. Em um depoimento dado ao Dops tempos depois, Nicoli confessaria que conhecia todos os integrantes do grupo, inclusive Buscetta, "elemento de projeção da cúpula da máfia", e que o havia encontrado "umas quatro ou cinco vezes" no Brasil. Juraria, no entanto, que em nenhuma delas por motivos escusos. Admitia conhecer Tommaso, mas não imputava a ele nenhum crime.

O distrato do negócio com Jango parecia ter trazido mau agouro ao supersticioso Tommaso. Março, mês em que estivera com o ex-presidente brasileiro no Uruguai, era período de embaraço na história siciliana. Por duas vezes, em séculos distintos, o povo da ilha tentou uma revolução pela independência contra estrangeiros dominantes. Fracassara em ambas. O mês que marcava o começo das guerras para os povos europeus antigos faria seus estragos naquele ano bissexto de 1972.

Em janeiro, enquanto Masino viajava com Cristina para fora do Brasil, Lucien Sarti apareceu algemado no apartamento 201 da rua Vieira Souto, 555, onde vivia com Helena Ferreira. Eram 21 horas, e a moça o recebeu assustada. Sarti estava acompanhado de

Nélson Duarte, delegado da Polícia Civil que, naqueles anos, era o símbolo do combate ao crime no Rio de Janeiro.

Titular da 14ª delegacia, Duarte era conhecido como um dos doze Homens de Ouro da polícia carioca, uma espécie de grupo de elite criado para limpar a cidade do crime organizado. No limite, poderiam agir fora da lei sem comunicar a corporação de suas diligências e trocar tiros impunemente pelas ruas da cidade sem jamais serem investigados. Nélson, em particular, era uma figura pública muito popular. Aos domingos, hospedado pelo maior *talk show* televisivo da época, o programa *Flávio Cavalcanti*, exibia em cadeia nacional seu "livro de ouro", um caderno-caixa onde figuravam nomes de celebridades e socialites brasileiros que doavam dinheiro diretamente ao delegado, que o aplicaria em um projeto para a cura de "drogados". Diante de uma plateia fascinada, mostrava o rosto de criminosos que acabara de prender, em fotos com poses de policial durão. À noite, em um quadro televisivo criado por Flávio Cavalcanti chamado "Polícia às suas ordens", o delegado vestia um de seus 24 ternos — apenas um deles branco — enquanto empunhava uma metralhadora para mostrar aquilo que o apresentador chamava de "sua infalível mira". Nem o solavanco da pólvora era capaz de desalinhar seu bigode ou de mover os seus cabelos negros e lisos colados à brilhantina. "Já me convidaram para trabalhar no cinema e até fazer fotonovela", confessava a um repórter fã. Depois de revistar o apartamento de Sarti, o delegado levou o francês, Helena e duas empregadas para a delegacia. Sem saber o que fazer com o cachorro do casal, carregou-o junto. As mulheres ficaram presas em um quarto, com o animal, por dois dias. Helena alegaria mais tarde estar grávida e ter tido um aborto espontâneo por conta do trancafiamento. Foi solta. De todo modo, o delegado de ouro não estava interessado nela. Sua presa era Lucien.

É provável que Sarti tenha sido denunciado por algum desafeto. Ao entrar no apartamento de Lucien, Nélson Duarte estava atrás de supostos 150 mil dólares falsos. Como não os encontrou, levou-o preso. Nas horas subsequentes, Michel Nicoli e um homem chamado por Helena de José Caravian também apareceram algemados no DP. É possível que José Caravian seja, na verdade, Housep Caramian, o correio que levou heroína de avião até o México para Sarti.

Em sua vasta sala na delegacia do Leblon, decorada com poltronas e cortinas incomuns às repartições públicas da época, Duarte tem os pés fincados em uma gaveta entreaberta. Com o corpo jogado para trás em uma cadeira, conversa com Sarti enquanto lustra uma de suas reluzentes medalhas de honra: Policial do Ano escolhido em uma votação realizada pela imprensa em 1964, 1965, 1966 e 1970; Medalha de Fidelidade ao Estado e título de Cidadão Benemérito concedidos pela Câmara do Estado do Rio de Janeiro; e a placa máxima da Legião de Honra Marechal Rondon. Na parede, Sarti observa uma foto em que o delegado palestra para saudáveis atletas estudantis — uma espécie de prova de sua luta contra as drogas.

Helena estava apreensiva quando Lucien chegou em casa. A detenção do francês terminou de forma abrupta algumas horas depois de a namorada ser solta. Nélson Duarte demonstrou conhecer a vida de Sarti, muito além do que o criminoso poderia imaginar — a começar por seu verdadeiro nome. Sarti dizia se chamar Louis Robert, identidade desmascarada pelo detetive número 1 do Brasil. Lucien temeu pelo fim de sua carreira criminosa até ser tranquilizado pelo próprio policial depois de uma longa conversa. O delegado mais badalado do Rio de Janeiro não queria acabar com o crime nem salvar a juventude. Nélson Duarte desejava partilhar os lucros. Sarti pagou 40 mil dólares para liberar toda a quadrilha. O dinheiro foi entregue a seu advogado, encarregado de saciar o homem de ouro.

Duarte continuaria sua vida dupla usando o distintivo da Polícia até o fim daquele ano, quando foi acusado de soltar diversos criminosos mediante suborno — além de embolsar o dinheiro arrecadado para tratar dependentes químicos. Seu fim como delegado arrastaria para a lama, um a um, todos os doze Homens de Ouro, cada um deles com os próprios pecados à espera de confissão.

Mesmo que temporária, a detenção de Sarti acendeu um sinal de alerta. Lucien já havia escapado da polícia diversas vezes em muitos países, por meio de suborno ou encenando enredos espetaculares de fuga. Ele sabia que, se caísse nas mãos do Dops, teria poucas chances de se safar, ou até de sair vivo. Entre o fim de março e o começo de abril de 1972, foge. Vai para Montevidéu, Santiago, La Paz e Lima. Helena viaja atrás, a mando dele, sempre com a distância de um ou dois dias. A jovem junta suas coisas mais emergenciais em uma mala e guarda todo o resto com Zaida, que àquela altura mora no apartamento 1203 da rua Aires Saldanha, 36, em Copacabana, alugado pela própria Helena — um porto franco onde todos os dias gringos conhecidos e desconhecidos, italianos, franceses ou não, entravam e saíam sem pedir permissão, conversando entre si, dando telefonemas e desaparecendo em seguida, "com suas bolsinhas que continham muitos dólares e geralmente uma arma pequena", contaria Nirema Viscardi, irmã de Zaida, em depoimento à polícia.

Helena deixa para trás a moça mimada que havia se tornado, cotidianamente presenteada com brincos de brilhante, anéis de esmeralda, colar de pepitas e aliança de ouro, casacos de pele e até tratamento dentário, e cai na estrada. Está decidida a seguir o criminoso até o México, onde Lucien teria um frigorífico que Helena, meses antes, "havia conhecido, mas só de passar na frente".

Sozinha, ela chega a Montevidéu e recebe um telefonema do francês. Ele está em Santiago e pede que ela o encontre no Chile. Embarca no dia seguinte e se hospeda no Hotel Continental. Mal tem tempo de soltar as malas quando um funcionário bate à porta com um bilhete nas mãos. É de Sarti, escrito em espanhol, dizendo que teve que ir às pressas para Lima. Junto à carta estavam mil dólares. Na assinatura, Lucien se despedia pedindo que a namorada usasse o dinheiro para voar até o Peru — o que ela só conseguiu fazer, por falta de voos, quatro dias depois.

Helena já conhecia a cidade. Estivera lá com Sarti um ano antes. No táxi, ela instruiu o motorista a dirigir até o Hotel Glion, onde recebeu uma ligação ordenando que pegasse um envelope na tesouraria do hotel. Nele, Helena encontrou 6 mil dólares, 10 mil cruzeiros brasileiros e outro bilhete em espanhol: Sarti dizia que teve que partir para Madri e pedia que a namorada voltasse ao Rio de Janeiro sem ele.

Cansada e confusa, sem poder contar com as orientações de Sarti e sem saber se Tommaso estava a par dos planos mirabolantes de fuga do francês, ela desobedece e decide voltar para o Brasil fazendo conexão em Lima, no Peru, único voo disponível de imediato. No saguão do aeroporto de Lima, Helena Ferreira é presa pelos agentes da Polícia Alfandegária.

Em sua bagagem, os policiais descobriram uma foto. Era de Jean Paul, comparsa de Sarti. Os agentes apontavam e diziam que ele era procurado pela Interpol. Detida e mantida incomunicável por dias, Helena alegaria ter sido torturada em Lima para entregar a quadrilha. Seu advogado brasileiro — o mesmo que intermediou o suborno entre Sarti e o delegado Nélson Duarte — chegaria ao Peru dez dias depois e a encontraria em um hospital, vigiada pela polícia. Sessenta e oito dias após ter sido presa, sob intensa batalha diplomática entre os dois países, Helena Ferreira é levada de volta ao Brasil. Foi presa no desembarque em São Paulo e escoltada sob custódia para o Rio de Janeiro horas mais tarde.

Helena ficou semanas sem notícias de Lucien. O francês não estava em Madri, como informara por carta, mas na Cidade do México, onde — segundo relatos de criminosos próximos — pretendia morar. Os dias de pequenas cargas haviam terminado. O México era uma doca aberta e sem vigilância para voos particulares recheados de pó. A fronteira com os Estados Unidos, uma miragem dourada.

Sarti sabia que estava sendo perseguido. Sua intuição nunca falhava. Em La Paz, dias antes de Helena chegar, havia sido preso pela polícia local, que tinha informações do Departamento Antidrogas dos Estados Unidos sobre sua presença no país. Os americanos estavam em seu rastro depois da prisão de Auguste Ricord no Paraguai. Sarti era considerado o inimigo público número 1 da nova campanha a movimentar a indústria bélica da América: a guerra às drogas. Era preciso um inimigo com rosto e nome.

Assim que foi informado sobre a prisão de Sarti, Tommaso decidiu enviar alguém para a Bolívia para soltá-lo. Ligou para Guglielmo Casalini, um italiano nascido em Milão que vivia no Brasil desde os anos 1950. Advogado formado pela Universidade de Nápoles, Casalini já tinha sido mula do tráfico antes de se tornar uma espécie de despachante dos criminosos. Era o responsável por conseguir documentos, encontrar pessoas, trazer e levar cartas, fazer ligações, marcar encontros e se infiltrar na máquina pública. Naquele ano, Guglielmo — com a ajuda de dois servidores públicos cariocas — tinha naturalizado ilegalmente o filho de Tommaso, Bene, como brasileiro e o livrara do serviço militar, além de estar trabalhando no processo de naturalização de Masino, forjando, para isso, a certidão de nascimento de uma filha brasileira que Tommaso não tinha. Casalini alimentava por Buscetta uma mistura de medo e idolatria. Seu livro de cabeceira era um compêndio sobre os mais perigosos homens da máfia siciliana, onde se podia ler um capítulo inteiro sobre "Don Masino", páginas e páginas que inflavam a biografia de Tommaso após sua fuga da Itália. A obra o retratava como um chefão em Palermo, o que definitivamente ele não era. Para Casalini, que se fiava no livro, Buscetta era uma divindade do mal.

Guglielmo foi encarregado de encontrar Lelio Paolo Gigante, um velho conhecido de Masino que poderia voar até La Paz e libertar Sarti. Nascido em São Paulo em 1934, Gigante havia sido criado na Itália, para onde seus pais se mudariam em 1935. Girou por diversos países até se estabelecer como comissário de bordo da Avianca na Colômbia, de onde voava para os Estados Unidos e para a Europa. Complementava o salário com a venda de relógios falsificados transportados de um país ao outro até descobrir que podia lucrar muito mais com pequenas cargas de heroína.

Quando Masino conheceu Lelio Gigante, ele estava quase congelado.

No inverno de 1969, Gigante se encontrava apreendido para averiguação em um posto aduaneiro na fronteira do Canadá com os Estados Unidos. Tentava imigrar para a América. Com medo de ser deportado, Lelio abriu a porta dos fundos do edifício e fugiu. Depois de acalmar o passo, ele imaginou uma rota de fuga e andou por mais de cinquenta quilômetros sobre a neve. Eram pouco mais de oito horas da manhã quando avistou Montreal. Estava à beira de uma hipotermia. Entrou tremendo em um táxi e desembarcou em uma pizzaria onde pediu ajuda para o grupo responsável pela imigração ilegal. Foi colocado no banco de trás de um carro por dois indivíduos, levado a uma casa e acomodado em um quarto antes de dormir por dois dias, mantendo apenas curtas vigílias para comer. Na terceira manhã, ao abrir os olhos, deu de cara com Tommaso, que o esperava em silêncio ao lado da cama.

Masino estava preocupado com um documento. Gigante deveria entrar nos Estados Unidos fingindo ser Roberto Cavallaro, um dos tantos nomes falsos usados por Tommaso Buscetta. No passaporte dado a Gigante estavam impressas as digitais de Tommaso, e ele temia que, ao checar aquelas digitais, a polícia americana tivesse certeza de que o mafioso se escondia nos Estados Unidos. Lelio disse que o documento havia ficado com os agentes. Masino resignou-se, saiu do quarto e pediu que o dono da casa cuidasse de Lelio até que ele se recuperasse. "Nos veremos um dia", disse Buscetta antes de desaparecer.

Lelio retornou ao Brasil em meados de 1970.

Tommaso pediu que Lelio voasse até a Colômbia e procurasse um advogado para soltar Lucien. Ordenou que ele passasse o valor das custas por telefone, para que desse um jeito de mandar os honorários até La Paz. Não foi preciso. Ao chegar à delegacia, Paolo Gigante descobriu que Lucien havia sido solto e desaparecera do país. Do Rio de Janeiro, Masino descobriu que o francês tinha conseguido subornar os policias com 200 mil dólares que carregava consigo. Estava livre mais uma vez.

Uma neblina fosca soterrava a Cidade do México. Eram 8h40 da manhã quando um carro estacionou na rua Temístocles, situada em uma zona rica da capital. Ao ouvir a buzina, um homem saiu apressado da casa de número 107 e caminhou em direção ao assento ao lado do motorista. Segundos antes de ele alcançar a porta, dois agentes de polícia surgiram do meio do nada e lhe deram voz de prisão. Foram surpreendidos pelos estampidos de uma Colt Cobra calibre .38 que perfurava a névoa. Seguiu-se uma correria desenfreada. Os policiais fugiram como animais em desespero. A poucos metros dali, um grupo de agentes os aguardava em reforço. Após uma tormenta de balas, Lucien Sarti caía morto na calçada. Era 27 de abril de 1972 e terminava ali a carreira criminal de um dos braços direitos de Tommaso Buscetta. Seu corpo nunca foi reclamado, jazendo solitário em um cemitério mexicano sem flores ou visitas.

O cerco se fecha

A morte de Lucien Sarti fez Tommaso intuir que sua vida na América do Sul poderia estar em perigo. Temendo ser preso pela polícia brasileira — e desconfiado de que os agentes italianos já soubessem de seu paradeiro em São Paulo —, Masino se refugiou na fazenda em Echaporã, junto com Homerinho. A certeza de que as coisas poderiam ruir veio em setembro, quando policiais procuraram por seu filho Bene nos escritórios do Rio de Janeiro e no apartamento onde ele residia, em Copacabana. Avisado pelo sogro de que a polícia poderia estar em seu encalço, Masino decide reunir a família em Marília para tomar decisões inadiáveis.

Àquela altura, Maria Cristina Guimarães já havia assumido as duas filhas que Tommaso tivera com sua segunda esposa, Vera, que decidira voltar para a Itália: Alessandra, que nascera no México, e Lisa, de apenas dois anos, nascida pouco antes de Masino fugir dos Estados Unidos. Elas tinham sido levadas ao Brasil por Antonio, filho de Masino com Melchiorra, a primeira esposa que vivia em Palermo com a família. As crianças foram levadas ao interior de São Paulo por Homero, Nadir e Cristina, naquela sexta-feira, 23 de setembro de 1972. Masino e Homerinho estavam em Marília à espera de todos.

Tommaso marcou a reunião para o domingo. Em uma mesa redonda, sentados na sala de um dos apartamentos alugados por ele na cidade, foi direto: disse que se retiraria da sociedade da fazenda e queria que Bene fizesse o mesmo. O dinheiro para quitar a dívida das terras seria arranjado depois. O sogro suou frio, temendo que o italiano levasse Maria Cristina e as crianças para fora do Brasil e nunca mais voltasse. Àquela altura, ele e Homerinho já sabiam a história de Tommaso e tudo o que envolvia seu nome. Sentiu-se sufocar. Cada segundo da reunião fluía como a ânsia de uma goteira enchendo uma piscina olímpica. Benedetto tomou a palavra e todos ficaram perplexos. Contrariando o pai, Bene deu alguma esperança ao velho Homero: garantiu que tinha interesse em ficar com a administração da fazenda e viver em Echaporã. Tommaso não discordou do filho na frente dos outros. Inexperiente, Benedetto não poderia imaginar a tempestade que se aproximava. Cabia ao pai dizer o que deveria ser feito.

Homero voltou a São Paulo sem os sócios e com as esperanças dilaceradas. Na segunda-feira, estava atordoado em seu escritório quando o telefone tocou. Era Orpheu dos Santos Salles, seu sócio. "Escute bem: estive no Dops aqui do Rio de Janeiro e disse tudo o que sabia sobre Roberto e Benedetto. O assunto é sério. Aconselho que você venha para cá e faça o mesmo". Na quarta-feira, Homero decidiu viajar para o Rio. Na sede da empresa, conversou com o advogado Luís Costa Araújo, que também estivera no Dops. Cada vez mais perturbado, começou a sentir-se mal. Desnorteado, voltou correndo a São Paulo e foi parar no quarto 203 do Hospital São Luís, levado pela esposa Nadir. Pediu que Orpheu avisasse à polícia de seu paradeiro. Homero teria voz de prisão decretada ainda no leito, de onde partiu para esclarecimentos nas delegacias de São Paulo e do Rio de Janeiro. Debilitado, o sogro de Tommaso se viu acuado e tomou uma decisão até então impensada e de consequências imprevisíveis. Sob pressão policial, falou. Em dois depoimentos que somam dezessete páginas corridas, Homero contou histórias sobre Tommaso e seus comparsas, deu nomes, datas, endereços, esmiuçou situações. Tornara-se um delator.

Seus depoimentos detalhados deram aos agentes a certeza de que Buscetta estava se escondendo no Brasil. Eles ainda confirmariam com Homero alguns elementos da investigação policial: nas declarações, o sogro garantiu que Tommaso era dono de uma frota de táxis em São Paulo — falava-se em 250 carros —, pertencentes a uma empresa chamada Fusca, e de uma rede de carrinhos de sanduíches de nome Cop's (cuja propriedade legal era de Maria Cristina). Além disso, Homero revelou conhecer Carlo Zippo e que o comprador de heroína havia se encontrado com Buscetta em seu apartamento em Copacabana na presença do sogro. Ele ainda admitiu que havia sido alertado por Guglielmo Casalini sobre Roberto ser um grande chefão da Cosa Nostra, retratado em um livro que, pelo que se lembrava, se chamava *Boss da Máfia*.

O cerco a Tommaso se estreitava.

Sem Lucien Sarti, sua amante Helena Ferreira virou presa fácil da polícia — que, à época, era um braço de investigação sem nenhum limite. A foto que se acredita ter sido enviada por Orpheu dos Santos Salles ao Dops mostrando Tommaso e a família Guimarães com o ex-presidente João Goulart no Uruguai colocara os agentes secretos em alvoroço, e Helena era a mais sólida ponte ao submundo do crime internacional no Brasil. Ao imaginarem que Jango poderia voltar ao país com ajuda da máfia ou de revolucionários comunistas italianos, os militares entregaram a investigação ao seu mais fiel e feroz cão de guarda: Sérgio Fernando Paranhos Fleury.

Helena passou a ser levada clandestinamente a locais para reconhecer pessoas e situações. Foram para Ilha Bela, São Sebastião, Ubatuba e Caraguatatuba, cidades onde bares e hotéis serviam de fachada para os negócios sujos da quadrilha. Em poucas semanas, a polícia pôde montar um mapa geral da gangue que usava o Brasil como célula do tráfico global. Nirema, irmã de Zaida, contaria mais tarde: "No fim de maio, soube que Helena estava no Rio. Ela nem me deixou subir ao seu apartamento. Disse que estava com um policial federal colado nela 24 horas por dia, que a coisa estava feia. Uns dez dias depois ela foi liberada. Então saímos eu, ela e Zaida. Helena mostrou as lentes de contato azuis que tinha comprado. Fomos a uma boate e nos divertimos. Ficamos de nos encontrar de novo". Nirema procurou pela amiga dias depois, mas não a encontrou. Em seu apartamento, a empregada contou que ela fora "sequestrada por dois homens". Só mais tarde descobriria que ela estava trancada no Dops de São Paulo. Quinze dias mais tarde, Zaida recebeu um telefonema, "um homem com sotaque de gringo dizendo para eu fingir que nunca havia conhecido ninguém, pois do contrário sabia o que ia acontecer comigo". Amedrontada, a jovem decide fugir por um tempo. Compra uma passagem para a Bahia e, no aeroporto, se sente ameaçada ao ver uma pessoa "muito parecida com René", um dos franceses do grupo.

É impossível saber quantas vezes Helena foi presa pelo Dops naqueles meses de 1972. O Departamento de Ordem Pública e Social era uma das repartições mais nebulosas da repressão. Em uma das vezes que foi solta, Helena Ferreira buscou ajuda. Não sabia mais o que fazer. Sem saber que estava sendo vigiada, ela respondeu ao chamado de um amigo de Lucien que conhecia bem. Marcou de se encontrar com o francês Leon Pastou, um membro do grupo, em Ilha Bela. A conversa, que deveria ser reconfortante, teve um tom duríssimo: Pastou a ameaçou, caso ela continuasse a falar com a polícia, e sugeriu com veemência que ela viajasse para Madri, onde seria bem recebida. Determinada a escapar, Helena Ferreira arrumou uma mala miúda e entrou no táxi. Foi presa a caminho do aeroporto.

Não foram só as declarações de Helena que derrubaram criminosos ao longo do mês de outubro. Também Guglielmo Casalini estava falando à polícia. Ele conhecia cada detalhe em particular; sabia de cabeça o nome e o sobrenome de cada envolvido, tinha registrado na memória cada semblante e fotografia. Seu primeiro depoimento oficial seria registrado somente meses mais tarde, mas as declarações de um informante que o conhecia havia mais de vinte anos — tinham fundado juntos um clube carnavalesco — revelavam um Casalini confessional. O informante garantiu à polícia que Casalini o apresentou a "um tal Roberto", homem "dotado de grande fortuna", que poderia se interessar em investir dinheiro em uma loja na Zona Franca de Manaus. Roberto desistira do negócio tempos depois alegando que "iria explorar madeira no Mato Grosso". Foi quando Casalini contou ao amigo quem o italiano realmente era: "Roberto era na realidade um elemento da máfia que tinha o nome de Buscetta. Casalini explicou que, a exemplo de um grupo de franceses que se encontrava no Rio, ele era ligado ao tráfico. Disse que o bando estava de posse, no Rio de Janeiro, de grande quantidade de tóxicos, [...] a qual se encontrava em local de onde nem se poderia pensar em removê-la, no caso de dar o golpe nos franceses para se apossar da mercadoria. Coisa que Casalini já tinha pensado em fazer".

O depoimento revelador do informante do Dops mostrou que Guglielmo Casalini sabia onde era o depósito da heroína no

Brasil. As declarações foram registradas no dia 23 de setembro daquele ano. O golpe pesado contra o grupo aconteceria no dia 4 de outubro, durante uma inspeção minuciosa ao navio de carga de bandeira americana *Mormac Altair*, atracado na baía de Guanabara. Policiais federais do Brasil e da Argentina — alimentados por informações de agentes americanos que haviam mudado o escritório do FBI de Buenos Aires para o Rio de Janeiro no começo daquele ano — revelaram aonde os traficantes pretendiam chegar a partir das operações montadas no Brasil. A apreensão de sessenta quilos de heroína era a maior já feita em uma única vez na América do Sul. O transporte a conta-gotas com mulas humanas estaria dando lugar aos porões do mar — barrigas de aço capazes de alimentar a América.

Com a prova material em mãos, o delegado Fleury deu início à caçada. No dia 7 de outubro capturou Lelio Paolo Gigante em Penedo, no Rio de Janeiro. Na casa onde se escondia, Gigante mantinha uma maleta que poderia ser descrita como uma oficina ambulante de falsificação de documentos — nela estavam 41 passaportes brasileiros já preenchidos, certificados de reservista, carteiras de motorista, carteiras de trabalho, carteirinhas de saúde, fotografias, capas plásticas, tintas, carimbos, clichês. O homem que havia sido salvo do gelo canadense por Tommaso Buscetta se tornara o despachante da quadrilha no Brasil. Seu depoimento oficial seria tomado cinco dias depois, período no qual permaneceu desaparecido nos porões do Dops.

Seguindo o rastro de Gigante, Fleury prendeu Michel Nicoli no dia 18, Claude Andre Pastou na manhã seguinte, até chegar a Homero de Almeida Guimarães no dia 21, no hospital. Uma semana depois, um peixe ainda maior caía nas mãos do oficial: após cercar por horas um motel em Salvador, onde uma amante uruguaia havia reservado um quarto, o delegado enfim rendeu Christian Jaques David. Os preparativos para a prisão foram tensos. Os policias tinham ouvido uma história que pintava o francês como destemido e perigoso. Em 1966, David tinha matado à queima-roupa um policial que tentava prendê-lo em Paris.

Mesmo armado com um revólver Smith & Wesson calibre .38 e uma pistola Browning 9 milímetros (com carregador extra), o mercenário francês procurado em dezenas de países não esboçou reação. Segundo o inquérito, David tentou se passar por um diplomata uruguaio. Não tendo êxito, tentou subornar os policiais. Conforme as declarações do próprio criminoso, ouvido no Dops de São Paulo dias mais tarde, ao perceber que não teria como escapar, teria pulado para alcançar o lustre de vidro do quarto e, com os cacos, tentado suicidar-se cortando os pulsos de ambos os braços. Foi medicado e sedado antes de ser transportado para São Paulo.

Em 25 de outubro, François Antoine Canazzi foi preso na capital paulista com outra maleta cheia de documentos e materiais para falsificação.

Mas Sérgio Fleury estava atrás de Don Masino, o *"boss* da máfia". Ele seria seu troféu à imprensa. Enquanto Tommaso não fosse encontrado, os demais seriam mantidos trancafiados no Dops, dividindo cela com presos políticos, sem direitos ou regalias, engrossando as listas de desaparecidos da ditadura.

Homero de Almeida Guimarães indicou à polícia a localização da fazenda em Echaporã onde Masino estaria escondido. Uma diligência foi encaminhada ao interior de São Paulo, mas a sede da propriedade estava vazia. Ao tomar depoimentos de vizinhos, os policiais descobriram que Buscetta, outro filho de Homero chamado Sérgio Ricardo, Maria Cristina e as filhas de Tommaso com Vera Girotti teriam fugido de avião. Para Fleury, Homero dizia que Masino tinha sequestrado a família e a levado para a Venezuela. Um morador de Assis teria dado aos agentes o nome de um cidadão responsável por conseguir o avião que transportaria o grupo, segundo ele, para a Bolívia. A pista os levou a localizar Homerinho em São Paulo poucos dias depois. A ideia da polícia era emboscá-lo no trânsito para minimizar a chance de fuga. Homerinho estava no banco do passageiro enquanto sua esposa dirigia um Ford Galaxy em um dia de semana, quando o casal levava os filhos pequenos para a casa de parentes até que as coisas se acalmassem. No meio do caminho, ele percebeu a presença do Dops. Agitado, traçou uma rota de fuga e pediu que a mulher acelerasse. Os policiais pisaram fundo e colaram na traseira do carro. O Galaxy roncou alto e serpenteou por quase meia hora pelas ruas do Morumbi, tentando se desvencilhar das três Veraneios apinhadas de homens armados. O Galaxy ganhava distância, mas logo as caminhonetes voltavam a aparecer no retrovisor como se estivessem amarradas ao veículo por uma corda elástica. No banco de trás, as crianças gritavam de emoção, vivenciando o episódio como se fosse uma brincadeira dos pais. Uma rua sem saída poria fim à tentativa de fuga. As três Veraneios cercaram o carro e mandaram que todos descessem. Homerinho obedeceu e cravou as mãos no capô. Com seis anos de idade, o filho mais velho saiu sozinho e grudou na mãe, que gritava para os policiais que seu caçula de dois anos ainda estava no carro. "Não atirem!", implorou. "Longe do veículo!", gritou um dos agentes, enquanto os demais policiais apontavam suas armas. Ao tentar se aproximar da mãe para algemá-la, o policial levou um soco e um empurrão e, ainda surpreso, viu a mulher tirar o filho do banco traseiro e o segurar com força entre os braços mesmo sob ameaça.

Homerinho foi levado sozinho em uma Veraneio. A mãe e os dois filhos foram colocados em outra. No Dops, as crianças foram separadas dos pais e deixadas em uma sala com a TV ligada, sintonizada no programa *Vila Sésamo*. Mãe e filhos só se encontrariam no dia seguinte, quando seriam encarcerados juntos. O mais velho se recordaria por toda a vida dos gritos de uma mulher torturada dia e noite na cela ao lado da sua, nos seis dias em que passou preso. A mulher desapareceu sem que ele soubesse se tinha sido liberada ou assassinada.

No automóvel de Homerinho, os inspetores encontraram uma pista preciosa logo depois da perseguição: uma nota fiscal que estampava o endereço de um posto de combustível na praia de Itapema, no litoral de Santa Catarina. Os policiais sentiram o cheiro do italiano. Sabiam que estavam muito perto de botar as mãos em um dos criminosos mais procurados do mundo. A fama de Tommaso àquela altura era muito maior do que sua posição na Cosa Nostra. Condenado à revelia por múltiplos homicídios, Buscetta era um personagem frequente na imprensa italiana e uma miragem para os homens da lei de qualquer país. As histórias sobre o chefão varavam delegacias e atravessam as bebedeiras dos agentes fora de serviço, e as lendas criadas em torno dele se somavam à vida do mafioso, transformando-o em uma figura mítica — descendente de uma legião obscura de vingadores medievais que habitavam as catacumbas de Palermo, assassino desde a adolescência, contrabandista conhecedor do mar, fundador da Comissão da Máfia, amigo dos padrinhos americanos que inspiraram o personagem melancólico, sagaz e violento de Marlon Brando no filme *O poderoso chefão*; gênio criador de um esquema de tráfico de drogas que se tornaria o inimigo público número 1 dos Estados Unidos, fugitivo com múltiplos nomes, amante de inúmeras mulheres, apreciador dos cassinos e dos cavalos, dândi, *bon vivant*, cidadão do mundo com muitas vidas e tantos rostos que talvez nem mesmo pudesse ser reconhecido — entre as lendas correntes, uma delas contava que ele teria feito plásticas na face e uma cirurgia para mudar, inclusive, o tom grave e marcante da voz. Tommaso Buscetta. Don Tommaso. Don Masino. "O chefão dos dois mundos", como era conhecido nos jornais italianos. Um animal de caça cuja cabeça qualquer policial gostaria de pendurar na parede. Catorze horas depois de prender Homerinho, uma diligência comandada por Sérgio Fleury flagrou o italiano na praia de Itapema enquanto tomava banho de sol. O homem que o governo italiano queria atrás das grades desde 1963 foi finalmente algemado.

Os detalhes da prisão foram omitidos pelo Dops, e o testemunho oficial do prisioneiro ao delegado, se existiu, desapareceu dos arquivos com o fim da ditadura militar. A história seria contada por Tommaso anos mais tarde. Ele se recordaria de ter sido pego no Dia de Finados, 2 de novembro de 1972. Não reagiu. As filhas menores teriam sido trancadas no bagageiro de uma viatura por cerca de dez horas antes de serem embarcadas, com o casal, em um avião de paraquedistas. Masino teria permanecido calado durante quase todo o tempo — falou somente quando a porta da aeronave foi aberta e Maria Cristina, ameaçada de ser jogada em queda livre. Declarou apenas chamar-se Tommaso Buscetta, o que teria acalmado o delegado. Suas digitais e foto de identificação foram tiradas no dia seguinte, 3 de novembro, mas ele só foi fichado em São Paulo no dia 10, uma semana depois, período no qual garante ter sido torturado pelos agentes brasileiros. "Fui pendurado no pau de arara por horas no sol ardente. Depois me deram choques elétricos nos testículos, no ânus, nos dentes e nas orelhas. Arrancaram as unhas dos meus dedos e me deixaram dias com um capuz na cabeça para que eu perdesse a noção do tempo. Comia o que jogavam no chão da cela, com as mãos. Vivia como um porco. Apesar de tudo, eu não disse uma palavra", declarou ao jornalista Enzo Biagi em seu livro *Il Boss è solo*.

Masino foi reanimado com um banho e roupas novas antes

de ser apresentado para a imprensa com toda a quadrilha, inclusive Helena, Maria Cristina e sua sogra Nadir. Casalini entregou tudo o que sabia. O cônsul José Antônio de Sá Netto entregou tudo o que sabia — ele voltaria atrás em novo depoimento, meses depois, mas as evidências contra o grupo eram acachapantes. Christian Jacques David e Michel Nicoli contaram histórias que misturavam realidade e ficção. Nicoli admitiu o tráfico. David não. Ao contrário dos demais franceses presos, ambos foram deportados aos Estados Unidos, pressionados por uma comitiva de parlamentares comandada pelo ex-governador da Pensilvânia que viera ao Brasil para acompanhar o caso junto ao FBI e ao Departamento Antidrogas dos Estados Unidos, o DEA. A América tinha contas a acertar com os criminosos, mesmo que a França insistisse em que eles devessem cumprir pena em seu país de origem.

A tese que circulara entre os policias americanos de que Buscetta teria se tornado um espião dos Estados Unidos contra os comunistas latino-americanos quando foi expulso da América ganhou força após um episódio crucial. Em um memorando datado de 14 de novembro de 1972, um agente do FBI denominado "Mr. Cleveland" acompanha o caso de Tommaso no Brasil. Ele relata que a Polícia Federal Brasileira está de acordo em deportar Buscetta para os Estados Unidos desde que o governo americano pague as despesas de viagem, incluindo a escolta, e que o FBI receba o preso no aeroporto quando ele pousar. O agente do FBI se mostrou favorável à deportação e levou a proposta ao DEA. Para a surpresa do oficial, a resposta, contida em um memorando secreto, era de que o DEA "não deseja que Buscetta seja trazido de volta aos Estados Unidos".

Masino foi expulso do Brasil em rito sumário sem direito a defesa por um decreto presidencial publicado no *Diário Oficial* no dia 17 daquele mês de novembro. Os motivos alegados pareciam os mais fáceis de serem arranjados apressadamente: o uso de documentos falsos, o registro de um nascimento inexistente e a entrada como imigrante ilegal. Em 2 de dezembro, ele embarcou no voo 569 da Alitalia com destino a Roma. O processo por tráfico nunca foi concluído, e ele jamais seria condenado pelo crime. Quase uma década depois de fugir da Sicília, Tommaso Buscetta era finalmente encarcerado em Palermo.

PARTE II

O menino subiu a rua de terra e chutou uma galinha antes de chegar à praça central. Corleone era um poleiro a céu aberto. Com pouco mais de 10 mil moradores, a cidade do interior da Sicília parecia um burgo medieval em pleno século xx. As casas se juntavam em um amontoado de ruínas com rebocos esfarelados e tijolos à mostra; nas alamedas conviviam pessoas, aves, porcos, cães, cavalos, cabras e outros ruminantes em igual medida. Os jovens pareciam velhos; os velhos pareciam ainda mais velhos do que eram. "*Quanti ne muriru! Quanti ne cadiru!*" Os gritos do menino jornaleiro arrepiavam a cidade. Quantos morreram! Quantos caíram! Era a contagem de mortos da máfia. "*Morti, morti e feriti...*" Sua voz se tornava um agudo de lamentos obsessivos, ecoando para cima e para baixo na praça Garibaldi. Sacudido, o jornal *Ora* — impresso em Palermo e levado a fins de mundo como Corleone no final do dia — derramava no ar o boletim de guerra das últimas 24 horas.

Os cadáveres da Cosa Nostra habitavam às dezenas o cemitério local. Ninguém mais sabia dizer quem era o morto ancestral, o primeiro corpo a tombar nas vielas barrentas da cidade por algum acerto de contas envolvendo criminosos. Mas naquele 2 de agosto de 1958 o morto não seria ignorado. Com 92 tiros, o corpo de Michele Navarra esfriava no banco do passageiro de seu Fiat 1100, deitado e encolhido como se tentasse fugir de todos os fantasmas da Sicília. A polícia encontrou no chão os cartuchos de 124 tiros disparados contra Navarra e seu motorista. O carro parecia um alvo de artilharia, dizimado por três armas de grosso calibre, entre elas uma metralhadora americana Thompson deixada na ilha pelos soldados após a invasão de 1942. Na estrada de terra, somente o carro e os dois cadáveres. Poucas pistas, nenhuma testemunha. Os *carabinieri* e a dupla de jornalistas que primeiro chegaram ao local do crime ficaram estarrecidos quando perceberam a identidade da vítima. Quem teria tido coragem de matar o *doutor* de Corleone?

A cidade fez fila para o funeral. Foi preciso abrir mais espaço para as coroas de flores. "Homenagem ao nosso benfeitor." Michele Navarra, o benfeitor. O médico era a figura mais popular e importante da cidade. Tinha 53 anos com aspecto envelhecido mas asseado, olhos de laterais tombadas de uma certa tristeza, bigodes grossos, cabelos penteados com pente muito fino e testa ampla. Um pai, o dr. Navarra, ao qual todos recorriam para benedições e favores. Clínico local, diretor de dois hospitais, gerente garantidor de crédito do banco popular, figura política capaz de decidir qualquer eleição. Sua morte causou pânico entre a população. Vista por um forasteiro, a cena talvez provocasse certo espanto pelo luto exagerado. Afinal, não era a primeira vez que a cidade ficava sem médico, sem fiador público ou guia eleitoral. O corpo do dr. Navarra, rodeado por velas e lamentos, causava aflição por um motivo ainda mais íntimo, que tocava a cada corleonese de modo muito particular: era a primeira vez que Corleone se via órfã de um *capomafia*.

Delegações de mafiosos de toda a região lhe prestaram homenagens. Michele Navarra comandava o clã de Corleone desde o fim da Segunda Guerra. Tinha sido alçado ao posto pelo pai, também mafioso, que forçou o chefão local da época a se subordinar ao jovem filho. Assumiu como clínico-geral da cidade depois da morte do então diretor do hospital, convenientemente assassinado por "desconhecidos" logo após a chegada de Navarra. Era seu modo de abrir caminho. A fortuna pessoal engordou graças aos espólios de guerra — montou uma empresa para recolher os carros militares abandonados nos campos. A empresa foi comprada pelo governo da ilha e rendeu alto ao mafioso. Sua influência se alastrou. Onde as disputas políticas se acirravam, o dr. Navarra interferia como um cirurgião, remediando os que deveriam ser salvos e ungindo os eventuais derrotados que deveriam descansar em paz. Agarrou-se à ideia de que concentraria mais poder caso a ilha se liberasse da Itália. Militou no Movimento pela Independência da Sicília até perceber que a ideia não iria avante. Resignou-se e se tornou o principal cabo eleitoral do grande partido italiano da época, a Democracia Cristã. Não tolerava os comunistas e deixou isso claro com o desaparecimento do sindicalista Placido Rizzotto, nunca mais visto depois de 1948 — seus restos mortais só seriam encontrados em 2009, ao pé de um maciço rochoso nos arredores da cidade.

Como todo *capomafia*, o dr. Navarra tinha seu grupo de fogo. Os soldados eram comandados por um tenente da Cosa Nostra chamado Luciano Leggio, registrado como Liggio por um erro do escrivão. A cidade estranhou quando Liggio e seus atiradores sumiram depois da morte do padrinho Navarra. Finalizadas as honras fúnebres, Corleone parecia uma cidade fantasma. O que alguns começaram a ventilar como lenda se tornou, aos poucos, realidade: Liggio e seus homens haviam traído Navarra com o propósito de assumir o comando do clã de Corleone. Enquanto o grupo de rebeldes se amoitava nas colinas e nos bosques das cercanias, organizando uma guerra, os homens que ainda representavam a parte do dr. Navarra se preparavam para o pior.

O primeiro tiro foi ouvido semanas depois. Seguiriam-se outros. Estampido após estampido, a cidade se asfixiava em uma nuvem de fumaça e pólvora. Os moradores assistiam das janelas a uma guerra civil de emboscadas. "*Morti, morti e feriti!*", gritava o jornaleiro ao fim de cada dia. As notícias correram por toda a Itália. Naquele ano, as famílias de Palermo e os primos americanos já ensaiavam a instituição da Comissão. Corleone com sua guerra apressou as coisas — era uma violência nunca antes vista. "*Quanti ne muriru! Quanti ne cadiru!*"

Enquanto as mães choravam diante das novas covas, os ecos das espingardas eram ouvidos do outro lado do oceano, onde todos os mafiosos ítalo-americanos se preocupavam com a ruína dos negócios que o morticínio na então insignificante cidadezinha do interior poderia causar. A velha ponte Sicília-Nova York estava em risco. Nos cafés do Brooklyn, nos clubes de imigrantes em Detroit ou nos salões de carteado de Chicago, os chefões conversavam em voz baixa e chamavam Corleone de *Tombstone* — a pedra do túmulo.

"Quem morreu, morreu. A boa alma se foi. Pensemos nos vivos", disse Salvatore Riina enquanto fazia o sinal da cruz. Os velhos que tentavam se refrescar perto de uma fonte naquele verão infernal de 1958 se levantaram e foram embora. Os garotos que brincavam na praça sumiram nos becos. As únicas testemunhas da conversa eram dois cachorros vagabundos esparramados no chão. A reunião, em pé, durou meia hora. Riina buscava a *pax mafiosa* com os comandados de Michele Navarra, que tentavam matar os assassinos do doutor. Pietro Maiuri não havia engolido a morte do chefe por um grupo de ex-comandados, mas estava disposto a aceitar o acordo. Meneou a cabeça sem dizer nada, assentindo. Não notou quando dois homens saíram de uma das ruas ligadas à praça. Tomou um tiro no rosto enquanto apertava a mão de Riina. Os dois atiradores eram Bernardo Provenzano e Calogero Bagarella, amigos de Riina e subalternos a Luciano Liggio, o tenente traidor. A guerra não terminaria com um acordo, e sim com a eliminação dos discordantes. Provenzano e Bagarella pareciam carros armados disparando contra os soldados do dr. Navarra. A batalha durou pouco mais de cinco minutos e mudou para sempre a história de Corleone. A partir daquele dia, a Cosa Nostra conheceria um mafioso emergente que trazia palavras de paz com um revólver nas mãos. Salvatore Riina, o Totò, era o mensageiro do apocalipse.

Masino aterrissou em Roma sozinho. Sua família foi libertada no Brasil e os demais presos da quadrilha acabariam sendo extraditados para o país de origem ou para os Estados Unidos, sob a condição de ajudarem a polícia a desmantelar outras organizações. Na capital italiana, ele foi colocado em um trem com destino à Sicília. Estava exausto. A perseguição e a tortura no Brasil o haviam quebrado também por dentro. A viagem seria feita com máxima cautela e mínima velocidade. O comboio partiu da capital italiana às seis da tarde e chegou a Palermo — o trem precisou ser carregado em um navio para cruzar o canal que separa o continente da ilha — perto do meio-dia seguinte. No vagão, mesmo sentado, Tommaso só queria dormir. Mal teve tempo para respirar quando um dos policiais que o vigiava abriu a porta do trem, ainda em Roma. "Escute, Buscetta, na minha opinião, os brasileiros fizeram muito bem em te torturar." A viagem seria mais longa do que ele pensava. Manteve a calma e a educação. "Você não entende nada, caro policial. Por acaso leu o inquérito brasileiro? Sabe o que eu disse mesmo nos piores momentos? Que me chamava Tommaso Buscetta, nascido em Palermo em 13 de julho de 1928. E só." O policial ironizou: "Então quer dizer que não fizeram um bom trabalho". Tommaso rebateu: "Vou lhe dizer uma coisa. Escute bem. E digo com a máxima calma e serenidade. Se fosse você a me torturar, seria capaz de fazer só um ventinho na nuca. Um bafo". O policial se levantou alterado: "O quê?". Tommaso também se pôs de pé: "Só um bafo! Um bafo! Olhe as minhas unhas... Arrancadas pelos teus colegas brasileiros sem que eu dissesse nada". O coronel dos *carabinieri* que apenas observava a discussão mandou que ambos sentassem e calassem a boca.

Masino perdeu a compostura, e daquele momento em diante não aceitou mais nenhuma ajuda dos policiais. Não usou o banheiro durante toda a viagem. Tinha sete ou oito cigarros — quando acabaram, não aceitou a oferta do coronel, que se dispôs a comprar um maço em uma das paradas do trem. Não comeu nem bebeu nada, recusando até mesmo o café com leite trazido na manhã seguinte.

O cárcere de Ucciardone hospedava muitos mafiosos. Os padrinhos sicilianos eram respeitados nas galerias e historicamente se aproveitavam de sua condição para receber tratamento diferenciado em relação aos criminosos comuns. Tommaso esperava cumprir seus anos de cadeia de modo mais ou menos digno, por isso se surpreendeu com a situação de seus irmãos de crime quando entrou na prisão. Stefano Bontade, Pippo Calderone e Gaetano Badalamenti — amigos de Masino e três dos mafiosos mais renomados da época — não só haviam perdido o comando da cadeia como se encontravam trancafiados na solitária por um motivo banal: foram descobertos portando ilegalmente um utensílio de cozinha para preparar molho de tomate. Encarcerados de menor importância sentiam a falta de pulso dos grandes chefões e incitavam o caos por meio de protestos e rebeliões. Os padrinhos presos conseguiam algumas regalias médicas, visitas e comida diferenciada daquela servida nas celas, tudo graças a favores políticos externos. Masino acreditava que era preciso conquistar a cadeia de dentro para fora.

Não demorou para que Tommaso sentisse a situação. Como não pretendia fugir, tratou de tomar a frente. A primeira coisa que fez foi entender a lógica do diretor de Ucciardone. O que ele mais desejava parecia claro: evitar fugas e rebeliões. O modo de conseguir consenso entre os detentos era negociável. Os desejos do diretor eram os mesmos da Cosa Nostra. Os mafiosos, como regra, não fugiam da prisão pulando muros — preferiam as vias legais, corrompendo advogados, juízes, promotores, fazendo desaparecer provas e testemunhas. E a ordem também era vontade comum entre o comandante da penitenciária e os mafiosos ali presos. Não se passou muito tempo até que Masino conseguisse marcar uma conversa com o diretor. A primeira coisa que fez foi dar um sinal de confiança ao oficial: "Há uma cela em que os presos cerraram as barras. Mande alguém lá para soldar e evitar problemas". O diretor se espantou. Masino continuou: "Peço que o senhor não denuncie ninguém por conta disso. Garanto que não voltará a acontecer". Buscetta ainda sugeriu que o diretor afrouxasse um pouco as regras internas relativas a horários e pertences pessoais, de modo a deixar os criminosos mais confortáveis. Pediu permissão para distribuir aos presos papel em branco, lápis e canetas, para que pudessem escrever às famílias. O diretor assentiu e fez ainda entrar nas celas jornais. Também aumentou o número e o tempo de visitas de parentes e advogados e conseguiu arranjar para todos a instrumentação para fazer a barba — eles deixariam de dar o rosto ao barbeiro da prisão, famoso por usar o mesmo balde de água imunda para dezenas de detentos. O acordo estava firmado. Alguns meses após chegar ao cárcere, Masino tinha se tornado uma eminência incontestável. Daquele momento em diante, as rebeliões desapareceram, as agressões aos presos — e dos presos contra os agentes penitenciários — diminuíram a quase zero, e um ar de paz passou a circular no Ucciardone. Ao contrário de seus pares mafiosos, que odiavam o Estado por princípio, Tommaso era capaz de dialogar com os homens da lei e encontrar equilíbrio.

Com a massa carcerária em relativa calma, Masino alargou suas pretensões para transformar o Ucciardone em um lugar diferente de uma prisão.

Em 1973, passou a trabalhar na enfermaria. O cargo o eximia de revistas e obrigações cotidianas, lhe dava o direito de usar o telefone sem pedir a ninguém — ligava inclusive para o Brasil para falar com Cristina — e liberava a entrada de qualquer pessoa no presídio para encontrá-lo, a qualquer hora. As conversas o colocavam a par dos problemas, segredos e controvérsias que permeavam as famílias da Cosa Nostra fora dos muros. Foi quando captou os primeiros sinais de mudanças na organização. Os afiliados começavam a mostrar riqueza nunca antes vista. O crescimento brutal do contrabando de cigarros e os lucros cada vez maiores do tráfico de drogas eram ostentados sem pudor. Para fazer mais dinheiro, os chefões começaram a iniciar na máfia os camorristas de Nápoles, algo herético poucos anos antes diante de uma Cosa Nostra que não se abria a quem não fosse siciliano. Uma boa carga de cigarros nos anos 1950, quando Masino começou a contrabandear, era capaz apenas de encher um pequeno caminhão com quinhentas caixas. No começo dos anos 1970, cada barco no Mediterrâneo carregava ilegalmente 40 mil caixas. Nos bares de qualquer cidade siciliana, tornava-se cada vez mais difícil encontrar cigarros legalizados.

Os benefícios coletivos conseguidos pelo palermitano em Ucciardone perderam limites. Masino deu a máxima prova de seu reinado de paz ao convencer os presos a recolherem do chão as centenas de pães em migalhas que haviam sido atirados das celas em protesto contra a má qualidade do estabelecimento. Ao mostrar ao diretor que o melhor a fazer era confiar as galerias à máfia, Masino ganhou liberdade para dar aos chefões presos de tudo para que pudessem esquecer que estavam cumprindo pena. Roupas de lojas finas de Palermo começaram a entrar nas celas. Grandes jantares dos melhores restaurantes da cidade eram servidos por uma disque-entrega com linha direta. Os mafiosos pararam de comer as refeições cedidas pelo Estado e começaram a cozinhar os próprios almoços e jantares. O estoque era tão grande que a penitenciária precisou arrumar uma sala exclusiva para estocar os mantimentos. Pendurados, presuntos e salames. Em pequenas geladeiras portáteis, queijos, frutas, ricotas frescas, vinho branco, espumantes. Tudo o que chegava era organizado e passava a ser de todos.

Os alimentos preparados abasteciam outra sala, ainda maior, organizada para as ceias diárias, onde uma mesa com trinta ou quarenta mafiosos se organizava a cada refeição; os próprios chefões arrumavam os talheres e cuidavam de lavá-los para o turno seguinte — deixando livres os mais velhos para que ajudassem se quisessem. Quem tinha paixão pela cozinha cozinhava: massas, carnes, peixes. Era uma pequena comunidade de eleitos que vivia como queria. Não precisavam respeitar os horários dos presos comuns, que almoçavam sempre às onze da manhã e jantavam às quatro e meia por conta da troca de turno dos agentes penitenciários. A maioria dos mafiosos tinha atestados médicos abusivos que permitiam que aproveitassem os dias na enfermaria, um oásis dentro da cadeia. Os chefões organizados ainda conseguiram outra sala, onde jogavam baralho, conversavam e faziam circular informações de dentro e de fora. O clima de cordialidade permitia inclusive que famílias rivais sentassem juntas à mesa. As discórdias deveriam ser resolvidas em liberdade, evitando brigas e assassinatos dentro da penitenciária. Seriam um risco à boa vida que ali levavam.

Foram Angelo e Salvatore La Barbera os primeiros palermitanos a acolher os compadres agricultores de Corleone na capital. Buscetta não gostava deles. Além da tosquice nos modos e do italiano mal falado, algo nos olhos e no rosto daqueles interioranos o incomodava. A Salvatore e Angelo, no entanto, os *corleonesi* eram úteis. Se a máfia era uma sociedade invisível, os mafiosos de Corleone tinham ainda mais em conta a reserva pessoal — a maioria deles era de fantasmas mesmo dentro da irmandade. Salvatore deu abrigo a Totò Riina, Bernardo Provenzano e Calogero Bagarella no começo dos anos 1960. Todos eram procurados pela polícia por múltiplos homicídios, inclusive o de Michele Navarra, o médico de Corleone e histórico chefão da cidade. A capital siciliana era uma cidade na qual era possível se esconder. Os irmãos La Barbera estavam desbravando a Palermo do cimento, esvaziando a caixa-forte da prefeitura com uma obra em cada esquina. Havia gente a controlar, gente a agradar e gente a intimidar. Desconhecidos na cidade, Riina, Provenzano e Bagarella eram comissionados pelos La Barbera nos trabalhos da terceira categoria.

Salvatore La Barbera se converteu em uma espécie de padrinho dos três.

O construtor era dado a jantares chiques, aos vinhos, espumantes e lagostas; corria em baixa voz que tinha nas mãos o prefeito da cidade; era, enfim, aquilo que em pouco tempo a maioria dos chefões da capital se tornaria: um playboy em camisas de seda e brilhantina no cabelo e com a chave de um Alfa Romeu Spider nas mãos. Os agricultores de Corleone souberam se colocar no lugar que lhes cabia. Por fora, mantinham-se como sempre foram, vestidos com seus ternos pretos e malcortados, os calçados escamando de barro, os rostos encrespados e cozidos de sol, as mãos entortadas por calos enormes. Eram humildes e respeitosos, quase servis. Os patrões de Palermo os olhavam de cima a baixo, aqueles colonos de Corleone. Provenzano e Bagarella eram mais dados a consentir e disparar. Totò não: ele sabia quais trabalhos deveria fazer, mas também quais recusar, sempre com uma desculpa boa e perdoável. Era mais esperto, pensativo e estrategista que os demais. Seus planos para o futuro se agigantavam na estrada, quando subia uma serra de alguns quilômetros para admirar Palermo do topo da cidade montanhosa de Gibilrossa, de onde se maravilhava com sua desgraçada beleza: o mar azul intenso, as casas enfileiradas entre os jardins bem-aparados, as ruas arborizadas e luminosas. Tudo como se fosse um espelho invertido da imundície medieval de Corleone. Totò namorava Palermo. Por fora, o pastor de ovelhas inclinava a cabeça aos chefões da capital. Por dentro, convencia-se de que a cidade era um diamante pronto para ser roubado deles.

Tommaso Buscetta começou a entender que as coisas estavam mudando do lado de fora da prisão quando soube que Pippo Calò, chefe que havia restabelecido a família de Porta Nuova na máfia, o havia expulsado do grupo por ele ter se separado de Melchiorra quando deixou os Estados Unidos, mandando a mulher de volta à Itália sozinha. O fato o surpreendeu. Masino se considerava um mafioso com plenos direitos mesmo depois de ter sido suspenso pela Comissão por defender os irmãos La Barbera. Afinal, a própria Comissão havia se dissolvido após 1963. Tommaso sabia que o desquite era punido na Cosa Nostra — na maioria das vezes com uma simples suspensão temporária —, mas a um mafioso como ele, um dos criadores da Comissão, aquilo seria impensável. Preferiu ter certeza de que estava realmente fora da família antes de emitir juízo. Em 1974, Gaetano Badalamenti confirmou a história a Masino. Tommaso começou a ligar os pontos. Era praxe que os chefões assumissem os cuidados das famílias dos presos, mas Pippo Calò havia deixado as esposas e os filhos de Buscetta sem nenhuma assistência após sua prisão no Brasil. Além disso, nenhum mafioso considerava a possibilidade de fuga da cadeia porque sabia que os processos poderiam ser "ajustados". Em mais ou menos tempo, todos acabariam livres. Totò Riina, que havia sido preso no Ucciardone anos antes de Masino, fora solto em 1969 em um processo com indícios esmagadores de fraude. Nos corredores da Justiça, a Cosa Nostra se ajeitava à base de subornos e intimidações. Masino não pediu que intercedessem a seu favor. Esperou que a máquina se movesse sozinha, e nada aconteceu. Confirmada a sua expulsão, caiu brutalmente na realidade e se sentiu isolado.

Pippo Calò se tornaria para Masino o primeiro símbolo da decadência da Cosa Nostra como ele a havia conhecido. Além de expulsar seu ex-fiel amigo, Calò consentiria a mafiosos de baixo escalão se apossar de altos postos na família. Em troca, receberia parte das vendas colossais de cigarros e, em pouco tempo, de heroína. Tommaso considerava uma heresia o que Calò estava fazendo em Porta Nuova. Sua reputação fora da cadeia, inflada pelos jornais, estava se esfarelando na mesma medida em que sua fama dentro do Ucciardone aumentava. Masino se pôs a pensar, trancado na cela. Sua posição de pacificador do cárcere não era confortável somente aos que estavam ali dentro — mas também para os que estavam do lado de fora. Era ótimo ver Don Masino feliz atrás das barras, e que lá continuasse.

Enquanto decidia o que fazer, Masino aproveitou o ano de 1975 para se reaproximar de sua família brasileira. Três anos depois de ser preso no Brasil, ele revia finalmente Maria Cristina, que se mudou para a Itália com as crianças. Foi só naquele ano que Masino pode conhecer seu primeiro filho de sangue com a esposa brasileira, de nome igual ao do pai. O garoto já tinha dois anos de idade e só o conhecia por fotografias.

Maria Cristina se mostrou uma amante apaixonada e fiel. Visitava o marido todas as semanas e lhe escrevia uma carta por dia — que entregava na recepção do presídio. Era, como ela própria se definia, "uma esposa anômala de um mafioso". Falava seis línguas, tinha feito faculdade, morado fora do Brasil. Vinha de uma família que não conhecia a miséria ou o sol ardente. A personalidade forte de Tommaso não a intimidava, ao contrário, a desafiava: conversavam por horas sobre música, literatura, cinema; discutiam, discordavam, concordavam, brigavam e voltavam a se amar. Cristina era o oposto das outras mulheres de gângsteres, habituadas ao silêncio e ao consenso, envelhecidas pelo tempo e pela falta de um lugar no mundo. Cristina era jovem, vivaz, vaidosa e exuberante. A brasileira ia além e exercia certo comando sobre Masino — um comando de mulher, carinhoso, respeitoso, mas definitivo, entendido no olhar. Tinha conseguido entrar na alma do marido, captado seu gênio como nenhuma outra pessoa havia feito antes ou faria depois, e sabia se impor e mostrar limites. Por isso ele a respeitava. Anos mais tarde, quando o dinheiro começou a rarear, Maria Cristina trabalharia como caixa de banca de jornais, vendedora em um centro comercial, professora de inglês e até mesmo agente de uma funerária. Sua presença na Itália seria fundamental para ajudar Masino a suportar as tempestades que se aproximavam com toda força.

Enquanto Masino cumpria pacientemente sua pena, dezenas de mafiosos eram soltos das prisões italianas como decorrência de processos totalmente suspeitos. No apagar das luzes de 1969, o verdadeiro culpado pelo carro-bomba em Ciaculli — atentado que obrigou Masino a fugir para os Estados Unidos — foi assassinado. Era Michele Cavataio, um chefão traiçoeiro que armou para incriminar os La Barbera, seus rivais na reconstrução de Palermo. Quem o matou a tiros de metralhadora foi o bando de Corleone, em uma emboscada, disfarçados de policiais. A década de 1970 abriu caminho para a Cosa Nostra italiana se reorganizar.

Naqueles anos, estudantes e operários começariam uma série de protestos que culminariam com períodos de terror político no país, depois da primeira explosão de um carro-bomba durante uma feira industrial em Milão. Tentando conter o avanço comunista, o governo italiano encarou os anos de chumbo investigando e prendendo militantes políticos — e virando as costas para o crime organizado. A máfia sentia os ombros leves e as mãos livres para voltar a se alastrar.

Já no começo daquela década os chefões marcaram uma série de encontros em Milão e Catânia, na Itália, e em Zurique, na Suíça, para estabelecer os novos parâmetros do crime siciliano. Depois de anos em relativa calma, as disputas estavam novamente no quente do dia; as fortunas tinham aumentado consideravelmente em comparação ao imediato pós-guerra e, com elas, as vaidades e tentações. A decantada *omertà* não era mais como antes. Criminosos secundários haviam assumido postos importantes nas famílias, camorristas napolitanos estavam sendo iniciados por chefes que falavam cada vez mais em *bussiness* e cada vez menos em honra. Os principais *capos* das grandes famílias decidiram que a reconstituição da Comissão poderia acertar as coisas e evitar uma nova guerra.

O acordo inicial previu que um triunvirato assumiria o poder enquanto um chefe não fosse eleito. Stefano Bontade, Gaetano Badalamenti e Luciano Liggio foram os escolhidos. Como Liggio se refugiava em Milão, Totò Riina representaria os corleonesi em seu lugar.

Os maus pressentimentos de Masino esfriaram quando Bontade e Badalamenti, dois de seus melhores amigos, foram escolhidos para o vértice da organização. Em 1974, Tommaso se manteve tranquilo quando a trinca se dissolveu para dar lugar, enfim, a um eleito. O novo chefão dos chefões, mais de uma década depois do fim da Cúpula, seria Gaetano Badalamenti.

Badalamenti era um velho conhecido de Masino. Criado em Cinisi, cidadezinha litorânea a poucos minutos de Palermo, foi um dos jovens mafiosos a recepcionar Joe Bonanno em Palermo nos anos 1950. Ao lado de Buscetta, também foi um dos jovens fundadores da Comissão. Quando precisou fugir para a América em 1963, foi a Badalamenti que Masino recorreu para reorganizar sua vida nos Estados Unidos. Gaetano se tornaria, naqueles anos, um traficante global, fazendo negócios diretamente com a máfia americana.

A sensação de segurança durou pouco e não deixou que Tommaso traísse seu sexto sentido. Em conversas com Bontade e Badalamenti, alertava-os de que via nos corleonesi uma violência nunca antes experimentada na Cosa Nostra. Se era certo que a máfia era violenta, como de fato era, também era certo que ela procurava ser o menos violenta possível. Salvo exceções, os mafiosos eram homens dados muito mais aos negócios do que às pistolas. Recorriam a elas quando necessário. Masino acreditava que em Corleone o gosto pelo sangue fosse algo mais essencial do que as circunstâncias pediam. Matar era um vício. A queda dos corpos nas praças e estradas era parte indelével do jogo de poder, uma espécie de publicidade institucional. Para Tommaso Buscetta não cheirava bem que Riina estivesse na Comissão, contudo, de todo modo, ele estava fora de jogo, trancado em Ucciardone, e o máximo que poderia fazer era avisar aos seus íntimos sobre aquilo que via lá de dentro: os corleonesi sentavam à mesa com todos os chefes de Palermo, mas pareciam sempre longe dela, como se tomassem distância — uma alcateia de leopardos silenciosos que se afastavam passo a passo para destruí-la sem se ferir.

Bontade e Badalamenti ouviam Masino com atenção quando o visitavam no cárcere, mas, assim que as visitas se encerravam, tratavam de cuidar de seus interesses como se Tommaso não existisse. E dentro daqueles interesses estava Totò. O colono de Corleone tinha crescido e não era mais útil somente como matador implacável. Na Palermo daqueles anos, Totò também desempenhava seu papel em um dos maiores negócios da Itália: a construção civil.

"Palermo é bela, façamo-la ainda mais bela", repetia o prefeito a cada inauguração de edifício ou canteiro de obra recém-instalado. Salvatore Lima, o prefeito de Palermo, andava para cima e para baixo cortando fitas e assinando contratos. Era, também ele, um mafioso, iniciado na família da rua Lazio. A família La Barbera — outros a quem Masino costumava reclamar sobre Riina, Provenzano e Liggio — eram os principais construtores, mas não os únicos. Todos os chefões comiam seu pedaço daquele bolo. Naqueles anos, a cidade admirada do alto das montanhas ao redor se embrutecia de cimento. As grandes estradas se estreitavam, os palácios nobres eram dinamitados, as palmeiras da África derrubadas à serra e até mesmo monumentos nacionais desapareciam para dar lugar a novas áreas edificáveis. A cidade virava as costas para o mar e se fechava em si mesma. Técnicos da prefeitura planificavam áreas enormes em tempo recorde, mafiosos montavam empresas e assumiam obras atrás de obras, levantando do nada prédios com estruturas precárias, apartamentos sem varandas, estradas sem saída e bairros sem nenhum sinal de vida. Rapidamente, uma das joias do Mediterrâneo perdia seu brilho. No centro daquilo que passaria à história como "Saque de Palermo" estava Salvatore Riina, o homem do qual Tommaso Buscetta queria proteger a Cosa Nostra.

O papel de Riina seria entendido pelas autoridades somente anos mais tarde. As famílias de Palermo souberam de seu valor muito tempo antes: na área de influência de Totò estava Vito Ciancimino, secretário municipal de Obras Públicas. Os dois se conheciam desde a infância: Vito era filho do barbeiro de Corleone. Foi ele que planejou a nova capital da Sicília e a colocou nas mãos dos chefões. Em cerca de três anos, sua assinatura autorizaria 4200 licenças de construção em qualquer esquina da cidade: 3011 delas eram endereçadas a apenas cinco pessoas, todas aposentadas e declaradas ao Imposto de Renda como "isentas". Eram os laranjas da Cosa Nostra. O escritório da Receita Federal mostrava que, naqueles anos, o maior contribuinte de toda a ilha se chamava Francesco Vassallo, um ex-carreteiro que vivia de pequenos fretes com seu cavalo antes de "se haver descoberto construtor", como declararia a uma diligência do Fisco. Todos os meses a cidade depositava na conta de Vassallo milhões de velhas liras para que ele construísse sobretudo escolas. "Se Palermo estuda é graças a mim", dizia o velho Francesco. O concreto endireitou os caminhos da máfia.

Vito Ciancimino chegara a Palermo cinco ou seis anos antes de Totò. Político e carismático, em pouco tempo soube construir em torno de si um séquito de seguidores e puxa-sacos. Subiu de cargo no diretório local da Democracia Cristã até colocar no bolso a caneta capaz de assinar qualquer obra na cidade. Todos sabiam que, para chegar perto da porta das Obras Públicas de Palermo, era preciso pedir bênção a Totò. Era ele o *capomafia* de Ciancimino, e a Cosa Nostra se inclinava cada vez mais diante do Curto. Os gângsteres viam em sua mão erguida um sinal de prosperidade. Tommaso Buscetta via uma espada.

A máfia abandona Masino

Todos os mafiosos estranharam quando Luigi Corleo desapareceu naquele 17 de julho de 1975. E passaram do estranhamento ao espanto quando descobriram que Luigi havia sido sequestrado em uma de suas casas de campo por voltas das duas da tarde, perto da cidade de Salemi, onde vivia.

Corleo era um burocrata a serviço dos mafiosos. Seu trabalho consistia em ajustar os números contábeis de empresas ligadas à organização para sugar do Estado bônus, restituições e benefícios financeiros. Era um mestre no que fazia, e um homem-chave no organograma nos tempos do Saque de Palermo, quando as construtoras esperavam reaver do governo aquilo que pagavam em impostos. O espanto dos chefões foi causado por ser Corleo a pessoa que era, em uma terra onde os reis do crime haviam vetado os sequestros. Quem meteria as mãos no contador da Cosa Nostra?

Corleo era ligado aos mafiosos por intermédio de seu genro, Nino Salvo, um dos chefes da família de Salemi. Nino e o irmão Ignazio passariam à história com uma biografia única: os "irmãos Salvo" seriam os precursores de uma espécie de máfia financeira dentro da irmandade, engolindo, no auge — segundo estimativas judiciais —, quase a metade das restituições de impostos empresariais de toda a Sicília.

O trabalho magistral de Luigi Corleo beneficiava todos. Debruçado sobre normativas e leis, ele usava uma calculadora, e não uma pistola, para assaltar os cofres do Estado. Parte importante da Cosa Nostra enriquecia graças às habilidades daquele senhor de 71 anos, careca, de sobrancelhas curtas, boca retilínea e orelhas quase em abano, que gerenciava uma empresa chamada Sociedade por Ações Tributárias Sicilianas.

O desaparecimento de Corleo desencadeou um inferno. O primeiro contato dos sequestradores foi escandaloso: resgate de 20 bilhões de velhas liras. A soma era tão alta que parecia que os bandidos não tinham intenção de recebê-la. Como eram mafiosos engravatados e pouco acostumados à criminalidade de rua, os irmãos Salvo não sabiam o que fazer. Ciente da retomada da Comissão no ano anterior, Nino pegou o telefone e discou o número de um de seus velhos amigos. Para a sua sorte, pensou, o compadre que poderia interceder era ninguém menos que o mais novo chefe da Cúpula da Cosa Nostra. Gaetano Badalamenti gravitava em torno das empresas de restituição gerenciadas pelos irmãos Salvo. Anos antes, Don Tano havia conhecido os mafiosos de Salemi e pactuado com o clã em torno de um nome ilustre: Salvatore Lima, o prefeito de Palermo, nascido e criado no pequeno burgo medieval a cem quilômetros da capital.

Enquanto a polícia investigava, Gaetano pôs em marcha um plano para descobrir o cativeiro do contador. Mafiosos de todos os lugares, ordenados a atiçar seus homens, mostraram os músculos. Ao longo de dias e noites, boa parte da Sicília ocidental seria varrida por interrogatórios e revistas clandestinas. Don Tano pôs nas ruas o máximo de gente que pôde e seguiu qualquer pista que pudesse levar ao local do sequestro. Seria impensável ao chefe dos chefes não ter o comando sobre o crime em terra de mafiosos. Tudo em vão. O tempo passava sem nenhum sinal de Luigi Corleo. Depois dos primeiros telefonemas com pedidos de dinheiro, os sequestradores sumiram e nunca mais fizeram contato. Incapaz de se livrar da situação, o respeitado e poderoso Don Tano Badalamenti sofria um pesado golpe moral.

Com o passar do tempo, um boato começou a circular pelos bares. A baixa voz das ruas dizia que Corleo estava morto, provavelmente após ter sido abandonado pelos criminosos. O contador sofria de uma doença renal, causa de seu óbito. O corpo nunca foi encontrado. Com a imagem abalada, Badalamenti ainda daria um sinal de justiça aos irmãos Salvo ao conseguir o inquérito policial com o nome de dezessete suspeitos — mandaria matar um por um, mesmo sem jamais ter chegado aos nomes dos mandantes.

A notícia do sequestro de Luigi Corleo não demorou a chegar aos corredores do Ucciardone, onde Tommaso Buscetta vivia uma espécie de tempo monástico. O cárcere era muito brando para infligir pena, o que fazia com que ele se acomodasse na situação de presidiário. Masino não reagia à falta de apoio da Cosa Nostra em relação a seus problemas judiciais até que, em 1976, teve a certeza de que a máfia o havia abandonado: um processo o condenara a oito anos de prisão. Motivo: tráfico de drogas. Acusador: Giuseppe Catania — o mesmo que o havia recebido, dado guarida e batizado sua filha no México. Catania garantiu em juízo que Buscetta era o dono de centenas de quilos de heroína apreendidos nos Estados Unidos. O processo era facilmente *ajustável*. Bastava que alguém se ocupasse de subornos e ameaças a quem deveria ser subornado e ameaçado. Com Tano Badalementi ocupado na busca de Corleo, ninguém se moveu. Pelas contas legais, Tommaso

Buscetta, nascido em 13 de julho de 1928, deveria cumprir pena até 1980.

A decisão do juri caiu como uma bola de chumbo sobre ele. Nada do que acontecia fora do cárcere parecia ao acaso. À noite, quando fechava o olhos, via em seus piores pesadelos o rosto de Totò Riina.

O sequestro lhe deu motivo para provocar uma conversa com Bontade e Badalamenti. Na enfermaria do Ucciardone, Masino advertiu mais uma vez que tudo parecia armação do Curto. "O sumiço de Luigi Corleo é um sinal do tamanho de uma casa", disse a Stefano e Gaetano. Os dois contemporizaram. Masino tinha certeza de que aquela era a primeira grande mostra de poder de Corleone e que os leopardos finalmente tinham saído a campo descoberto. O jogo duplo de Riina abria uma estrada paralela à Comissão, criando uma fortaleza de apoio em torno dos compadres agricultores. Totò participava das reuniões da Cúpula a seu modo: silencioso, humilde, quase servil. Assim que as conversas terminavam, o Curto fazia aquilo que desejava, ignorando qualquer decisão conjunta. Tommaso não tinha mais certeza sobre quem realmente estaria ao lado das famílias de Palermo em caso de guerra — e já escutava o barulho das botas batendo no chão, os soldados marchando em direção à capital.

Buscetta ainda conseguia ver um grupo de fiéis que poderia fazer frente a Riina mesmo em meio à cortina de fumaça levantada pelos corleonesi. Além de Bontade e Badalamenti, Salvatore Inzerillo era outro que teria seus negócios e domínios ameaçados caso Totò resolvesse agir. Totuccio, como era conhecido, era um mafioso de estirpe. Parente de um mafioso histórico, Inzerillo tinha ainda o sangue de uma das mais importantes árvores genealógicas da máfia siciliana: era primo de Carlo Gambino, o poderoso gângster americano. Totuccio também não engolia Riina, mas os tempos de prosperidade eram tamanhos que nem ele, nem nenhum outro padrinho de Palermo, prestaram atenção às reclamações do prisioneiro do Ucciardone.

"Precisamos dar um jeito no Curto. Alguém tem que arrancar a cabeça daquela cobra", disse Giuseppe di Cristina depois de horas sem abrir a boca. Peppe, como era conhecido, fazia companhia a seu melhor amigo, Giuseppe Calderone, o Pippo. Os dois caminhavam pelos campos atrás de perdizes. Calderone não carregava espingarda — era famoso pela aversão às armas. O mafioso tinha grande estima entre os criminosos por sua capacidade de ajustar as disputas sem precisar disparar uma bala. Era conhecido como "Garganta de Prata", tanto por sua oratória como por uma particularidade: uma doença o obrigara a arrancar parte da laringe, e Pippo se viu forçado a falar com o auxílio de uma eletrolaringe, aparelho eletrônico que, quando pressionado ao pescoço, produz uma voz robotizada. "Demorei muito tempo pra entender quem Totò Riina realmente era", desfibrilou Pippo. "Parecia um passarinho inofensivo, lembra? Era um doce que só." Peppe Di Cristina concordou com a cabeça. Pippo continuou: "Era só Tano Badalamenti fazer um sinal que Totò se movia. Badalamenti mandava matar, Totò nem perguntava o nome do morto. Tano levantava a mão e, em alguma parte da Sicília, alguém fechava os olhos pra sempre". Peppe levantou a cabeça e respondeu: "O pior, *Pippo mio*, é que Don Tano ainda acha que Totò é seu cão fiel". "É!", gritou Pippo com sua voz metálica.

Foram Pippo e Peppe os primeiros a entender a preocupação de Masino com os corleonesi. Ambos entendiam as leis da Cosa Nostra a ponto de saber que Riina desrespeitava cada uma delas conforme sua conveniência. Vinham suportando a situação até que um encontro da Cúpula lhes deu a gota que faltava para transbordar o copo. Riina, que quase nunca falava durante as reuniões, disse a todos que queria matar um juiz que estaria "importunando alguns dos nossos irmãos". Ele buscava apoio dos demais em um grupo que raramente decidia pela morte de algum agente do Estado — sobretudo naqueles anos em que estavam recém-livres das perseguições da polícia.

Manter a calma diante de qualquer situação era um motivo de orgulho para Pippo. Poucos, dentro e fora da Cosa Nostra, poderiam dizer que o tinham visto alterado. A palavra "Corleone", entretanto, despertava nele os piores demônios. Pippo aumentou o volume da eletrolaringe e gritou com toda força: "Metade da Cosa Nostra está presa no Ucciardone e esse idiota quer matar um juiz! *Um juiz!* Quer deixar todo mundo na cadeia para o resto da vida!".

Totò Riina estava subvertendo os mecanismos da Cosa Nostra. Ele conquistava apoios e se tornava credor de favores. Conseguia, pouco a pouco, dividir ainda mais as famílias, gerando rivalidade e ódio onde antes existia só descontentamento. Procurou fazer-se porta-voz dos que ele identificava como injustiçados: levava aos chefões as reivindicações que vinham dos andares de baixo — sempre humilde, comunitário, falando em nome *dos outros*, nunca pedindo nada para si. Quando era acontentado, tornava-se o portador das boas-novas. Quando dava de cara contra um muro, dizia aos outros que *os padrinhos, os chefões, a Comissão*, enfim, *aqueles que sempre comandavam* tinham negado o pão. A reunião acabou em silêncio contido.

Peppe Di Cristina resolveu se expor. Peregrinou por toda Palermo visitando os mais importantes chefões da época. Falou com Stefano Bontade, Gaetano Badalamenti, Salvatore Inzerillo. Para todos revelou seus motivos e disse que a Cosa Nostra deveria frear o Curto. E foi justamente Peppe que acusou publicamente Totò Riina e seus homens do sequestro e desaparecimento do contador Luigi Corleo. Muitos chefões suspeitavam, mas faziam de conta (ou esperavam) que os culpados aparecessem — e que não fossem de Corleone. "Aquele corno tem que pagar", disse Peppe, mais de uma vez, a Stefano Bontade. Não se cansava de repetir a cantilena. "Um dia a hora dele chega", retrucava Stefano, sem que ela chegasse. Peppe insistiria ainda uma última vez, depois de Riina passar novamente por cima da Comissão ao matar o policial responsável pela investigação do sumiço de Luigi Corleo. O coronel Giuseppe Russo estaria chegando perto de prender Totò quando, em uma tarde de verão de 1977, foi morto na entrada de um parque. "Lembra o que Riina disse quando perguntamos por que ele tinha matado Russo? Lembra, Stefano? Que, quando se mata um policial, ninguém precisa fazer perguntas. Como se a Comissão não existisse, como se não existissem regras." Bontade escutava sem se mover. "Stefano, Stefano...", disse Peppe, "eu volto a Riesi. Mas, da próxima vez que vier a Palermo, temos que resolver isso."

Bontade tinha a mesma reação dos demais chefões de Palermo quando o assunto era Corleone. Tudo bem que Riina estivesse se alargando um pouco além da conta, tudo bem que fizesse aquilo que queria, muitas vezes ignorando as decisões da Comissão. Era um problema a ser resolvido, Riina. Mas não agora, não hoje; talvez amanhã, talvez depois. Outra hora. O que incomodava os *capos* de cidades distantes da capital como Peppe era apenas um leve distúrbio para os mandachuvas da Cosa Nostra. Eles tinham coisas mais importantes com o que se preocupar.

Naquele ano de 1977, a prisão dos franceses ligados a Buscetta no Brasil, cinco anos antes, se faria sentir como nunca. Muitos deles, como Michel Nicoli e Christian Jacques David, se tornariam importantes testemunhas nos Estados Unidos. A repressão desencadeada após as confissões dos traficantes que operavam na América do Sul arrebentaria com a Unione Corse. Marselha se tornaria uma cidade ocupada. Suas refinarias seriam estouradas uma a uma. Seus químicos seriam perseguidos e presos. A heroína se tornaria artigo caro no mercado internacional. Do outro lado do Atlântico, os gângsteres se ouriçavam. Era preciso encontrar uma saída para continuar a abastecer a América. Os padrinhos não estavam nem aí para Pippo, Peppe, Masino e Totò.

Os chefões se reuniram mais do que o normal naqueles meses do verão europeu de 1977. Durante os almoços a céu aberto, em propriedades rurais refrescadas pela brisa do mar, a Cúpula tomou uma decisão que afetaria todas as famílias. Houve reações de alguns velhos mafiosos, resistência cultural de gente que "não se rebaixaria" a negociar com turcos ou marroquinos, chineses ou tailandeses que fossem — eles não saberiam sequer a diferença entre uns e outros. Eram senhores que se consideravam justamente os papas sicilianos e que a um egípcio ou a um libanês não dariam nem mesmo um aceno de cabeça. Mas era exatamente do Líbano, do Egito, da Tailândia, da China e da Turquia que vinham os fornecedores tão desejados, com seus fardos amarrados em cordas de juta, empastelados com pasta-base extraída das plantações de papoula do médio e longínquo Oriente. Sem "aquela gente", o negócio não existiria, observou Gaetano Badalamenti, que incutiu nos demais o desejo de acumular fortunas impossíveis de serem gastas em apenas uma vida, graças à heroína.

O fim daquilo que os americanos chamariam de French Connection dizimara a maior parte dos fornecedores marselheses, muitos deles presos no Brasil. Entre o começo e meados dos anos 1970, o mercado se tornou instável e traiçoeiro, a oferta diminuiu e os preços dispararam. A crise levou a máfia mais uma vez ao protagonismo. Responsável pelo transporte da droga aos Estados Unidos, a Cosa Nostra ofereceu uma saída à sua maneira. Se refinar heroína em Marselha havia se tornado um pesadelo, então que se transferisse Marselha para a Sicília.

E assim foi feito.

Entre o fim de 1977 e o começo de 1978, uma comitiva de mafiosos desembarcou na cidade francesa e contratou os melhores químicos locais. Levaram todos a Palermo e montaram uma espécie de escola de refino em uma propriedade localizada entre a capital e o aeroporto de Punta Raisi, de onde a droga escorreria para os Estados Unidos. Os chefões pagaram aos franceses para que fizessem o refinamento até que um grupo de aprendizes italianos se sentisse seguro para assumir o trabalho. Entre olhos confusos e curiosos, o aluno mais aplicado era Antonio Vernengo.

Irmão mais novo do chefão Pietro, Antonino era interessado em cada parte do processo, acompanhava uma fornada atrás da outra, anotava tudo o que via. Demorou pouco para que confidenciasse ao irmão que estava pronto para assumir o laboratório. Tinha tanta confiança em si que cometeu até mesmo um pequeno garbo: sabia como resolver um problema dos marselheses, que, segundo ele, jogavam muita pasta-base fora. Era algo relacionado com as porções de tropeína e benzotropeína, coisa de químico, garantiu. Pietro não entendeu nada, mas botou fé no irmão. A autoconfiança de Antonino convenceu também os padrinhos, que logo o apelidaram de *U Dutturi* (O Doutor) e entregaram em suas mãos um laboratório recém-montado. Uma cozinha nova ao mais novo cozinheiro. Vernengo andava de um lado para o outro, impaciente. No fundo, não tinha certeza se era mesmo capaz de refinar quase à perfeição como os franceses. Aqueceu as panelas e começou a trabalhar em busca do $C^{21}H^{23}NO^5$. O início foi promissor: sua primeira fornada saiu com menos sobras do que as dos químicos experientes. Aparentemente, um sucesso. Mas a mistura pareceu estranha, pegajosa. Como nenhum dos chefões entendia de heroína, decidiram embrulhar aqueles primeiros quilos produzidos por Antonino e enviar aos Estados Unidos como uma espécie de lote-teste. A droga cozinhada pelo *dutturi* matou dezenas de viciados nas sarjetas de Nova York.

Francesco Marino Mannoia era um dos jovens aprendizes que compareceu às aulas dos marselheses. Após o fracasso de Vernengo, Badalamenti apertou seus soldados para que aprendessem de uma vez. Era aquilo ou a morte. E Mannoia se aperfeiçoou como nenhum outro. Em pouco tempo, suas fornadas começaram a sair com pureza laboratorial: 98%. A ele não foi dado nenhum apelido superlativo ou exibicionista. Era chamado apenas de "O Químico", uma figura esquelética que, açoitada pelos produtos químicos, foi se transformando em um cachorro sarnento — sua pele cheia de pústulas causava coceiras intoleráveis; ele respirava com dificuldade, tossia e vomitava. Visto dormindo, parecia um cadáver esperando pela autópsia.

Seu aspecto moribundo não afastava os chefões. Ao contrário, estavam sempre a seus pés. O jovem Francesco não seria tratado como um tísico ou um leproso. Não ele. Aos 25 anos, Marino Mannoia era o menino dourado da Cosa Nostra. Era a ele, e a mais ninguém, que os chefões confiavam suas cozinhas. Nos meses seguintes, muitas delas foram montadas em locais insuspeitos: todas as manhãs, um carro pegava Francesco em casa e o levava ao depósito de combustíveis de Gaetano Fiore; de lá, ao haras de Rosario Spatola; depois, ao esconderijo da própria família Vernengo em Ponte Ammiraglio; então à garagem de Giovanni Bontade, irmão de Stefano, em Villagrazia; ou a um depósito em nome de Pietro Aglieri no bairro Guadagna; e quem sabe a uma casa abandonada na rua Messina Marine. Mannoia passaria tanto tempo trancado em laboratórios que sua condição de trabalho era quase escrava. Saía por alguns minutos para respirar ar puro, mas os ácidos e as fumaças tóxicas absorvidos sem nenhuma proteção estavam consumindo seu corpo. Sua pele embranqueceu e começou a aflorar em abscessos. Sofria com crises respiratórias até vomitar. Em dias mais dramáticos, os padrinhos resolviam deixá-lo em paz, em casa, na cama. Mas tão logo parecia melhor, todos ligavam ou batiam em sua porta. Pareciam eles próprios os *junkies* do Brooklyn, de Chicago ou de Detroit. "E então, amigão? Está se sentindo melhor? Vamos trabalhar?"

O Químico deixaria todos ricos, inclusive aqueles que, mais tarde, diante de advogados e juízes, se declarariam fervorosamente "contra o negócio sujo da droga". O castelo subia com as cartas baixas do baralho, mas acima delas pesavam valetes, ases e reis. Os investigadores que prenderam O Químico anos mais tarde estimaram que ele teria produzido, em pouco menos de dois anos, setecentos quilos da droga, todos vendidos aos gângsteres americanos, sobretudo aos Gambino — em contato direto com o primo Salvatore Inzerillo. Cada quilo que voava à América trazia de volta à Sicília 50 mil dólares. Era mais dinheiro do que tudo o que a Cosa Nostra já havia acumulado em seus outros negócios. Todos felizes, todos em volta de Francesco Mannoia, como hienas cercando a presa. "Está se sentindo bem, Francisquinho? Vamos trabalhar, hein? O que me diz?" Glória ao novo *dutturi*, ao garoto dourado, ao nosso amigo.

Não era de espantar que Badalamenti, Bontade e Inzerillo fizessem pouco-caso das reclamações de Tommaso Buscetta, Peppe Di Cristina e Pippo Calderone. Masino estava preso e por lá deveria ficar depois de a condenação por tráfico ter sido emitida pelo Tribunal de Salerno, mesmo que nos Estados Unidos o processo idêntico movido pelo testemunho de Giuseppe Catania tivesse dado em nada. Na América, seria um homem livre; em sua própria terra, na terra da Cosa Nostra, ninguém movera um fio de cabelo para "ajustar" seu processo. Masino não contava com mais nada enquanto estivesse preso, nem mesmo com a partição dos lucros. Da mesma forma, não contavam Peppe e Pippo. Eram mafiosos distantes, compadres de outras províncias com suas querelas menores em tempos de heroína — para os palermitanos, existia Palermo e depois apenas o resto: ninguém se importava com o que acontecia em Agrigento, Caltanissetta, Riesi ou com qualquer outra província da chamada Sicília Oriental. Os príncipes da máfia acordavam e dormiam pensando em fornecedores, pasta-base, cargas, rotas, correios, aeroportos, DEA, FBI… Totò Riina, antes importante na reconstrução de Palermo, era outro que não tinha importância no negócio da droga. Nas palavras de Stefano Bontade, "um nada misturado com coisa nenhuma". Os corleonesi não tinham refinarias, seu dinheiro era contado aos centésimos perto do que os palermitanos estavam acumulando. O exército de Corleone, em caso de guerra, parecia aos grandes chefões da capital uma Armada Brancaleone. Totò, pensavam em Palermo, era o príncipe delirante montado em um cavalo imaginário.

E tanto não contava que o Curto não foi convidado para aquela reunião na primavera siciliana de 1978. Os principais chefes se reuniram em uma propriedade de Michele Greco, chamado por todos de O Papa. Michele era primo de Passarinho Greco, de Ciaculli, e membro da família que entrara em guerra com eles nos anos 1940, disputas que terminariam em uma batalha campal na praça da cidade que deixou cinco mortos. Passarinho venceria a contenda e seria o Greco de referência para a Cosa Nostra, nomeado o primeiro chefe dos chefes logo após a criação da Comissão. Michele se limitaria ao interior e aos campos, vivendo uma vida senhoril, *tutto casa e chiesa*, encontrando-se sempre que possível com deputados, senadores, juízes e autoridades em geral. Gostava de se sentir rodeado pela nobreza republicana e ocupava-se basicamente de seus negócios. Sua volta aos círculos de poder mafiosos se deu após a fuga de Passarinho à Venezuela por conta do carro-bomba de 1963. Naquela primavera de 1978, Michele não só tinha se tornado o Greco de referência para a Cosa Nostra, como hospedava os encontros da Cúpula em sua Favarella, uma chácara que se estendia do fim da periferia agrícola de Palermo até os primeiros jardins de laranjas e limões de Ciaculli. "Aqui estamos mais tranquilos", garantia o Papa. "Cada um chega por uma estrada diferente, ninguém consegue ver os carros lá de fora, podemos conversar e depois almoçar a céu aberto."

Os assuntos naquele ano giraram em torno da mina de ouro da heroína. Por isso, todos viravam um pouco de lado quando algum mafioso de Agrigento, Caltanissetta ou Trapani começava a falar. "O que aqueles homens de Corleone têm na cabeça? Agora cada um faz o que quer? Mata quem quer? É assim que essa Comissão reage?" Os palermitanos só ouviam. Os negócios andavam a velas gordas, não se via sinal de tempestade no céu. Quem se importaria com Totò Riina e Bernardo Provenzano?

O último a chegar para a reunião daquele dia foi Salvatore Greco. Irmão mais novo de Michele, era chamado por todos de O Senador, por suas boas relações com a política. Salvatore tirou do bolso papéis amassados, sacudiu-os no ar e começou a ler: "A delinquência mafiosa tende a se tornar aos poucos uma criminalidade comum. A tendência é que diminua de importância, ou até mesmo desapareça". Todos escutavam em silêncio, menos Tano Badalamenti, que fez um sinal interrompendo o Senador. "Quem escreveu isso?" Salvatore respondeu com um meio sorriso: "O Parlamento italiano. É a relação anual da Comissão Antimáfia". Tano debochou: "E o que eu tenho a ver com isso?". O carisma e o tino para os negócios eram o forte de Gaetano Badalamenti, que não era propriamente conhecido pela inteligência textual. "O que acontece, Don Tano, é que, para o governo italiano, a máfia não existe mais." Don Tano pareceu ter entendido. "Então vamos deixar que acreditem nisso", respondeu. "Sim. Devemos somente continuar a fazer nossos negócios em silêncio." O Senador terminava a frase quando Gaetano já balbuciava quase sem querer um desabafo: "Se os corleonesi entendessem...".

Foi quando Peppe Di Cristina se levantou. "Os corleonesi! Os corleonesi!" Todos se voltaram para ele. "Aqueles bastardos nunca irão entender! Enquadramos aquele animal do Curto e, aí sim, ficaremos tranquilos." Ninguém jamais havia sido tão claro em uma reunião da Cosa Nostra, acostumada às meias palavras e aos jogos gramaticais. Totuccio Inzerillo pediu voz e se disse preocupado. Pela primeira vez um chefão da capital se insurgia publicamente contra Corleone. "Temos que ver se aqueles colonos não estão mesmo, como se diz, *às portas de Palermo*", sugeriu Inzerillo. Tio de Totuccio, Saro Di Maggio era um homem muito velho e já se preparava para deixar nas mãos do sobrinho preferido sua própria família. Estava ali por hábito. Gostava de participar das reuniões. Naquele dia, Saro deixou de lado sua costumeira quietude e respondeu: "Totuccio, escute bem: esse Curto, aqui em Palermo, não pode fazer nada se todos nós estivermos unidos. Porque, se ele tentar levantar a cabeça, nós a arrebentamos a chutes e o mandamos de volta para o interior, sentado em uma plantação para ver crescer o trigo". Todos riram. Isolado, Peppe Di Cristina foi o único a permanecer sério. Ninguém afrontaria a opinião de um velho *capo* como Di Maggio. O que poucos percebiam é que a união dos chefes apontada por ele erodia rapidamente. Sem que ninguém desconfiasse, alguns antigos compadres já pulavam para o outro lado do muro. O próprio anfitrião das reuniões na Favarella já era um homem do Curto — a alma de Michele Greco era de Totò Riina. O Papa ajoelharia aos pés do agricultor de Corleone.

A sensação de abandono que Tommaso sentia no cárcere começaria a mudar sua vida a partir daqueles anos. Pensava cada vez mais nos caminhos que a Cosa Nostra estava tomando enquanto se dedicava a seu novo hobby: construir barcos em miniatura. Ouvia as notícias que vinham de fora e se lamentava com algum confidente. "Nada é mais como antes." Pensava nos anos passados e em como ainda era possível, não fazia muito tempo, contra-atacar, decepar a cabeça de Riina e cortar o mal pela raiz. Perdeu a conta de quantas vezes advertiu Badalamenti, Bontade e Inzerillo. Agora parecia muito tarde.

Masino sempre fora um mafioso anômalo. Nos anos 1950, no Brasil, dava graças aos céus por estar longe dos compadres sicilianos. Sem eles, se sentia mais solto e bem-disposto. Sua vida como vidraceiro em São Paulo era simples e feliz. As regras e os desígnios mafiosos que o haviam conquistado na infância se tornariam, anos depois, uma espécie de jaula mental da qual tentaria muitas vezes escapar. Uma prisão dentro de si mesmo. Talvez pudesse ter sumido no mundo no começo dos anos 1960, cruzado os Alpes em direção à Suíça ou à França, ou quem sabe ter buscado uma praia tranquila no México ou na América do Sul. O carro-bomba em Ciaculli seria sua tragédia. O TNT não mataria somente os policiais em serviço, mas também qualquer chance de Tommaso Buscetta escapar da *omertà*. Atribuía a culpa por sua desventura ao destino. "A má sorte me levou a conviver com as pessoas erradas."

Em Ucciardone, naquele momento, repensava tudo enquanto olhava para a réplica da caravela de Cristóvão Colombo que acabara de fazer. Podia sentir no rosto a brisa do mar. "Eu precisava sair daquela situação o mais rápido possível. Desejava viver uma vida livre e serena, sem condicionamentos e limitações. Queria estar no meio de gente transparente e sã, longe das mentes tortas e tenebrosas da máfia", contaria anos mais tarde. Pela primeira vez Masino se sentia em uma dívida sentimental. A presença de Maria Cristina e das crianças em Palermo o havia transformado em outra pessoa. Pensava na esposa e se contorcia de remorso. Maria Cristina abandonara a boa vida que levava no Brasil para estar a seu lado — tinha, por sua causa, sido presa, fichada e torturada. Seu rosto, assim como o de sua mãe, inocente, estampou capas de jornais e revistas durante meses no Brasil. Sua reputação estava acabada. Poderia tê-lo abandonado depois de tudo, mas ficou ao seu lado, o acolheu e o amou incondicionalmente. Enquanto Tommaso ainda buscava um significado dentro da Cosa Nostra, Maria Cristina se obstinava a mostrar ao marido a existência de outra vida fora dela.

Seus pensamentos diante da caravela de Colombo foram interrompidos pelas notícias do mundo exterior naquele maio de 1978. Peppe Di Cristina estava morto. Masino intuía a autoria do crime — quem mais além de Salvatore Riina, o Curto, a besta de Corleone? Só não sabia que o assassinato tinha recebido o aval da Comissão.

Michele Greco era o informante palermitano de Totò, sua marionete, seu fantoche. "Di Cristina quer você morto", contou o Greco ao Curto, esmiuçando os detalhes do arroubo de ódio de Peppe durante a reunião na chácara Favarella. Michele contara ainda que Totuccio Inzerillo temia que os corleonesi estivessem se alargando demais, "às portas de Palermo", e que Tano Badalamenti também se sentia ameaçado. Riina pensou em um plano.

Na reunião seguinte, o Curto pressionou os chefões a autorizá-lo a se livrar de Peppe Di Cristina. O motivo era conhecido de todos: Peppe estava *cantando*. Em jargão mafioso, significava que o chefão de Riesi passava informações à polícia. Ao que tudo indica, Peppe teria de fato se encontrado com um comissário e entregado todos os passos dos corleonesi. A vontade de destruir Riina era tamanha que Di Cristina quebrara uma das mais pétreas leis mafiosas. A partir daquele momento, ele se tornara um *cantante*, um informante da lei. Não havia outra estrada a um *can-*

tante se não a morte. Peppe sabia que tinha a cabeça a prêmio e, nos meses seguintes, depois de um atentado malsucedido no qual morrera seu motorista, mandara blindar sua BMW. Sentindo-se seguro, mandou um recado a Corleone: matou sem consultar a Comissão um aliado de Totò em Riesi. Não poderia escapar ileso, Peppe Di Cristina. Eram esses os argumentos de Totò. Os demais se conformaram com o pedido e autorizaram o Curto a cuidar da situação. Riina não esperaria muito tempo: o chefão de Peppe foi alvejado em uma parada de ônibus na rua Leonardo da Vinci, em Palermo, em uma das poucas vezes em que estava longe de seu carro encouraçado.

A morte de Peppe não foi a principal notícia debatida na reunião da Cúpula semanas depois. Ao menos não o assassinato em si. O que espantou os chefões foi o local escolhido para fuzilar o *capo* — o cadáver ensanguentara uma calçada no território de Totuccio Inzerillo, sem que o padrinho fosse avisado. A prática era abominada entre os mafiosos. Com apenas um tiro, Totò eliminara um de seus mais contundentes desafetos e jogara todos os policiais da cidade sobre os ombros de outro. Os ventos eram de guerra.

Stefano Bontade entendeu onde estava se metendo quando Michele Greco o chamou para uma conversa. Segundo Greco, antes de matar o aliado de Totò em Riesi, Peppe Di Cristina teria confidenciado seus planos a Gaetano Badalamenti, que não teria alertado os demais nem feito nada para impedir o crime não autorizado. Uma falta grave, passível de punição, insistia Greco.

Bontade pensou por um segundo sem ter certeza do que fazer. Gaetano Badalamenti não poderia ser morto. Não ele. Don Tano mantivera a máfia unida enquanto a maioria dos chefões escapava da ilha nos anos 1960. Era carismático e astuto, tinha tradição dentro da organização, e seu prestígio havia levado a Cosa Nostra ao futuro, com suas rotas, com seus fornecedores, com sua heroína e seus caminhos na América. Todas as vezes que abotoavam camisas de seda, estouravam espumantes ou aceleravam carros esportivos, os chefões deveriam se lembrar de Don Tano. Os pensamentos de Stefano foram interrompidos por uma proposta.

"Suspenso?", espantou-se Bontade. "Suspenso. Entendo que não podemos matar Gaetano...", respondeu Michele Greco.

Badalamenti suspenso. Seria chutado da Comissão — da qual era o presidente — e não poderia mais entrar nos negócios da máfia. Não poderia sequer conversar com um mafioso. A Cosa Nostra chamava aquilo de *posare*. Don Tano seria *posato* por não ter advertido aos demais que Peppe Di Cristina planejava matar um *capomafia* sem pedir permissão. Bontade não imaginava a Cosa Nostra sem Badalamenti, mas sabia que as regras deveriam ser respeitadas. E Don Tano havia infringido uma das principais. Stefano pensou por mais alguns segundos enquanto Michele Greco o encarava. Intuía que o Papa era o garoto de recados de Totò Riina. Quando Michele falava, Bontade podia ouvir a voz do Curto. Stefano aceitou a proposta, escondendo de Greco seu verdadeiro plano: tentaria demonstrar diante da Comissão que o sequestro do contador Luigi Corleo fora obra de Riina. Poderia pedir a morte de Totò. Com ele fora de cena, Badalamenti voltaria à máfia e tudo seria como antes. Rotas, fornecedores, heroína.

O otimismo de Stefano não teve chance de se concretizar. Três meses depois da morte de Peppe, outro opositor de Totò seria assassinado. Pippo Calderone sofreu uma emboscada tramada por Totò — durante meses ele planejara cada passo do que deveria acontecer. Sentia que era sua chance de colocar as mãos em Palermo. A antipatia de Pippo por armas foi fatal: de mãos nuas, foi morto por um grupo de assassinos que o fizeram frear em um retorno de pista enquanto ia para uma falsa reunião, armada somente para que ele saísse de casa. Em poucos meses, Riina havia matado os mais leais mafiosos dos palermitanos fora da capital, concretizado a expulsão de Badalamenti da Comissão, desmoralizado Stefano Bontade e criado enormes problemas para Totuccio Inzerillo. Não muito tempo depois, o novo chefe da Cúpula seria Michele Greco, marionete imposta por Totò e engolida pelos demais. O Curto se mostrava como realmente era, comandando a Cosa Nostra como se ainda estivesse em Corleone — escondido em vielas, observando o movimento nas praças, era ele, Salvatore Riina, o novo rei da Sicília, fazendo o sinal da cruz enquanto puxava o gatilho.

Os anos do *resort* mafioso em Ucciardone chegariam ao fim para Tommaso Buscetta. Seu carrasco seria Carlo Alberto Dalla Chiesa, um general da polícia designado pelo governo como primeiro homem na linha de frente do combate à máfia. A morte do policial que investigava o desaparecimento do contador Luigi Corleo era o primeiro dos crimes contra as forças de ordem praticados pelo clã de Corleone. A máfia chamaria a atenção, e o Estado novamente se moveria.

Dalla Chiesa era um homem de guerra. Antes de ser lotado nos carabinieri, participara da ocupação fascista nos Bálcãs. De volta à Itália já no fim do regime de Mussolini, rebelou-se, negando-se a participar da caça aos civis que lutavam pelo fim da ditadura. Posto na lista negra dos nazistas, Dalla Chiesa conseguiu se esconder até o armistício de 1945.

O general tinha grande experiência contra o terrorismo de Estado. Graças a ele, muitas ações dos anos de chumbo foram interceptadas e abortadas a tempo, antes que matassem inocentes nos parques, praças e estações de trem do país, lugares onde comunistas e militantes de extrema direita costumavam plantar bombas.

Em 1977, Dalla Chiesa foi nomeado coordenador nacional dos Serviços de Segurança. Uma de suas primeiras ações foi farejar os ares de guerra interna entre as facções da Cosa Nostra. Ele conhecia a máfia desde o fim dos anos 1940, pois fora o responsável pelas investigações do desaparecimento do sindicalista corleonese Placido Rizzotto. O então capitão chegaria ao nome do emergente mafioso Luciano Liggio, acusado de ser um dos sequestradores de Rizzotto. Liggio teve que fugir e jamais o esqueceria.

Dalla Chiesa decidiu contrastar a máfia de dentro para fora. Em vez de combater os clãs na rua, optou por fazer, antes, uma faxina nas instituições. E não haveria lugar melhor para começar o serviço do que o Ucciardone.

A penitenciária era conhecida havia anos por ser um oásis de benesses dos padrinhos. O velho cárcere erguido pela dinastia Bourbon no começo do século XIX não era mais a masmorra de outros tempos. A boa vida dos chefões lembrava o campo de flores que surgia a cada primavera naquele mesmo terreno, antes de chegarem as pedras e os operários. O *Chardon*, que em francês significa "cardo", seria erigido sobre as flores violáceas que cobriam os pastos — as flores do cardo —, e mais tarde rebatizado com um nome palermitano: Chardon a Ucciardone.

A Itália tinha acabado de inaugurar um punhado de penitenciárias conhecidas como "supercárceres". Eram zonas de alta segurança com protocolos rígidos. Roupas de marca, jantares chiques e visitas a qualquer hora não eram permitidos. Dalla Chiesa elencou os principais criminosos italianos que deveriam ser transferidos de onde estivessem para ocupar os supercárceres. O primeiro nome abaixo dos cabeçalhos era o de Tommaso Buscetta. O general ainda perguntaria ao diretor da cadeia se Buscetta era do tipo que dava trabalho. Giovanni Di Cesare elogiou o mafioso. Dalla Chiesa sabia que o Ucciardone era o que era graças ao "bom relacionamento" do diretor com Masino. A pergunta era apenas protocolar.

Sua saída de Palermo foi quase uma expulsão. Sem aviso, Tommaso foi mandando ao cárcere de Cuneo, na fronteira com a França, deixando para trás os anos de boa vida e a reputação carcerária que havia construído. A cadeia estava vazia. À noite ele podia ouvir o bater de asas de uma mosca. Ficou pouco tempo antes de começar um giro pela Itália: de Cuneo a Cagliari, depois a Nuoro e enfim a Asinara — uma pequena ilha destacada da Sardenha, um parque natural de incrível beleza de onde se podia ver o mar. O primeiro dia foi cabal para mostrar que o mafioso não era bem-vindo.

A cadeia era um antigo lazareto do século XIX que se modernizara para receber, sobretudo, os terroristas políticos dos anos de chumbo. A chegada de Buscetta pôs o diretor em crise. Luigi Cardullo era amigo pessoal de Dalla Chiesa e cumpria uma missão secreta dentro da Asinara: espionar as conversas entre os terroristas para antecipar atentados. Por isso ele estranhou quando o general descarregou em sua ilha um mafioso siciliano. Cardullo não entendia nada de máfia, nem queria entender. Já tinha problemas suficientes sem os chefões por lá.

"O senhor, o que faz aqui?"

"Pergunte ao seu caro amigo Dalla Chiesa."

"Dalla Chiesa não é meu amigo!", gritou Cardullo, em tom teatral, olhando em volta para ver a reação dos agentes que o acompanhavam.

"Foi ele que me mandou para cá, talvez para me agradecer por eu ter feito o diretor do Ucciardone soldar algumas barras de ferro serradas pelos presos", ironizou Buscetta.

Cardullo se levantou e jogou o prontuário de Tommaso em cima da mesa. Antes de sair, ordenou a seu imediato: "Esse aqui, amanhã, volta para o continente". O ex-leprosário de Asinara chutava Masino como jamais havia chutado um leproso.

A viagem de volta foi feita de barco. O mar estava nervoso. Masino declararia ter vomitado "até o leite de sua mãe". Foi levado ao cárcere de Paliano, perto de Roma. Meses depois, outra transferência, dessa vez para Regina Coeli, na capital italiana. Dois meses em Roma e Dalla Chiesa ordenou que ele passasse breves períodos em Nápoles, Milão e Termini Imerese até fixá-lo definitivamente em Cuneo. Masino deu entrada na cadeia após uma viagem de 1700 quilômetros, cumprida toda no bagageiro de uma viatura. O general queria quebrar o mafioso.

Cristina e as crianças foram atrás. Durante aquele período, o contato familiar era feito somente por meio de grossas camadas de vidro blindado. Masino era tratado como um preso comum, e mal visto pelos outros detentos, todos não mafiosos. Onde o palermitano dormia, as medidas de segurança endureciam para todos. Onde ele pisava, a grama não crescia.

No primeiro dia em Cuneo, antes de chegar à cela, Tommaso avistou de longe um refletor de luz apoiado em um tripé de cerca de um metro de altura. A luz seria mantida acesa noite e dia sob a desculpa de evitar que o preso tomasse qualquer atitude para fugir. Para Masino, o refletor seria apenas crueldade. Era impossível dormir, mesmo com o rosto coberto por panos e peças escuras de roupa.

Em agosto de 1979, Alessandra teve uma inflamação generalizada provocada por uma periodontite. Buscetta conseguiu com seus advogados uma permissão especial para sair da cadeia e visitar a filha. Estava preso havia oito anos e jamais cometera uma falta disciplinar, o que convenceu o magistrado de plantão a liberá-lo. Era a primeira vez que botava os pés para fora da prisão.

Foi ao hospital de Milão e ali permaneceu até que a saúde da menina estabilizasse. Sem acompanhamento policial, ele teria cinco dias para retornar a Cuneo. E o fez, pontualmente. Cristina o acompanhou até o portão de ferro que separava a vida livre da cadeia — Tommaso tocou a campainha e entrou. A situação de cada preso era reexaminada a cada seis meses. Ao cumprir o acordo com a Justiça e se reapresentar após os cinco dias de licença, Masino esperava recolher simpatia no próximo exame, mas Dalla Chiesa não se convenceu. Queria que o preso cumprisse a pena integralmente em regime fechado e ainda reprovou publicamente a juíza que autorizara a visita médica.

Tommaso ficou desapontado mais uma vez, mas os sinais externos emanados pela Cosa Nostra o impeliram, enfim, a tomar uma atitude. Não seria mais possível assistir passivamente ao que parecia ser o prenúncio de um novo massacre mafioso. Era preciso tomar parte — ou pensar em um plano B. A máfia já não era mais como antes, nem ele era o mesmo homem de dez anos atrás. O que parecia impensável era, agora, seu maior desejo: a separação entre ele e a Cosa Nostra.

Um mês antes de ter permissão para visitar a filha convalescente, Masino soube pelos jornais que o investigador Giorgio Boris Giuliano estava morto. Era um sábado quando o detetive-chefe pagava o café que havia tomado em um bar perto de sua casa. Passavam poucos minutos das oito. Giuliano aguardava uma viatura da polícia que o levaria à delegacia para acompanhar a grande operação desencadeada por ele na madrugada anterior: 38 presos, 500 mil dólares, armas e heroína. Um golpe contra Corleone. O assassino descarregou o tambor de um revólver .38 nas costas do policial. Era um homem de Totò.

As coisas já estavam fora de controle quando, dois meses depois, com as forças de ordem ainda alvoroçadas, outro homicídio de peso aconteceu nas ruas: era a vez de Cesare Terranova, juiz que conseguira condenar o corleonese Luciano Liggio a prisão perpétua. O relógio marcava oito e meia da manhã quando o Fiat 131 guiado pelo magistrado parou no meio da rua diante de uma placa de "homens trabalhando". Era uma emboscada. Os tiros de Winchester e pistolas foram disparados de um beco. O juiz ainda tentaria dar marcha a ré enquanto seu policial de escolta, sentado no banco do passageiro, respondia a fogo. Não tiveram chance. Tommaso sabia que cada crime siciliano escondia uma história insepulta. Folheava os jornais e sentia o cheiro de Corleone.

Buscetta decidiu mudar de advogado no final daquele ano sangrento. O novo contratado reexaminou seu processo e concluiu que faltavam apenas alguns meses para que o condenado cumprisse integralmente sua pena. Era hora de evocar o direito ao regime semiaberto. Nos primeiros dias de 1980, Tommaso Buscetta, palermitano, nascido em 13 de julho de 1928, obtinha permissão da Justiça italiana para trabalhar fora da cadeia, devendo retornar ao cárcere para o pernoite.

Masino não cabia em si. Depois de conseguir emprego em uma vidraçaria, organizou os horários para que pudesse passar o maior tempo possível com Maria Cristina e as crianças. A família vivia em um apartamento em Turim, a menos de cem quilômetros de Cuneo. Como recompensa pelo bom comportamento, ele conseguiria ainda alguns finais de semana livres. Em casa, sentia-se mais uma vez um homem completo. Analisava os caminhos da Cosa Nostra e os contrastava com o amor de Maria Cristina por ele e pelos filhos. Sabia que Riina tinha entrado em uma estrada sem volta e que a cabeça de todos os chefes de Palermo logo estaria pendurada em sua sala de estar — inclusive a de Tommaso. Todos os seus aliados estavam perdendo poder a ponto de correrem risco de vida, algo impensável apenas poucos anos antes, quando Palermo era a rainha de todas as máfias. A certeza final veio naquele mesmo mês em que foi solto, quando soube que

Stefano Bontade fora mais uma vez derrotado na Comissão. Totò decidira atirar muito mais alto e matar o governador da Sicília, Piersanti Matarella, considerado pela máfia um entrave às empreiteiras dos clãs. Em outros tempos, o assunto seria resolvido de forma política, e as auditorias nos contratos pretendidas pelo governador seriam brandas, levando a lugar nenhum. Seria impensável e improdutivo tombar um político de tão alto escalão em uma terra onde a Cosa Nostra se esforçava para *ser* o Estado, não para *destruí-lo*. Contra todas as velas e todos os santos, Matarella foi assassinado em um domingo, 8 de janeiro, enquanto ia à missa.

O estarrecimento geral não moveu nada dentro de Masino. Depois de quase uma década na prisão, ele conseguia olhar a situação com um distanciamento que julgava privilegiado. Sabia no que tudo aquilo ia dar. Tinha certeza de que sua família não merecia passar por outra guerra.

Em maio, enquanto voltava para dormir na prisão, foi informado de que Emanuele Basile, um oficial dos carabinieri, fora assassinado em público enquanto esperava pelo início de um show de fogos. Os sons dos petardos encobriram o tiro único que o policial tomaria na nuca.

A morte de Basile coincidiu com um fato estranho, alguns dias depois. Em Turim, um grupo de homens armados que se diziam policiais invadiu o apartamento de Buscetta quando ele não estava em casa. Maria Cristina e as crianças ficaram horrorizadas quando o comando revirou todos os móveis em busca de armas e drogas. Antes de irem embora, os invasores deixariam um recado: "Seu marido tem que sumir daqui. Desapareçam da cidade".

Os sinais eram mais do que evidentes. Em um fim de tarde de junho de 1980, o guarda da prisão de Cuneo informou ao diretor do instituto que o presidiário Tommaso Buscetta não havia retornado para dormir. No dia seguinte, o oficial de Justiça não encontraria ninguém no endereço de Turim declarado pelo advogado de Masino ao sistema do semiaberto. Poucos meses antes de cumprir integralmente sua pena e zerar suas contas com a lei, Buscetta desapareceu.

Fugitivo

Tommaso se escondeu em um apartamento alugado no centro de Palermo antes que Stefano Bontade e Totuccio Inzerillo lhe dessem guarida em algumas de suas propriedades. Alternou períodos nas casas dos amigos, onde se sentia tranquilo e protegido. Imaginou que a cidade estivesse um inferno por conta da série de homicídios de autoridades. Estranhamente, Palermo vivia na santa paz. Os mafiosos se moviam pelas ruas livremente sem que ninguém os importunasse. Tommaso só poderia imaginar a quantidade de dinheiro que a Cosa Nostra despejava em subornos, mas havia também um componente de medo entre os policiais. Quem meteria o nariz dentro das casas dos senhores da Sicília?

A mansão de Bontade era uma grande empresa. Todos os dias, dezenas de automóveis despejavam mafiosos de todos os lugares. Eles comiam, bebiam e falavam de cargas, refinarias, correios e esquemas internacionais. Naquele ano, Masino pôde ver como o tráfico em larga escala os havia enriquecido. Os chefões se tornaram milionários em pouco tempo. Criminosos de rua afeitos ao fedor dos becos bebiam vinhos de centenas de milhares de liras. Mesmo as famílias tradicionais, acostumadas ao conforto, estavam no ápice da fortuna e do luxo. Tommaso entendia enfim por que ninguém fora capaz de agir contra Riina no passado, quando seus pés ainda escamavam em barro. Bontade rodava de carro por Palermo e mostrava a Tommaso as transformações da cidade: novos prédios, novas casas, novas estradas, "aquilo é meu", "este edifício é nosso", "vamos reformar essa ponte" — tudo, tudo, tudo graças às drogas. De dentro do carro de Stefano, Masino sentiu quanto os longos anos de cárcere o haviam congelado em um mundo agora sepulto. Stefano não negava que, assim como Masino, via no fim daquele túnel o ocaso da Cosa Nostra. Um futuro "inevitável", segundo ele. Um "sinal dos tempos". Enquanto os palermitanos contavam dólares, os corleonesi angariavam algo muito mais valioso: consenso. Bontade, Inzerillo e os demais enchiam os bolsos em um campo minado.

A fuga de Tommaso virou manchete nos jornais e provocou um alvoroço na cidade. Seu abandono na prisão o distanciara das disputas da Cosa Nostra e o tornara quase invisível. Solto em Palermo, no entanto, sua história na máfia não poderia ser esquecida. Todos conheciam Buscetta e sabiam de sua capacidade e inteligência. Caso decidisse lutar, poderia montar uma falange dura em alguma trincheira.

Masino ainda gozava de prestígio entre mafiosos da capital, mesmo que se sentisse um general sem exército. A poucos passos da guerra cruenta que se anunciava, os chefões o cercaram de todos os modos. Queriam agradá-lo a qualquer custo e convencê-lo a tomar partido. Tommaso sabia que o remorso não era o forte dos compadres, mas só entendeu o motivo da bajulação quando se encontrou com seu ex-*capo* de Porta Nuova em Roma. Pippo Calò tentou convencê-lo a se associar em uma refinaria. Os lucros seriam enormes, e o trabalho, quase inexistente. Tommaso, garantiu Calò, "jamais veria tanto dinheiro na vida". Masino usou sua notória inteligência para ler a situação por outro ângulo. Considerava Calò um traidor. Sabia que Pippo não o queria como sócio, e sim como aliado — Pippo virara as costas para Bontade e Inzerillo, aliando-se a Riina no instante em que pressentiu a mudança nos ventos do poder. Assim como Michele Greco, era um palermitano que havia passado para a outra parte. E Pippo sabia que Masino estava *daquele lado* — conhecia seu carisma, sabia que uma guerra contra Buscetta poderia ser dura e imprevisível. Inesperadamente, Tommaso se tornara o fiel da balança a ser conquistado a qualquer custo.

"Obrigado, Pippo. Minha ideia é voltar para o Brasil."

"Você está louco, Masino! Temos tudo nas mãos em Palermo. Uma pessoa como você abre a boca hoje e tem quanta droga quiser. Além disso, Ciancimino recebe ordens de Totò Riina. E o prefeito quer revitalizar toda a cidade. Imagine quanta grana podemos fazer com isso!"

"É justamente por Ciancimino estar nas mãos de Totò que digo *não*."

"Mas os corleonesi são nossos amigos..."

"São seus amigos, não meus."

Calò o encarou. As coisas estavam cada vez mais claras entre as famílias. Os ódios vinham à tona.

"Pippo, eu não vim aqui para brigar. Nós nos conhecemos desde criança. Peço só uma coisa: diga aos seus amigos de Corleone que Tommaso Buscetta quer ser deixado em paz. Refleti por muito tempo e meu desejo é voltar ao Brasil, viver outra vida. Serei sempre o homem que vocês conhecem, mas peço que façam de conta que eu não existo mais."

Masino descreveu a Bontade, mais tarde, o encontro que tivera com Calò. Stefano ficou possesso.

Ao longo daquele ano, diversos outros mafiosos tentaram

convencer Buscetta a lutar contra os corleonesi — além de Bontade e Inzerillo, Rosario Riccobono e os próprios irmãos Salvo, os burocratas da Cosa Nostra. Tommaso não se rendeu nem mesmo quando Stefano lhe confidenciou um plano. "Eu mato Riina com minhas próprias mãos. E mato na frente de todo mundo, durante uma reunião da Comissão. Assim todos vão entender que nós também estamos prontos para a guerra. Masino: só eu tenho mais de cem homens prontos para disparar. Estão só esperando o meu sinal." A falta de lucidez de Bontade deixou Tommaso quase sem reação. "O que você está dizendo é uma bobagem, Stefano. A Comissão é cheia de amigos do Riina. Eles te matam um segundo depois." Stefano pareceu pensar. Masino abaixou o tom de voz, olhou nos olhos do amigo e lamentou: "Enquanto vocês falam, Totò age. Eu tenho a impressão, caro Stefano, de que você já é um homem morto".

Os amigos organizaram uma festa de despedida no Natal de 1980. Sua decisão de partir era irrevogável.

Entre mesas fartas e rolhas de espumante que voavam pela sala, os convidados recolheram 500 mil dólares — um presente a Don Masino.

Em janeiro de 1981, Tommaso, Maria Cristina e as crianças embarcaram em um voo com destino ao Brasil.

Tommaso Buscetta, algemado, durante um julgamento em Palermo: sua memória prodigiosa e sua capacidade de relatar o que viu e viveu mudariam para sempre a história da máfia.

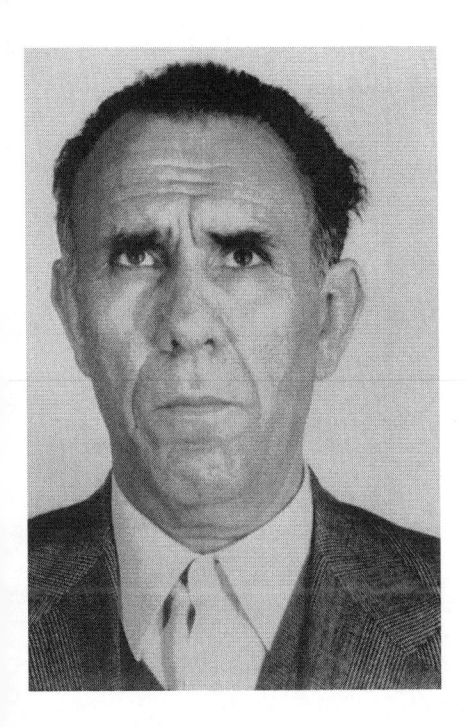

Gaetano Badalamenti, o Don Tano: amigo e traficante internacional, ele viria ao Brasil atrás de Tommaso.

Lucky Luciano: a lenda do crime esteve em Palermo e confiou a Buscetta a missão de ajudar a fundar a Commissione, o parlamento da Cosa Nostra.

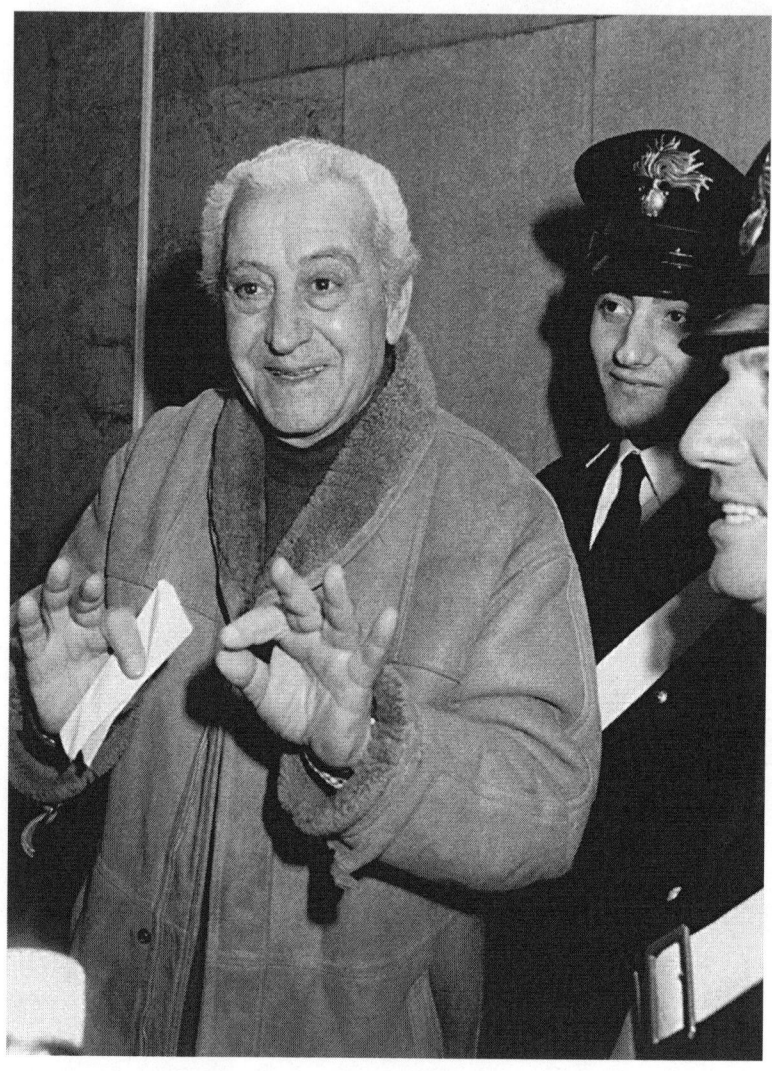

Michele Greco, o Papa: ele operava como homem de Corleone, traindo os interesses de seus antigos amigos de Palermo.

Parte do bando preso em 1972 (da esq. para a dir.): Lelio Paolo Gigante, François Antoine Canazzi, José Antônio de Sá Netto, Claude Andre Pastou, Tommaso Buscetta e Michel Nicoli. A gangue colocaria o Brasil na rota do tráfico internacional de heroína.

Salvatore Riina, o Totò: o agricultor de Corleone chegou em Palermo para trabalhar com os chefões locais. Em poucos anos, ele deixaria sua posição de subalterno, aniquilaria as famílias tradicionais da capital e tomaria a cidade para si.

Tommaso em um resort no Nordeste: ele voltou ao Brasil no começo dos anos 1980 após fugir da Itália. Sua ideia era viver no país para sempre.

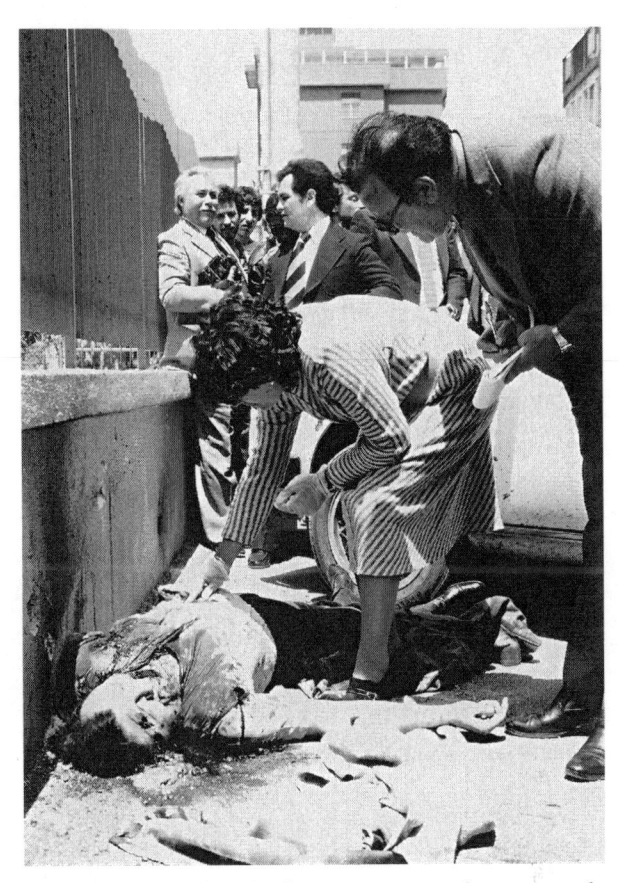

Salvatore Inzerillo: ele fez pouco caso dos avisos de Tommaso sobre o caráter de Totò Riina. Foi fuzilado na calçada.

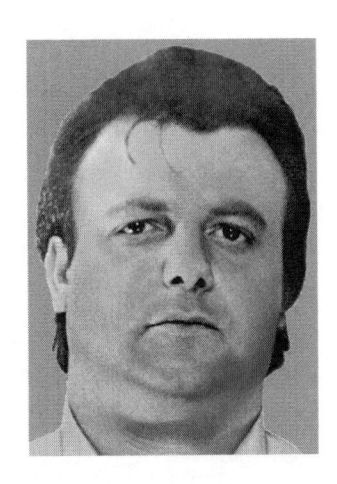

"Eu tenho a impressão, caro Stefano, de que você já é um homem morto". Buscetta advertiu o amigo Stefano Bontade, que o ignorou. Ele foi emboscado e assassinado dentro de seu carro, em 1981.

Tommaso no Brasil (1983): preso pela polícia brasileira, desta vez ele não seria torturado como em 1972.

De volta ao Brasil

Tommaso saiu de Palermo ao som de tambores de guerra. A decisão de fugir do regime semiaberto em Turim, poucos meses antes de cumprir toda a pena, evidencia medo e cansaço. Àquela altura da vida, com 52 anos e tanta água passada sob a ponte, ele não mais temia a polícia ou os tribunais — temia Corleone. Sabia que os aliados palermitanos não teriam chance caso as batalhas se provassem encarniçadas como se anunciavam a cada casa que Totò Riina avançava. O Curto se transformara em um mestre no jogo de damas. Com seus sapatos sujos de barro, as roupas desalinhadas e o italiano incerto, Riina sabia manter a posição, avançar quando preciso, encurralar e neutralizar o adversário sem mostrar suas intenções. Bontade e Inzerillo tiveram Totò na mira por tempo suficiente sem saberem olhar um tabuleiro que se inclinava contra eles. Para Tommaso, a morte súbita dos compadres era inevitável.

Buscetta instalou a família no apartamento 1303 do bloco quatro, na avenida Sernambetiba, 3600, na Barra da Tijuca. Em frente ao mar do Rio de Janeiro. Seu plano era tentar outra vez a naturalização brasileira, agora com motivos para acreditar que, enfim, conseguiria. Seu modelo para viver no Brasil era o bandido inglês Ronald Biggs, um dos responsáveis pelo crime conhecido como assalto do trem pagador. Biggs havia sido descoberto no Rio pelo repórter Colin MacKenzie, do jornal britânico *Daily Express*, em 1974. Após a denúncia, a polícia da Grã-Bretanha conseguiu prendê-lo, mas sua extradição foi negada pela Justiça brasileira: a esposa de Biggs — uma prostituta que teria compactuado com um casamento arranjado — estava grávida. O filho garantia ao ladrão o direito de permanecer no país. Biggs gozou décadas de conforto e fama. Sua história rendeu anedotas; seu rosto, camisetas e canecas, vendidas no comércio popular da cidade. O assaltante virou o malandro inglês.

Um documento indica que o plano de Masino vinha sendo tramado desde 1978. Em 15 de outubro daquele ano, Tommaso Buscetta e Maria Cristina de Almeida Guimarães casaram-se na Itália. O registro civil foi assinado por ambos na cidade de Cuneo, sede de uma das cadeias que abrigou o italiano nos anos de transferências contínuas forçadas pelo general Dalla Chiesa. Com o matrimônio firmado, bastaria ao italiano um filho legítimo com a esposa brasileira, desde que nascido no Brasil. Desta vez, o casal não precisaria forjar o nascimento de uma criança, como tentara fazer em 1972 ao registrar falsamente a neonata Elizabeth Felice, que jamais veio ao mundo. Além de Tommaso Roberto de Guimarães, nascido em abril de 1973, Masino teria outro argumento para anexar ao processo: naquele janeiro de 1981, quando o italiano chegou ao Rio de Janeiro após passar seis meses escondido em Palermo, sua esposa Maria Cristina esperava seu segundo filho. Stefano, oitavo herdeiro de Tommaso Buscetta, nasceu às 23h50 do dia 17 de março na Casa de Saúde São José, no Rio de Janeiro. Junto com ele, uma esperança de escapar de uma Palermo que desmoronava.

* * *

"Declaro, para os devidos fins, que Homero de Almeida Guimarães é funcionário público federal desde 1952, do quadro permanente do Ministério do Trabalho, exercendo o cargo de fiscal." O terremoto que estremecera a vida da família Guimarães em 1972 não seria suficiente para que o patriarca perdesse seu emprego público. A prisão do grupo ligado a Buscetta não passaria indolor: expôs os sogros em redes de TV, jornais e revistas de todo o país, mudando suas vidas para sempre. Homero e Nadir se separariam, mas dinheiro não seria um problema. Além de manter sua posição no Ministério do Trabalho — como mostra uma declaração assinada pela diretora da Divisão de Pessoal, Marina de Carvalho Netto Praça, em 1982 —, o terceiro-sargento da Reserva que conhecera o mafioso havia quase uma década iniciara um império econômico. Enquanto Masino cumpria pena na Itália, o sogro inaugurava diversas atividades comerciais: era dono de ao menos sete empresas no Rio, quase todas com sede no mesmo endereço, na rua Mahatma Gandhi, na Cinelândia. Estavam instaladas na mesma sala as companhias Instituto Nacional de Prevenção e Segurança (INPS), o Instituto Brasileiro de Segurança e Prevenção (Ibrasp), Lar Empreendimentos Imobiliários, Revisão Rio Assessoramento Empresarial, Sociedade Expansão Territorial e Agropecuária (Seta), Expansão Corretora de Valores Imobiliários, além da Staf, da qual Masino fora sócio já nos anos 1970. Ao patrimônio gerido por Homero juntavam-se as fazendas São Dimas e São Sebastião (em nome de Maria Cristina), Rio das Flores e Da Represa, todas no município fluminense de Paraíba do Sul.

Também uma fazenda seria peça fundamental na volta de Tommaso ao Brasil, a exemplo da década anterior. Desta vez, o governo que atrapalhara a compra das terras de João Goulart no início dos anos 1970 pagaria sua dívida com juros. Contando com a exploração das terras virgens para pagar a conta de seu milagre econômico, os militares — temerosos de que guerrilheiros comunistas colonizassem o interior do país — lotearam latifúndios de floresta a investidores. Atraídos por reduções tributárias, bancos, companhias de seguro, mineradoras e empresas estatais — de transportes ou de construção de estradas —, apoiaram pessoas físicas e jurídicas, que ligaram as motosserras e botaram abaixo hectares de floresta tropical. A criação de gado era o objetivo principal da devastação, patrocinada por subsídios oficiais e terras a preços simbólicos. Na prática, os grandes fazendeiros do Brasil trabalharam como subcontratados dos militares, povoando os territórios intocados do país.

Masino queria uma terra e solicitou ao sogro que fosse atrás de um pedaço de chão usando seus contatos no governo. O palermitano precisava reorganizar seus negócios investindo os dólares que trouxera da Itália. Metade dos 500 mil presenteados, segundo ele, pelos mafiosos sicilianos, evaporariam por causa de operações de câmbio e inflação faminta. Era preciso agir depressa. A delação de Homero contra Tommaso não havia abalado a relação dos dois: Masino sabia que o sogro não tivera escolha diante das ameaças do Dops. Homero então ativou seus contatos dentro da Sudam e amealhou 54 mil hectares de terras no extremo norte do país. Tommaso teria problemas para registrar a propriedade em seu nome: além de ser um foragido, nem mesmo uma identidade italiana falsa o ajudaria, já que o programa estatal impedia que estrangeiros residentes fora do país fossem beneficiários agrícolas. O palermitano resolveu a questão à sua velha maneira: a procuração e os contratos de compra e venda foram passados a Otto Levi da Costa Júnior e José Roberto Escobar — respectivamente, os nomes falsos de Homero de Almeida Guimarães Júnior, o Homerinho, e do fugitivo Tommaso Buscetta. Masino usava a identidade paraguaia falsa dada a ele por Auguste Ricord, o pioneiro do tráfico de heroína na América do Sul, ainda preso nos Estados Unidos após a extradição dos franceses da Unione Corse nos anos 1970.

Era preciso voar por sete horas até pousar em Belém do Pará. As aventuras de Tommaso na Amazônia só são conhecidas por suas próprias declarações. Na capital, um jipe ou uma caminhonete pesada faziam o transporte até a beira do rio Moju, onde um barco os esperava. Chegar à fazenda da área denominada Moju-Apei era uma romaria. Uma vez por mês, o italiano e Homerinho viajavam do Rio de Janeiro até a floresta. Eram cunhados e sócios, confidentes isolados na imensidão do continente sul-americano.

As lembranças de Masino sobre a região selvagem seriam idílicas. A propriedade era enorme, assim como as árvores, as cobras, as frutas, os mosquitos e os pingos das chuvas. A idade não pesava em seu corpo — sentia ter a energia necessária para começar de novo todas as vezes que o barco aportava aos pés da fazenda. Via diante de si uma imensidão de terra para trabalhar, extraindo madeira ou organizando pastos e plantações. Pelo acordo com o governo, seria proprietário definitivo assim que desmatasse 55% da área. Com a ajuda de indígenas locais, aprendeu os tempos da mata e as horas de caça, abatendo a tiros porcos-do-mato, veados e outros animais. Em poucas viagens, acostumou-se com os hábitos e o regime de escassez sob o qual viviam os locais: dormia em redes, vivia sem eletricidade ou água encanada, suportava um calor que jamais havia imaginado, levantando antes de o dia nascer para tomar banho de rio e se preparar para o sol. A natureza naquele estado puro era violenta e bela. Na Amazônia brasileira, Tommaso vivia todos os clichês que habitavam as mentes europeias povoadas de línguas estranhas, animais mitológicos devoradores de homens e rituais que evocavam espíritos desconhecidos de outros mundos.

Um lugar muito diferente e ao mesmo tempo familiar à Sicília, onde não só animais, mas o dinheiro da heroína também devorava homens, alimentando os ódios deste mundo.

Enquanto vivia sua aventura exploratória no Brasil, Palermo era, em 1981, uma refinaria a todo vapor. A Divisão Antidrogas dos Estados Unidos acreditava que os sicilianos dominavam um terço do mercado americano de heroína — algo como quatro toneladas anuais. O FBI ia mais longe: seis toneladas. Naquele ano, o homem de referência dos chefões sicilianos era Totuccio Inzerillo. O velho Saro Di Maggio havia deixado a família do bairro de Passo di Rigano nas mãos do sobrinho predileto, mas o motivo do poder de Totuccio não residia em algum palácio nobiliar da capital mediterrânea, e sim na 18ª Avenida de Nova York. Era lá que Giovanni, Rosario e Giuseppe gerenciavam o Caffè Valentino, um negócio de fachada para boa parte da heroína que entrava nos Estados Unidos.

Os três irmãos eram conhecidos como "os Gambino de Cherry Hill", em referência à zona de Nova Jersey onde moravam. Parentes de Carlo Gambino, Giovanni, Rosario e Giuseppe não eram apenas mafiosos americanos sob a tutela do tio americano morto em 1976. Nascidos em Palermo, os irmãos imigraram adultos nos anos 1960, já iniciados na Cosa Nostra siciliana, exatamente em Passo di Rigano, onde quem comandava era Saro Di Maggio. Os clãs mantinham laços de sangue por conta de diversos casamentos entre si, chegando a ser identificados como Gambino-Inzerillo em investigações policiais. Giovanni, Rosario e Giuseppe eram, na prática, mafiosos italianos operando na América, um artigo raro. Moscas brancas nas mãos de Totuccio.

Quando a qualidade do refino siciliano se estabilizou, o comércio da droga em larga escala enviada aos Estados Unidos se concentrou no grupo. A exceção era Stefano Bontade, parceria de primeira hora de Totuccio. Todos os demais contavam menos.

Cada mafioso podia organizar o tráfico como bem entendesse, fosse dominando toda a cadeia de produção, fosse financiando ou participando ativamente apenas de uma parte dela. Mas era difícil cruzar o oceano sem um aceno de cabeça de Inzerillo. Uma década após o fim da conexão francesa no Brasil, a heroína — que na época girava o mundo e chegava à América custando cerca de 10 mil dólares o quilo — era importada da Sicília a preço cinco vezes maior. A quantidade de notas de dinheiro que precisava ser escondida era tanta que os chefões começaram a enterrá-las.

Do bolo enorme do tráfico que enchia a barriga dos chefões de Palermo, Totò Riina comia só a cereja. Nem ele nem Bernardo Provenzano ou nenhum outro corleonese tinham parentes importantes ou contatos confiáveis na América. Os colonos viam a festa da heroína da janela. O Curto tinha grandes negócios na reconstrução de Palermo, mas investia apenas pequenas quantidades de dinheiro em morfina-base, faturando pouco quando o assunto era heroína. E se mantinha calado quando alguém falava em Aeroporto Kennedy, em Brooklyn, em *five families*, *highways* ou *bussiness*. Quando o assunto era a droga, mesmo controlando a Comissão, Totò contava menos que nada. Seu poder bélico de pouco serviria para mudar a situação, ao menos foi o que lhe pareceu por algum tempo. Matar Inzerillo, o grande contato com os Estados Unidos, parecia arriscado demais.

Totò se sentia livre para fazer o que quisesse da Comissão e, através dela, buscaria eliminar as dúvidas sobre quem realmente mandava na Cosa Nostra. Bontade e Inzerillo se armaram para encarar enfim a guerra que Masino farejara anos antes. Para evitá-la, só haveria um jeito. Totò teria que morrer.

"Porra, Totuccio, mas você tinha mesmo que fazer isso?"
"Tinha."

"De que adianta atirar em juiz e polícia? Com o governo a gente tem que fazer negócios, não guerra."

"E quem está pensando no governo, Stefano? Acorda. Estou pensando em Corleone."

"Você não deveria ter feito isso..."

"Por quê? O Curto pode fazer tudo o que quer e eu não? Corleone, sim, e Passo Di Rigano não? Quem são os patrões aqui, eles ou nós?"

Totuccio queria mostrar os músculos. Estava cansado de avisar o tio Di Maggio de que Totò era um perigo. "Chumbo, tio. Esses só entendem quando sentem o chumbo." O velho não queria confusão, então o sobrinho resolveu agir *alla* Corleone: no final de um dia abafado de agosto de 1980, tombou em uma calçada de Palermo o procurador da República Gaetano Costa, assassinado com um tiro na cara enquanto olhava um cartaz de cinema. Totuccio Inzerillo não havia pedido licença à Comissão, dominada por Totò e cada vez mais ignorada pelos palermitanos. Em 1981, quando Masino já estava no Brasil, nem mesmo ele desconfiava de que o amigo fora o mandante do crime. Enquanto ainda não se matavam entre si, os clãs exterminavam agentes do Estado conforme os nomes vinham à cabeça. Era o modo que haviam encontrado para medir forças.

Fazia vinte anos que Palermo não sentia a neve sobre os campanários. Naquele janeiro de 1981, poucas semanas depois de Tommaso deixar a Europa, Stefano Bontade marcou um encontro com Michele Greco em seu sítio na Favarella ignorando o frio do descampado. A pauta do dia era a mesma que assombrava Bontade desde o sequestro de Luigi Corleo, do qual não se tiveram notícias sequer para enterrar seus ossos. A única testemunha presente à reunião era um pistoleiro de Bontade, que se distanciou quando notou que o chefe falava sozinho. "Chegou a hora...", repetiu Stefano para si mesmo, como se quisesse se livrar de uma maldição. Michele Greco olhava sem entender nada. "Eu o mato com minhas próprias mãos. Só me diga onde ele está, Michele." Greco não ousava abrir a boca. Depois de pôr panos quentes reunião atrás de reunião, Greco entendeu que a hora afinal tinha chegado. Nunca vira o Príncipe de Villagrazia transtornado daquele jeito. "Totò tem que morrer, Michele. Tem que morrer." A frase saiu de sua boca como um exorcismo, sem se dar conta de que avisava Michele, a marionete de Totò.

Daquele dia em diante, Stefano rodou Palermo atrás de Riina. Fez do assassinato do corleonese sua missão de vida. Com Inzerillo, acionou todos os homens da Sicília: eles tinham de ser avisados imediatamente caso o Curto fosse avistado. Enquanto Bontade corria, Totò estava dois corpos à frente: avisado por Greco de que sua cabeça andava a prêmio, mantinha em cada família de Palermo ao menos um homem de sua confiança, traidores comprados com dinheiro, influência ou medo. Chefões antes aliados aos palermitanos também passavam para o lado de Corleone sem que Bontade e Inzerillo se dessem conta.

"Por onde anda Totò?", perguntavam aos de San Lorenzo, aos de Resuttana, aos da Noce. "Sumiu", era a resposta de todos.

Bontade e Inzerillo resolveram mandar seus soldados seguirem os mais fiéis aliados de Riina na esperança de flagrá-lo em um encontro. Por semanas, mafiosos espionaram mafiosos por toda a ilha. Nada. Com o fracasso do silêncio, partiram para a intimidação pública: carros com comandos armados até o pescoço rodavam pelas estradas e esconderijos da Sicília em busca da presa. Após um mês de angústias e falsos alarmes, nada. Salvatore Riina se tornara outra vez o fantasma de Corleone.

Stefano convenceu Michele Greco a convidar Totò para uma reunião. Era sua tentativa de tocaia. Talvez a última cartada. O encontro foi marcado sob a palavra do Papa, que garantiu que Riina apareceria. Os conselhos de Buscetta ao amigo Stefano tinham virado vento, e Bontade ainda acreditava que Greco fosse um padrinho isento, um palermitano. Mas era um fantoche de Riina, Don Michele. No dia seguinte, Bontade e Inzerillo esperaram o Curto em uma propriedade rural com seus melhores atiradores. Um esquadrão de elite com ordens para estraçalhar Totò assim que ele estivesse na mira. O que os dois chefões não sabiam é que metade de seus homens fazia o papel de Judas — eram, havia muito, também eles fiéis aos corleonesi. Antes do primeiro tiro, Totò vencia a guerra por dentro, comendo as famílias como se fosse um câncer, eliminando peça por peça como se fossem damas.

O sol desceu e se fez tarde antes que uma buzina fosse ouvida do lado de fora da chácara. Bontade correu para abrir o portão para a Mercedes branca. Quase se jogou para dentro dela. Queria resolver tudo rapidamente. Estava fora de si. "Eu mato Riina com minhas próprias mãos", fora a promessa feita a Masino para convencê-lo a ficar e lutar. Era a frase que repetia para Michele Greco como se fosse um louco.

Nem todos se surpreenderam quando o vidro da porta do motorista foi aberto. Não era Totò ao volante, nem em outro assento do carro. Alertado por Greco, o fantasma de Corleone não apareceu. Em vez disso, mandou ao encontro quatro de seus homens, que apenas sorriram, deram marcha a ré e desapareceram. A emboscada tinha falhado, e Riina forçara Bontade a cometer um erro fatal. Todos agora sabiam que o Príncipe tentara trair um chefe mafioso. Um ato grave, punido com a morte. O Curto avançava uma posição definitiva. Stefano Bontade é um cadáver que caminha.

O tempo se arrastava no pequeno apartamento da rua Messina Marine. Os seis homens viviam ali havia alguns dias, sem jamais sair. Comiam o que alguém lhes trazia e superavam as horas dormindo, jogando cartas ou lubrificando as armas. Vigiavam um arsenal: espingardas calibre .12, Magnum .357, revólveres .38, caixas e caixas de munição e uma preciosidade — uma metralhadora AK-47. Era a primeira vez que a besta russa seria usada em Palermo. A arma era mais pesada e barulhenta do que as que os mafiosos costumavam manejar, mas eles sabiam que estavam diante de um mito. Desde os anos 1950, as Kalashnikov suportavam lama, areia e água de quase todas as guerras do mundo sem falhar um tiro. Com mais algumas como aquela, pensavam, a cidade poderia ser posta de joelhos. Como Cabul. Como Saigon. A golpes de AK, Palermo seria como Beirute.

"É para amanhã", avisou Raffaele Ganci após entrar no prédio.

Os homens deixaram o apartamento no dia 23 de abril e estacionaram os carros em uma praça. Naquele mesmo instante, Stefano Bontade comemorava seu aniversário de 42 anos em um restaurante. Perto das oito e meia da noite, deixou os convidados e pegou o rumo de casa. Queria tomar um banho para a comemoração íntima que planejara em família. Um pouco embalado pelo álcool e pela nova Giulietta Super que acabara de comprar, acelerou mais que o permitido pelas ruas estreitas do bairro, o seu bairro, a zona de Santa Maria de Jesus, comandada havia três gerações pela família. Apenas um dos cinco carros estacionados na praça se moveu quando avistou a Giulietta. O Honda emparelhou em um sinal fechado. O passageiro se levantou e apoiou meio corpo para fora da janela. Bontade notou o movimento e entendeu o que estava prestes a acontecer; tentou sacar sua pistola, mas não teve tempo de engatilhar. O assassino disparou uma, duas, três vezes — todas no rosto do Príncipe de Villagrazia. Stefano caiu morto no banco do passageiro enquanto seu pé ainda pressionava o acelerador, empurrando o carro contra o muro de contenção da estrada. O Honda emparelhou novamente e o assassino alçou a cabeça para fora para confirmar a execução. Quando levantou um dos braços em sinal de positivo, quase todos os automóveis que aguardavam o desfecho estacionados à distância ligaram os motores e se dispersaram. Estavam forrados de jornais, assim como o Honda, e seriam queimados para não deixar rastros. Somente um carro ficou parado na praça por alguns segundos antes de partir, faróis apagados em muda observação. No banco do passageiro estava Totò Riina.

O jornalista Roberto Leone mal chegou em casa quando sua mãe o chamou no quarto. "O pessoal do jornal está a sua procura." Leone era o jovem plantonista das páginas policiais do cotidiano *L'Ora*, o mais combativo impresso palermitano a cobrir as histórias de máfia. Orientado pela Redação, chegou ao local do crime em minutos. Viu o carro atravessado na estrada e logo entendeu que a vítima não era um qualquer. Uma Giulietta de série limitada como aquela — ainda com placa provisória — era um privilégio para apenas 1500 pessoas em toda a Itália. "O que o senhor vai fazer?", perguntou ao capitão de polícia que observava pegadas de sangue que saíam do banco do passageiro em direção ao nada. "Mando arrancar este asfalto se for preciso, mas levo essas pegadas para a perícia", respondeu o oficial, convicto de que alguém tinha se salvado do homicídio — ou, como descobriria mais tarde, traído o morto. O rosto desfigurado do cadáver levou o capitão a procurar por documentos, que encontrou dentro de uma carteira com dinheiro suficiente para pagar cinco meses de salário de um siciliano médio. O policial limpa o sangue que encobre a carteira de identidade, pega o rádio da viatura e chama a central. "Atenção. Estão me ouvindo? Então... o nome do morto é Stefano Bontade, nascido em Palermo em 23 de abril de 1939. Entendido? Stefano Bontade." Quando se dá conta do que acabara de dizer, o policial deixa o microfone cair das mãos e fala para si mesmo, sem a censura que costumava se impor diante de alguém da imprensa: "Caralho, agora vai ser uma enorme de uma merda".

A Segunda Guerra da Máfia

Tommaso ligou do Brasil para Inzerillo assim que soube. Estava preocupado com o amigo. Se sua profecia estivesse se cumprindo, o próximo a morrer seria ele, Totuccio. Inzerillo comprara um carro blindado para se proteger, mas Masino insistia que aquilo não era o bastante.

"Não se mova. Fique em casa, não aceite convite para nada. Não é hora."

"Você sabe que eu não chorei, Masino? Eu não chorei a morte do Stefano. Por quê? Porque na Cosa Nostra não se chora, Masino. Na Cosa Nostra, se vinga."

Inzerillo estava disposto a partir para o ataque. Sentia que a prudência do tio Saro Di Maggio e o jogo duplo de Michele Greco o haviam isolado, assim como todos os seus amigos. Tinham chutado Tano Badalamenti da Comissão, matado Peppe Di Cristina e Pippo Calderone e feito com que Masino se exilasse na América do Sul. Agora, Bontade. A única coisa que poderia fazer, pensava, era lutar sozinho.

Masino contaria, anos mais tarde, que soubera da notícia

pelos jornais. O mais provável é que tenha sido avisado por Antonio Salamone, o Nino, um mafioso que muitos julgavam morto, mas que havia anos morava no Brasil sob a proteção do bicheiro Castor de Andrade, que lhe conseguira, inclusive, cidadania brasileira. O documento impediria sua extradição.

Salamone vivia entre Palermo, Rio, São Paulo e Nova York desde os anos 1960. No dia em que Bontade morreu, estava na capital siciliana. Antes de fugir da ilha, prevendo dias negros, tentou avisar Inzerillo que, pela lógica, seria o próximo da lista. "Não adianta, Tommaso, ele acha que está imune", disse Antonino em São Paulo quando se encontrou com Buscetta. Inzerillo tinha seus motivos para acreditar que não seria morto. Semanas antes havia mandado centenas de quilos de heroína aos Estados Unidos. A mercadoria era, em parte, um investimento de Totò Riina, uma das primeiras grandes cargas que Inzerillo permitira a Totò faturar. Enquanto os dólares não pousassem na ilha, Inzerillo acreditava que Totò não o mataria. "Totuccio mostra como é infantil e como não entendeu nada sobre Corleone", disse Buscetta a Nino.

Masino descobriu que, além de comprar um carro blindado, Inzerillo não alterou nem um palmo de seu cotidiano. O ar pesado de Palermo não era respirado dentro de sua casa, onde passava os dias atracado ao telefone, conversando com os primos americanos. Comentava com John Gambino quais seriam seus próximos investimentos. "Nossos tios inventaram Las Vegas, e nós, com essa montanha de dinheiro, vamos fazer o quê?", perguntou a John, que respondeu de pronto: "Outra Vegas!". O clã Gambino-Inzerillo tinha garantido milhões de dólares de investimento para transformar a decadente Atlantic City na capital do jogo da Costa Leste. A quantia era tão alta que Totuccio não conseguia dormir. Enquanto pensava em seus dólares, o chefão esquecia o que acontecia a sua volta — sem perceber, havia perdido todos os seus principais homens, cada um deles com ambições diversas, todos escutados por um paciente Totò, que lhes prometera poder e dinheiro assim que o chefe fosse morto. Um deles queria, inclusive, o lugar de Inzerillo como *capo* da família de Passo Di Rigano. Confiando na lealdade de seus tenentes para contra-atacar Riina, Totuccio estava cercado de traidores.

Salvatore Inzerillo deu seus últimos passos na manhã do dia 11 de maio, três semanas após o assassinato de Bontade. O carro blindado era um muro a ser vencido e não foi tratado como mero detalhe pelos matadores. Na noite anterior, eles haviam testado o poder da AK-47 na vitrine de uma joalheria. As balas atravessaram o vidro. "O *pocket coffee* funciona", disse Pino Greco, o principal assassino do grupo. Sem saber por quê, todos riram.

O plano era estacionar uma van ao lado de Inzerillo, abrir a porta de correr lateral e chumbar a Alfa Romeo Alfetta até que parecesse uma escumadeira. Um inseto não deveria sair vivo caso estivesse preso dentro do carro. Nem foi preciso. O chefão foi metralhado quando saía do apartamento de uma de suas amantes, na calçada da rua Brunelleschi. Seu corpo caiu contra um muro, de barriga para cima. A parte inferior do rosto estava desfigurada pelas balas. O cadáver foi festejado alguns dias depois em uma propriedade rural ao som de rolhas de champanhe.

Nos dias, meses e anos que se seguiriam, centenas de corpos cairiam pelas calçadas, praças, casas e palácios da cidade, desapareceriam nos campos e nas montanhas, seriam afogados no mar com os pés duros de cimento, dissolvidos em ácido ou queimados lentamente em uma grelha até que a carne se transformasse em cinzas. Seria o destino provável de qualquer um que se chamasse Bontade, Inzerillo, Buscetta, Spatola, Di Maggio — ou de qualquer pessoa que prestasse reverência às famílias de Palermo. O som das sirenes emudeceria a música de verão nos dias de praia. Os jornalistas zanzavam pela capital como moscas desgovernadas, suando, anotando, fotografando e filmando tudo. As impressoras estampavam todos os dias a contagem dos mortos e os nomes dos caídos daquela que ficaria conhecida como a Segunda Guerra da Máfia. Na capa do jornal *L'Ora*, letras agigantadas anunciavam em todas as bancas da Itália, titulando o horror: "Palermo como Beirute".

Não se passariam dois meses da morte de Bontade e Inzerillo até que Tommaso recebesse um telefonema no Rio de Janeiro. Na linha estavam Ignazio e Nino Salvo. Revezando-se na conversa, os primos mostravam a Masino todo o seu medo. Não eram homens de armas, os Salvo. Os financistas da Cosa Nostra acreditavam que a guerra também os engoliria cedo ou tarde. Riina sabia do apreço dos dois por Tano Badalamenti e pelo próprio Buscetta — nomes que chamariam a morte se apenas pronunciados naquele tempo. Seria questão de dias, acreditavam, até que Totò os encontrasse.

A chamada não tinha como objetivo buscar a paz, mas vencer a guerra. O que os Salvo queriam era que Buscetta voltasse a Palermo. Ele era o último homem forte de uma dinastia de mafiosos que a cada dia minguava mais por conta dos assassinatos. Tommaso não precisou refletir por muito tempo para recusar a oferta. Os primos, desesperados, não sabiam mais o que fazer. Tentaram ofertas inimagináveis para que Masino os defendesse, mas o palermitano sabia que nem todo o dinheiro dos Salvo poderia pagar aquela guerra.

O tempo demonstrou que o temor de Ignazio e Nino era infundado. Eles não seriam mortos, ao menos não naqueles anos. Totò precisava de um canal político para convencer instâncias do poder a se dobrarem aos seus desejos. Os primos, assustados, eram os homens perfeitos para o serviço. Passaram para o lado de Corleone sob ameaça e se tornaram também eles bonecos do Curto.

O telefonema dos Salvo para o Brasil traria consequências

para Masino. Riina ficaria sabendo que os primos haviam tentado repatriar Buscetta e atacaria: em 8 de novembro daquele ano, Mariano Cavallaro — irmão de sua primeira esposa Melchiorra — foi assassinado em Turim. Nos dias seguintes, alguns presidiários que estiveram com Tommaso no Ucciardone — em sua maioria não mafiosos — teriam o mesmo destino. A Cosa Nostra chamava aquilo de *vingança transversal* — golpear camundongos até que o rato saísse da toca. O recado de Totò era claro: Tommaso Buscetta, se quisesse voltar a Palermo, não veria uma porta aberta para se esconder.

A morte do cunhado foi motivo de lamento, mas também de convicção. Para Masino, Palermo era uma terra perdida. A vida no Rio de Janeiro estava longe dos horrores sicilianos para José Roberto Escobar e sua família. Maria Cristina e as crianças, de volta ao Brasil depois de anos de exílio, retomavam aos poucos uma vida considerada normal. Os mais velhos estudavam em colégios regulares, e os mais novos passavam os dias com a mãe no apartamento da Barra da Tijuca. A polícia italiana desconfiava que Tommaso se escondia na América do Sul, porém caçá-lo não era prioridade em uma Sicília em chamas. Depois de Inzerillo, seu irmão e seu filho de dezessete anos foram mortos, assim como o velho Saro Di Maggio. Seguiriam-se dezenas de homicídios até o fim daquele ano. Os carabinieri não tinham sequer homens suficientes para recolher os mortos.

Cocaína pura

A quebra da conexão francesa em 1972 tiraria a América do Sul da rota da heroína por muitos anos. Os tempos também eram outros. Pilotos aventureiros de pequenas aeronaves — habituados a transportar maconha de países latinos para os Estados Unidos — descobririam um produto cada vez mais requisitado ao norte do rio Grande do México. Com pistas de pouso plantadas em cada palmo marginal de Miami, eles transformaram a cidade em um destino brilhante e devastador, onde brotavam hotéis, bares e boates que vendiam consolo e loucura a turistas de meio mundo. A Miami dos anos 1980 se tornaria o símbolo da sociedade americana da época: o consumo precisava ser maior, a velocidade de produção mais rápida, os carros, os computadores, as ações, os lucros, os bônus — tudo estava voando. A moda que vinha das ruas demandava novidades, algo que desse mais. Mais horas acordado, mais diversão, mais prazer. Convencidos de que a mudança faria bem aos negócios, também os mafiosos não demoraram a entender que a América não era mais álcool, ópio ou morfina, não era maconha nem heroína. A América daquela década era cocaína pura.

Era nisso que acreditavam os agentes do FBI quando começaram a investigar a fundo o que todos chamavam de "as cinco famílias de Nova York". Nos anos 1960, o FBI pouco se envolvera com os inquéritos que culminariam na expulsão de Tommaso Buscetta dos Estados Unidos. Surpreendido com o que o diretor do órgão J. Edgar Hoover considerou um vexame nacional — "Onde nós estávamos que não vimos isso?" —, o escritório dos federais fez dos americano-sicilianos seus principais alvos. As interceptações telefônicas e os agentes infiltrados não eram novidade, mas seriam usados como operação-padrão para tentar vencer a muralha de silêncio da Cosa Nostra. Com a colaboração das ditaduras locais, os órgãos de inteligência americanos camuflaram agentes em todos os países do sul do continente, inclusive no Brasil. Naquele verão de 1982, a polícia brasileira não se mostrava muito atenta à possibilidade de um dos homens mais procurados do mundo estar de volta ao país. Entretanto, um jornalista de quase quarenta anos que trabalhava desde os catorze como auxiliar de redação farejou uma história para contar.

Luarlindo Ernesto era um repórter novato quando foi destacado para cobrir a prisão dos criminosos italianos e franceses em 1972. Entre idas e vindas a delegacias, tinha colecionado informações sobre o modo como agiam os estrangeiros. As mortes ligadas a eles eram, em geral, nebulosas. Após a morte de Lucien Sarti e a deportação de Christian David, Michel Nicoli, Tommaso Buscetta e os demais membros da gangue, um período de relativa paz tomou conta do Rio. O silêncio acabou em janeiro de 1982, quando uma pistola de 9mm apagou com três tiros um homem descrito pela perícia como "branco, cabelos grisalhos e forte". No bolso da vítima — assassinada no Alto da Boa Vista —, os investigadores encontraram alguns dólares e uma nota de um posto de combustível em Botafogo, onde descobriram que o homem trocara dois pneus de seu Dodge Dart placa JD 2459 na noite anterior. Desconfiado de um Volkswagen Passat apinhado de homens que parecia seguir o Dodge, o borracheiro avisou a polícia.

A vítima levava consigo um passaporte italiano expedido em Madri, no qual constava o nome de Armando Jorge Siciliano. Depois de alguns dias no IML, seu corpo foi enterrado em uma área de indigentes no Cemitério de Santa Cruz, até que uma mulher que dizia ser sua esposa apareceu, primeiro no jornal, depois na 19ª DP da Tijuca, que já havia dado o caso por encerrado. Elza Inês Siciliano disse que o marido tinha ido ao Rio para "procurar um apartamento para o carnaval". Sem esclarecer o motivo do crime, conseguiu que o corpo fosse trasladado a Buenos Aires, onde foi enterrado.

O caso ficou martelando na cabeça do repórter por meses. Um homem com passaporte italiano, expedido em Madri, possivelmente falsificado, morto em circunstâncias que pareciam queima de arquivo e enterrado em Buenos Aires? Luarlindo precisou de meio ano de espera e outro cadáver para ter motivos para acreditar que membros da máfia pudessem estar de volta ao Brasil. Na madrugada do dia 17 de julho de 1982, um cabo e um soldado responderam a uma ocorrência de roubo seguido de morte no apartamento 905 da rua Barata Ribeiro, 181, em Copacabana. Na sala, os policiais avistaram um homem caído com ferimentos na cabeça e nas costas, produzido por arma de fogo. Apenas uma testemunha estava no local: Dolores Rubia Garcia — nome falso de Rossana Assuncion Nobile Galves. O morto se chamava José Rene Mino Salinas, com passaporte chileno.

Os crimes eram endereçados a delegacias diferentes sem que nenhuma delas juntasse os inquéritos. Não havia indícios de que eram crimes da máfia, a não ser por serem as vítimas e os envolvidos estrangeiros em situação suspeita. Luarlindo decidiu fazer o que a polícia não parecia disposta: investigar. Entre o fim de julho e o começo de agosto, ele disse ao editor do *Jornal do Brasil* que passaria a trabalhar em turno invertido, que não mais apareceria na Redação pela manhã. Com um mapa dos crimes nas mãos e um vendaval de informações desconexas que vinha colhendo, o repórter peregrinou pelas madrugadas do Rio em endereços de Copacabana, Ipanema e Leblon, ouvindo prostitutas, taxistas, garçons, músicos, pequenos traficantes, porteiros, vigias e zeladores. Os depoimentos sedimentavam detalhes, mas ainda eram fracos para uma grande reportagem. O jornalista esperou pacientemente até o dia 3 de setembro, quando o corpo de uma menina de catorze anos apareceu amarrado dentro de um saco em um sítio em Penedo, na região de Resende, no interior do estado. Segundo a perícia, Marina Marques de Alvarenga teria sido morta por uma fratura no pescoço havia pelo menos cinco dias — seu corpo estava em decomposição. Penedo era um dos centros das operações de 1972, quando o grupo de Tommaso fora desmantelado no Brasil. Luarlindo arrumou as malas.

Masino recebeu um telefonema preocupante em meados de agosto. Era Gaetano Badalamenti. O chefão ainda vivia em Palermo mesmo depois de ter sido suspenso da máfia. Seguia seus negócios regularmente viajando entre a Sicília e os Estados Unidos e tomando precauções extraordinárias para não ser assassinado pelos capangas de Totò. Tommaso já havia sido advertido por Nino Salamone que Don Tano o procuraria. "Se ele vier, trará problemas até não poder mais." O tom da conversa telefônica foi tranquilo, mas, para desgosto de Buscetta, Badalamenti estava decidido a ir ao Brasil "para conversar". Sem ter como não aceitar a visita, Masino o buscou no aeroporto dias depois.

Don Tano tinha a fama de ser dono de uma memória prodigiosa. Em uma primeira e longa conversa, atualizou Masino sobre tudo o que estava acontecendo na Sicília. Riina exterminara 21 homens da família Inzerillo. A baixa voz, corria pela ilha que "deles não deveria restar nem mesmo o sêmem". O carrasco preferido do Curto era Pino Greco. Filho de um mafioso apelidado de Scarpa (Sapato), Pino era conhecido como Scarpuzzedda — o Sapatinho. Condenado por 58 homicídios cometidos em pouco mais de dois anos, Pino Greco teria matado mais de oitenta pessoas em toda sua carreira criminal. Um de seus crimes é considerado o episódio mais marcante da Segunda Guerra da Máfia. Pino sequestrou Giuseppe Inzerillo, filho de Totuccio. O menino tinha dezessete anos quando desapareceu. Havia sido sequestrado depois de dizer repetidas vezes, a mais de um mafioso, que "mataria Totò com as próprias mãos". Queria vingar o pai. Antes de assassiná-lo, Pino cortou seu braço direito com um cutelo de pescador. "E agora, vai atirar em Totò como?", perguntou ao garoto. Ele já estava morto. Sapatinho conversava com um cadáver.

Alguns Inzerillo conseguiram sobreviver fugindo para Nova York. A viagem foi organizada por John Gambino, de Cherry Hill, que mandou dois homens a Palermo para acertar as coisas com o Curto e obter a garantia de que não haveria vingança. Totò consentiu a fuga e passou a chamar os exilados de "escapados". Uma humilhação que duraria por toda a vida.

Seriam onze os membros da família Badalamenti mortos ou desaparecidos. Ao aterrissar no Brasil, Don Tano trazia consigo seu filho Leonardo, de 21 anos. Estavam com medo. Na Sicília, nenhum dos dois sobreviveria por muito mais tempo.

A conversa se estendeu por dias até que o inevitável aconteceu: Gaetano tentou convencer Tommaso a voltar para a casa e lutar. Tano acreditava que a situação ainda poderia ser salva e que Buscetta seria o único capaz de reorganizar as coisas e enfrentar Corleone.

"A primeira coisa é matar Luciano Liggio", afirmou Tano, falando sobre o mafioso de Corleone que havia anos peregrinava por penitenciárias italianas. "Aproveite as amizades que você fez na cadeia, Masino. Liggio está preso em algum lugar da Itália. Encontramos ele e o matamos."

"Isso é uma loucura, Tano. Ninguém vai embarcar numa coisa absurda dessas."

Masino sentia que o prestígio de Badalamenti tinha se esvaído. Don Tano buscava nele um bote salva-vidas.

"Você ainda não percebeu que a situação é desesperadora?", perguntou Tommaso. "Tire da cabeça essa ideia de fazer guerra. Não seja idiota. Você é um homem rico, Tano, e tem uma família enorme. Entendo que já mataram muitos dos seus, mas tente pensar com a cabeça fria. Você precisa de tempo e de calma para respirar, para reconquistar o poder."

Masino pontualizou bem a última frase.

"Venha morar aqui no Brasil. Aqui vocês estão seguros. Traga seus parentes e espere cinco, seis, sete anos antes de pensar em vingança. Mostre que não quer mais saber da Sicília e que reconhece o poder de quem agora é mais forte. Quando achar que está pronto, volte para lá."

Badalamenti parecia ceder aos poucos. Tommaso olhava para o compadre e media suas reações.

"Faça como eu. Compre uma fazenda em um lugar isolado, onde possa levar a família. Ninguém vai procura-lo lá. Vocês podem trabalhar com madeira, criação, agricultura, o que for. Se quiser, posso levá-lo para a minha fazenda no Pará. Que tal? Ali você pode procurar terras parecidas."

Gaetano aceitou a viagem. No fim de agosto, ele e o filho embarcaram para Belém acompanhados de Buscetta. Depois de horas de avião, jipe e barco, os três chegaram à região de Moju. Masino apresentou o local e o capataz, Valentim da Silva Machado. Mas o clima não agradou Leonardo. Fazia muito calor, e tudo metia medo, dos mosquitos às cobras. Não demorou para que a ideia de morar no meio da Floresta Amazônica se apagasse da cabeça de Don Tano. Sem meios para convencer os dois a ficar, Masino decidiu levá-los de volta a Belém e procurar o primeiro voo ao Rio ou a São Paulo. Instalaram-se no Hotel Regente, no centro da capital paraense. O quarto foi registrado em nome de José Roberto Escobar. À noite, enquanto conversavam, foram interrompidos por cenas de guerra anunciadas pelo telejornal. O cenário lhes era familiar. Aumentaram o volume e emudeceram diante da TV. Era Palermo. Ao centro, um pequeno Fiat 112, branco. A câmera fechou em close nos vidros — estavam crivados de balas. Mais de perto, era possível ver dois cadáveres. A reportagem narrou os horrores da guerra da máfia e revelou os nomes das vítimas: a motorista era a enfermeira Emanuela Setti Carraro, 31 anos, casada havia apenas dois meses. Seu marido estava morto no banco do passageiro. Era o xerife encarregado de combater a Cosa Nostra. Com o corpo pendente sobre a esposa, a cabeça baixa e o rosto ensanguentado, jazia o general Carlo Alberto Dalla Chiesa. O carrasco de Masino durante seus anos de prisão na Itália, o oficial que o fez migrar de jaula em jaula como se fosse um animal de circo estava morto. Masino não comemorou.

O jornalista Luarlindo Ernesto rumou para Penedo assim que soube da morte da jovem Marina Marques de Alvarenga. A polícia ainda não divulgara detalhes sobre o homicídio, mas o repórter sentia cheiro de coisa grande no ar. A região era conhecida por abrigar bares e festas lotados de estrangeiros, alguns com passado suspeito. Aquele crime poderia ter ligação com os outros que o jornalista acompanhava.

Sua primeira medida foi começar a entrevistar os vizinhos

do sítio onde o corpo da garota de catorze anos tinha sido encontrado — por coincidência, no mesmo dia da morte de Dalla Chiesa. A delegacia que investigava o caso ainda não divulgara a quem pertencia a propriedade. Luarlindo — que não sabia e jamais descobriu se as duas primeiras mortes estavam ligadas ao retorno de mafiosos ao país — cavou informações por todos os lados seguindo apenas seu tino de repórter. Duas semanas depois, no dia 19 de setembro, ele assinou uma matéria na edição dominical do *Jornal do Brasil* com um título revelador.

MAFIOSO QUE A ITÁLIA PROCURA É DESCOBERTO EM RESENDE

No entardecer do dia 28 de agosto último, o mafioso Tommaso Buscetta, expulso do Brasil em 1972, esteve em Penedo, localidade de Resende, estado do Rio de Janeiro, em companhia de Lelio Paolo Gigante, seu compadre, amigo e comerciante naquele município. Duas pessoas passaram a informação ao *Jornal do Brasil*, descrevendo o grupo todo como "cerca de oito pessoas, homens e mulheres, todas visivelmente drogadas".

Até o dia 16, quinta-feira passada, só havia suspeitas de sua presença em território brasileiro. Mineiro, um comerciante estabelecido em Resende e vizinho de Gigante, foi uma das pessoas que confirmaram: "Ele esteve em minha casa com um grupo. Um dos homens que o acompanhava comprou oito pacotes de papel Colomy (usado por viciados e traficantes). Pouco depois, outro homem do grupo voltou e comprou mais oito".

A outra testemunha, Cabeludo, empregado do Bar Danny, também em Penedo — o dono do bar era Gigante que, segundo ele, fazia vista grossa se alguém cheirava ou injetava cocaína, ou usava maconha dentro do bar —, reconheceu Buscetta. Disse que ele e Gigante estavam com outro homem conhecido como Baixinho (tem 2,10 metros de altura).

* * *

A reportagem de meia página era ilustrada com fotos de Gigante e Masino. Lelio seria o locatário do sítio onde o corpo da adolescente fora encontrado. Ela teria sido morta, segundo as investigações, após uma tentativa de estupro. Era a primeira vez que o rosto de Buscetta aparecia nos jornais brasileiros desde os anos 1970. A denúncia alvoroçou a delegacia de Penedo, e também a Polícia Federal. Dentro da sede da propriedade, os policiais encontraram documentos falsos, material de falsificação e equipamentos que, acreditavam, seriam usados para a montagem de um laboratório de refino de cocaína. Dez anos depois de serem presos juntos, os caminhos de Buscetta e Gigante se cruzavam novamente. Os boatos de que Tommaso se refugiara no Brasil após fugir de Turim enfim se confirmavam, com testemunhas.

O alerta de Nino Salamone de que a presença de Gaetano Badalamenti no Brasil traria má sorte se confirmava. A foto de Masino se espalhou pelos jornais e redes de TV de todo o país. Não demoraria para que os vizinhos ligassem o rosto de Roberto Escobar, morador da Barra da Tijuca, ao do foragido internacional. Em uma conversa com Maria Cristina, Tommaso decidiu que deveriam se mudar para São Paulo o quanto antes. O casal sabia que era hora de enfrentar a batalha legal e tentar evitar a extradição do marido, caso fosse pego. Cristina recolheria toda a documentação necessária e iniciaria uma romaria entre cartórios, fóruns e repartições, argumentando que Tommaso era pai de suas crianças nascidas no Brasil e que, portanto, não poderia ser expulso. Trancado no apartamento da avenida Sernambetiba, ele ainda pensava no que fazer quando uma preocupação que o atormentava havia dias voltou à cabeça: não parava de pensar nos filhos Benedetto e Antonio, que haviam voltado a Palermo quando o pai foi preso e ainda estavam na cidade. As notícias dos jornais brasileiros não demorariam para chegar à Itália, e Riina faria de tudo para descobrir seu endereço no Brasil, inclusive atentar contra seus filhos. Masino tinha motivos para acreditar que todos a sua volta corriam perigo: Homerinho, irmão de Maria Cristina, não dava notícias havia mais de mês.

Ele viajara para uma das fazendas da família em Poconé, no Mato Grosso, com uma missão: conseguir documentos falsos para Gaetano Badalamenti e seu filho Leonardo e apresentá-los a um cidadão de nacionalidade paraguaia que os ajudaria com seus negócios. Homerinho conhecia bem o Paraguai. Nos anos 1960, com quinze anos, ele roubou o carro da avó materna e viajou até Assunção em busca da jovem que se tornaria sua esposa. Para evitar que os dois namorassem, os pais da adolescente, vizinha de Homerinho em São Paulo, a mandaram para um internato em Villarrica, a 150 quilômetros da capital paraguaia. A infância do pequeno Homero tinha sido povoada por histórias de guerras, perseguições e banditismo, contadas por seu avô materno, um italiano de sobrenome Pirondi. A família considerava o velho um louco — mais tarde, o culpariam pelo destino como fora da lei do neto. Para Homerinho, o avô era um herói. Quando disse que estava disposto a ir atrás do amor de sua vida em outro país, Pirondi o incentivou e lhe deu um papel com um nome escrito: Edmond Moscarda. Era a pessoa de referência em Assunção, o homem a ser procurado assim que ele chegasse à cidade.

Moscarda recebeu Homerinho na capital paraguaia e o ajudou a sequestrar sua namorada do colégio interno. Os Moscarda teriam se afeiçoado ao brasileiro e pedido que ele passasse um tempo em sua casa, em Assunção. Ao longo dos meses, o garoto seria ciceroneado pelos anfitriões, apresentado a pessoas influentes — sobretudo do governo — até conhecer um homem chamado "Carlos" — que o teria levado para a Venezuela para algum tipo de treinamento, possivelmente paramilitar.

Homerinho era o homem certo para naturalizar Gaetano e Leonardo Badalamenti em 1982. No entanto, existem suposições distintas sobre o que aconteceu em Poconé naquele ano.

Uma delas dá conta de que Homerinho, além de arranjar as naturalizações, teria apresentado a Don Tano o contato de fornecedores, transportadores ou facilitadores para o tráfico de cocaína para os Estados Unidos. Por esse trabalho, receberia uma quantia em dinheiro.

Outra garante que Homerinho tinha a intenção de matar Don Tano, a fim de mandar um sinal para Totò Riina de que, no Brasil, ninguém deveria mexer com Tommaso Buscetta e de que não poupariam nem mesmo os amigos mais próximos, como era o caso de Tano. Tommaso Buscetta acreditava que um dos objetivos de Badalamenti no Brasil era assassiná-lo e confidenciou isso a Homerinho. "Don Tano é meu amigo, mas não sabemos como as coisas estão. Totò pode tê-lo forçado a me matar." Na Cosa Nostra, a morte costuma chegar pelas mãos dos amigos. De todo modo, a ordem para matar Don Tano em Poconé não teria partido de Masino — seria ideia exclusiva de Homerinho.

O conflito de versões jamais pôde ser confirmado, e Homero de Almeida Guimarães Júnior nunca mais voltou para casa.

A polícia deu o caso por encerrado, alegando "desaparecimento", algo comum nos anos da ditadura militar.

Uma testemunha jamais ouvida nos inquéritos oficiais afirma, entretanto, que o cunhado de Tommaso foi mesmo morto por Don Tano naquela viagem a Poconé. Homerinho teria tentado extorqui-lo, cobrando um valor superior ao combinado pelos documentos e pela apresentação dos contatos da cocaína. Pagou a ousadia com a própria vida. Seu corpo jamais foi encontrado.

* * *

Enquanto tentava localizar Homerinho, Masino não tirava os filhos da cabeça. Se o cunhado poderia ser uma vítima em potencial no Brasil, como estariam Benedetto e Antonio na infernal Palermo? O pai os aconselhava semanalmente sobre como agir e o que fazer. Os tempos eram de desconfianças e cuidados. Por isso ele estranhou quando ficou dias sem ter notícias dos dois. De todos os seus filhos, Antonio e Bene eram os mais íntimos. Masino tinha um carinho especial por eles, sobretudo por Bene, seu primeiro filho homem. Quando Melchiorra estava grávida, Buscetta teria feito de tudo para que a mulher abortasse. Eram muito jovens, acreditavam que não suportariam um segundo filho depois do nascimento de Felicia. Benedetto veio ao mundo fragilizado pelas tentativas medicamentosas para induzir o aborto. Masino o levou de hospital em hospital, de médico em médico, para que o bebê se fortalecesse e crescesse sadio. Sua saúde nunca seria das melhores, mesmo depois de adulto. Tommaso sentiria culpa e remorso durante toda a vida.

No dia 11 de setembro, Buscetta ligou para a casa de Antonio em Palermo. O filho acabara de sair da prisão por posse de notas de dinheiro marcadas como as do pagamento de um sequestro. Ao pai, disse que as liras lhe foram dadas por Pippo Calò, o ex--capo de Tommaso em Porta Nuova, aliado de última hora de Totò Riina. Um presente de grego. A chamada foi atendida por Iolanda, esposa de Antonio. Em lágrimas, ela disse que o marido desaparecera havia dois dias. Com ele estava Benedetto. Masino orientou a nora a ligar para a polícia enquanto ele moveria outros contatos. O homem encarregado de vigiar Antonio era Giuseppe Savoca, mafioso ao qual Tommaso dera a incumbência de cuidar do filho. Ao menor sinal de perigo, Giuseppe deveria advertir o compadre, que mandaria Antonio ao Brasil. Naquele dia, Savoca não respondeu aos telefonemas. Sozinho, separado da Sicília por um oceano, Tommaso compreendeu tudo. Os filhos Bene e Antonio eram suas mais dolorosas vítimas da guerra que ele se negara a lutar. Riina sabia que os Salvo, Badalamenti e talvez Salamone tentavam convencer Masino a voltar a Palermo. O Curto precisaria descobrir seu endereço no Brasil e matá-lo antes que fosse tarde. Seus filhos eram a ponte que ligava a Conca D'Oro a Copacabana. É muito provável que Antonio e Benedetto tenham sido torturados para entregar o endereço do pai. Foram mortos sem dizer uma palavra.

Masino sentia-se morto por dentro. Não precisava ver os corpos dos filhos para saber que era chegada a vez dos Buscetta. Depois do massacre dos Inzerillo, dos Badalamenti, dos Bontade, tinha diante de si a certeza de que os mortos de sua família se empilhariam nas calçadas até que ele saísse a campo descoberto. Era Tommaso que Salvatore Riina queria.

Totò reorganizara as coisas com os americanos depois da morte de Totuccio e Stefano. Até mesmo John Gambino se renderia: "Agora quem comanda é Corleone". A promessa de que não faltaria heroína nos Estados Unidos seria cumprida com um acordo: os americanos deveriam entregar o endereço de Buscetta — algo que prometeriam, mas jamais fariam. Impaciente, Totò tentaria forçar seu aparecimento em Palermo a todo custo.

O telefone de Masino não parou de tocar nas semanas seguintes ao sumiço de Benedetto e Antonio.

Era vigília de Natal daquele mesmo ano quando os corleonesi mataram seu cunhado Pino Genova, bem como dois primos da vítima. "Tempestade de fogo", foi a chamada de um jornal local. A pizzaria de Pino parecia um *saloon* do Velho Oeste: à baixa luz, dois matadores entraram no recinto iluminado apenas por feixes de neon onde se podia ler o nome do estabelecimento: New York Place. Dispararam a rodo. Uma irmã mais velha de Masino conseguiu sobreviver. No dia 27, o irmão de Tommaso, Vincenzo — o mesmo que viajara com ele à Argentina e ao Brasil nos anos 1950 — foi metralhado com o filho enquanto trabalhavam na vidraçaria da família. Semanas depois, os corpos de Giuseppe Tramontana e Giuseppe Romano, homens de confiança de Masino nos Estados Unidos, seriam encontrados no porta-malas de um carro em Fort Lauderdale, na Flórida. Riina agrupava um cardume dos mais íntimos de Buscetta em sua rede, cercando e confundindo para a morte como faziam os pescadores sicilianos em épocas de atum. O azul do Mediterrâneo se corava de sangue com a carnificina ao sol. A população chamava o ritual marinho de *Mattanza*. Era também assim que o Curto saía para pescar.

Eu me chamo Tommaso Buscetta

O delegado tinha em mãos a maior missão que recebera na vida, mas só conseguia pensar no calor. Era janeiro. Enquanto os turistas bendiziam o sol do Rio, Pedro Berwanger praguejava dentro de seu terno de uso obrigatório. Ali, naquela sala, estava o homem que poderia relaxar a vestimenta em jornadas externas — afinal, pensou, nem todo mundo trabalhava no ar-condicionado.

"Só isso?"

"É."

"Então está feito."

O capitão Ediberto Braga não falava sobre ternos.

"Escolha os policiais e o tipo de carro e informe quanto precisa em dinheiro para podermos avaliar. Seria ótimo prendermos esse marginal."

O marginal era Tommaso Buscetta. Os boatos de que o mafioso estava de volta ao Brasil corriam pelas delegacias desde seu sumiço na Itália. Até aquele começo de 1983, ninguém tinha movido muitos esforços para recapturá-lo.

O delegado Berwanger saiu da sala do superintendente regional da Polícia Federal pisando nas nuvens. Ele seria o titular de uma investigação internacional, um sonho que se realizava. No dia seguinte, sentado em um bar no Leme, observou o garçom trazer dois copos transbordando do que ele costumava chamar de "divina bebida". A Taberna Atlântica era o tradicional ponto de beberagem de chope da polícia carioca, e o lugar ideal para convencer Wilson Nogueira Barradas a aceitar um convite. Wilson era um agente às portas da aposentadoria. Berwanger sabia que seria difícil escalar o colega na missão para prender Buscetta.

"E então, Barradas, quando você para?"

"Por quê?"

"Nada, curiosidade…"

"Chefia, eu o conheço há muito tempo e sei que não dá nó sem linha. Algum problema?"

"Nada mesmo, juro."

Entre goles de chope, Barradas descreveu o que vislumbrava como seu futuro imediato: conseguir um trailer e viajar pelo Brasil comprando e vendendo bugigangas, "de cachaça do Norte a sapatos do Sul".

"E você sai da polícia com todos os seus sonhos realizados?"

"Chefe, já fiz de tudo e já vi de tudo. Mas tem uma coisa que não concluí: prender o italiano Tommaso Buscetta."

Berwanger se jogou para trás.

"Como assim, meu velho?"

"Em 1981, eu trabalhava na Polícia Marítima quando recebemos a notícia de que o mafioso estava escondido em um apartamento na Barra da Tijuca. No fim, só o cunhado dele, o Sérgio Ricardo, morava lá." O delegado jogou verde.

"Barradas, estou montando um grupo para uma missão sigilosa. Temos que prender um cara. Quem sabe não é esse italiano aí?"

"Tá bom, chefe. Agora conta uma de índio."

"É sério. O que me diz?"

"Estou fora, chefe, me deixa sossegado no meu canto. Além do mais, o senhor sabe que prender esse homem é uma utopia. A polícia do mundo inteiro está atrás dele, não vamos ser nós a conseguir."

A polícia brasileira tinha problemas. Até mesmo pequenos traficantes conseguiam se livrar da cadeia. As dificuldades em montar bons inquéritos começavam por baixo: era comum ver policiais com o tambor do revólver vazio por falta de munição. Os carros eram sucatas, o dinheiro para montar operações era uma miragem. Enquanto as polícias de ponta usavam agentes infiltrados e escutas telefônicas, a Polícia Federal brasileira conseguia, às vezes com muito custo, somente os registros de chamadas. Poderia saber quem ligou para quem, e a que horas, mas jamais o teor das conversas. Era um trabalho artesanal.

Berwanger conhecia bem o policial que estava sentado à sua frente falando de cachaças e sapatos.

"Será que não temos competência para prender esse cara, Barradas?"

"Claro que temos. Mas antes precisaríamos de equipe e dinheiro. E ninguém seria louco de nos dar isso."

"Já bancaram."

"O quê?"

"Estou lhe dizendo. Já bancaram."

"Não brinca comigo, chefe."

"Nunca falei tão sério em toda a minha vida. Essa é a missão que me confiaram, mas, se não posso contar com o policial que tem maior gana em prender esse mafioso, vou contar com quem?"

"Peraí, eu não disse que não ia colaborar…"

Barradas bebeu quase todo o terceiro chope em um só gole. Berwanger sorriu. Seu parceiro estava dentro. Nos dias seguintes, o delegado conseguiria "emprestados por uma semana" os policiais Antônio Augusto, Roberto do Amaral Vasconcellos e Dalvan Werling de Oliveira, subalternos a um oficial amigo desde os tempos de Academia. O ex-colega, um delegado da Entorpecentes, não sabia que perderia seus três agentes por meses.

    A primeira preocupação do delegado foi esconder a equipe. Em 1972, Buscetta conseguira escapar para Santa Catarina depois de receber informações privilegiadas, talvez de dentro da própria polícia. Berwanger se apossou da chave do último andar da Superintendência da Polícia Federal na praça Mauá, no centro do Rio. Era um apartamento abandonado. O imóvel seria transformado pela equipe em uma repartição com quatro salas independentes — em uma delas seria montada a *aranha*, o quebra-cabeças com fotos de criminosos e as linhas de ligação entre eles. Era preciso contar com alguém que desse suporte administrativo para organizar a casa e o material que alimentaria o bicho. Paulo Sérgio Scott Figueiredo era o homem ideal para a missão. O agente inspecionou o apartamento e fez exigências antes de entrar para o grupo. Que os revólveres ficassem sem bala, tudo bem, mas não dava para trabalhar sem uma geladeira e um fogão. Recuperados de um depósito oficial e postos para funcionar, os eletrodomésticos o convenceram. Figueiredo aceitou.

    A reunião inaugural do grupo girou em torno do inquérito produzido pelo Dops em 1972. Por terem sido expulsos em rito sumário, nem Buscetta nem os criminosos franceses foram investigados a fundo. O material era importante, mas não ajudaria muito. O que mais chamou a atenção dos agentes estava fora do trabalho da polícia — eram as matérias assinadas por Luarlindo Ernesto. Recortes do *Jornal do Brasil* do ano anterior passaram de mão em mão pela mesa. Luarlindo não era um qualquer. Se o experiente repórter do maior jornal do país afirmava que Tommaso estava de volta ao Rio, era preciso prestar atenção. Mesmo sem provas contundentes que comprovassem que a máfia estava refinando cocaína no Brasil, o jornalista tinha ouvido testemunhas que afirmavam que aquele homem estivera em Penedo no último inverno. Depois de uma semana debruçados sobre toda a papelada, no entanto, nada de concreto apareceu. A investigação mal havia começado e a equipe já mostrava sinais de abatimento. Buscetta era uma miragem, alguém de quem só tinham ouvido falar. Não sabiam nem por onde começar a procurá-lo.

O delegado chegou exausto em casa depois de ter ajudado a trocar o pneu do carro de um desconhecido na hora do *rush*. Sua mulher preparava uma salada para o jantar e não gostou nada quando o telefone tocou. Era um policial.

"Chefe, lembra que no mês passado uns carabinieri italianos estiveram no Rio atrás de um cara da Camorra, o Antonio Bardellino? Quem sabe existe alguma ligação entre esse homem e o nosso homem?"

Sob olhares de reprovação da esposa, Berwanger cortou a conversa. Depois do jantar, sentou na sacada do apartamento em que morava em Copacabana, acendeu um cigarro e ficou matutando. Antonio Bardellino foi um dos primeiros napolitanos a serem iniciados na Cosa Nostra. Apresentado na Sicília por um aliado de Buscetta, Bardellino transformaria a Camorra em uma máfia globalizada, e o porto de Nápoles em um estômago pronto para engolir todos os tráficos do mundo. O que o delegado não sabia é que o napolitano tinha vindo ao Brasil para matar Buscetta.

Bardellino preparou com paciência sua fuga da Itália. Ligado a Bontade e Inzerillo, o camorrista entendeu os perigos de viver em tempos de guerra mafiosa entre os sicilianos. Sua proximidade com as famílias perdedoras seria fatal. Meses antes de chegar ao Rio de Janeiro, a polícia já havia interceptado telefonemas seus para Hong Kong, Panamá, Alemanha e São Paulo. Bardellino organizava a casa antes de partir. Não queria deixar o comando do que mais tarde seria conhecido como o Clan dei casalesi, um ajuntamento de famílias camorristas com sede em Casal di Principe, cidade a meia hora de Nápoles. Seu poder de organização o manteria como *capo* do grupo criminoso mesmo de longe. Sua intuição capitalista era admirável: Bardellino foi um dos primeiros mafiosos italianos a entender que a demanda por cocaína suplantaria o mercado de heroína em todo o Ocidente.

Totò Riina não deixou que a fuga de Antonio passasse despercebida. Quando soube que ele partiria, o Curto ordenou, por intermédio de outro camorrista, que Bardellino assassinasse Masino. A missão deveria ser cumprida assim que o napolitano chegasse ao Brasil. Bardellino não refugou a ordem imediatamente, com medo de que Riina o matasse. É impossível saber quantos cálculos passaram por sua cabeça antes que ele tomasse a decisão mais arriscada de sua vida. Disposto a enfrentar as consequências, Antonio chegou ao Brasil, reuniu-se com Masino e decidiu não trair o compadre. Não mataria Buscetta por nada no mundo, garantiu.

A decisão provocaria uma guerra interna que mudaria a história do crime organizado napolitano. Totò também tinha homens em Nápoles, camorristas associados ou iniciados na Cosa Nostra que buscavam controlar a cidade. Os confrontos vistos na Sicília daqueles anos se reproduziram em Nápoles em pouco tempo. Famílias inteiras seriam dizimadas, camorristas em fuga rodariam o mundo e as cartas se misturariam e se ordenariam na mesa muitas vezes até que a guerra chegasse ao cabo. No fim, Bardellino conseguiria destruir os aliados de Riina, tomando para si o comando da Camorra.

Os carabinieri sabiam que Bardellino estava hospedado em um apartamento na estrada do Joá, 88, mas o camorrista conseguira escapar da perseguição por uma fração de dia. A frustração dos agentes italianos acabaria por poluir as investigações, que terminariam com um ponto inconcluso: "Enrico", nome que aparecera em um dos muitos papéis apreendidos no apartamento em que Antonio se escondia, não fora investigado. A equipe do delegado Berwanger notou o furo e decidiu puxar aquele fio.

Os dados repassados aos policiais brasileiros davam conta de que Enrico Peluso era um cidadão italiano que se apresentava como industrial. A casa alugada por ele no Rio de Janeiro tinha uma das mais belas vistas da cidade. A entrada se dava pela avenida Oscar Niemeyer. Os policiais decidiram verificar o local, mas se decepcionaram: Enrico não vivia mais lá, e a mansão estava em obras. Era preciso entrar o mais rápido possível antes que qualquer pista fosse eliminada sob camadas de cimento, cal e tinta. Com autorização da proprietária, os agentes inspecionaram a casa em busca de evidências. A dona dissera que Peluso havia abandonado o imóvel às pressas, deixando contas em atraso e desordem. A casa realmente estava uma bagunça, mas era uma mina de ouro. Depois de uma tarde inteira de trabalho entre cômodos empoeirados e montes de lixo, algumas dezenas de fotografias, contas telefônicas, manuscritos e documentos deixados para trás foram recolhidos pela equipe como se fossem preciosidades arqueológicas. Uma folha de papel colada ao forro de um armário — escondida por uma gaveta que precisou ser arrancada — chamou mais a atenção. Era um contrato de compra e venda de um imóvel no Condomínio Atlântico Sul, um dos endereços mais disputados da cidade, residência de atores da Globo, jogadores de futebol e ricaços de todas as áreas. O contrato do imóvel na Barra da Tijuca motivou os policiais, que intensificaram a varredura pela casa, cavoucando em todos os cantos. Ao final do dia, tinham recolhido mais de duzentos documentos e muitas fotos. A diversão tinha, enfim, começado.

Enrico Peluso tinha 34 anos e era solteiro. Entre os papéis apreendidos em sua antiga casa estavam as movimentações contábeis de uma empresa em seu nome, a Companhia Exportadora e Importadora Comercial (Ceico). Para os policiais, a firma servia de fachada para que Antonio Bardellino e Tommaso Buscetta exportassem cocaína. A droga vinha sendo cada vez mais apreendida no Brasil, mas os policiais sabiam que a maior parte das cargas passava pelo país com destino à Europa e aos Estados Unidos. Uma das vias usadas pelos transportadores era chamada de "Rota Amazônica". A fazenda de Masino no Pará seria um ponto de pouso e armazenamento da droga que vinha dos países andinos, anotariam mais tarde os agentes.

Os documentos encontrados na casa de Enrico Peluso mostravam que o italiano não tinha faturamento suficiente na Ceico para sustentar seus gastos pessoais, elevados na avaliação da polícia. A companhia — uma exportadora de pescados instalada em Búzios — tinha apenas um caminhão, e o motorista alegara jamais ter visto o chefe. Enrico mantinha em casa uma contabilidade paralela muito mais detalhada do que aquela estampada nas notas fiscais enviadas à Receita Federal. Para os agentes, era o dinheiro sujo de Bardellino e Buscetta que sustentava a vida de Peluso no Brasil, boêmia e luxuosa, conforme descobriram depois de ouvir os depoimentos de testemunhas citadas na papelada ou congeladas nas fotos apreendidas na mansão.

O Condomínio Atlântico Sul ficava a menos de dois quilômetros do apartamento 1303 da avenida Sernambetiba, 3600, onde a família Almeida Guimarães morava. A equipe da Polícia Federal instalada na praça Mauá havia descoberto que a titular do imóvel registrada no documento encontrado na casa de Peluso, uma italiana chamada Rita de Vita, era a esposa de Antonio Bardellino. Como não tinham nenhum sinal sobre o paradeiro de Buscetta — nem mesmo a certeza de que ele estava no Brasil —, os policiais decidiram investir tempo na busca por Bardellino. Não sabiam se Masino e Antonio mantinham contatos ou negócios, nem se eram amigos. A única coisa que tinham na mesa era o fato de ambos serem criminosos e italianos. Pouco, mas um ponto de partida. O delegado juntou Barradas e o inspetor Dalvan Werling de Oliveira, pegou um dos carros sem identificação da Polícia Federal que tinham à disposição e guiou do centro até a Barra da Tijuca. Dalvan era o homem perfeito para a missão. Criado nas favelas do Rio, conhecia muita gente dos morros. Poderia avistar algum vagabundo notável pelas redondezas para pedir informações ou conversar com o pessoal de portaria e limpeza, muitos deles moradores da periferia. Além disso, era conhecido por ser o melhor formulador de hipóteses da equipe. Aquele apartamento, pelo preço pago, não parecia um investimento qualquer: tinha cara de ser a moradia definitiva de Bardellino no Brasil.

Assim como a casa de Peluso, o imóvel no Condomínio Atlântico Sul também estava em obras. Berwanger telefonou para o administrador e insistiu para conhecer o apartamento de todo modo. Queria entrar em busca de algum sinal. Convencido, o administrador pediu que o porteiro do edifício o acompanhasse e abriu as portas para os detetives. Apenas alguns pedreiros zanzavam em meio à caliça e material de construção — nada que desse pistas da presença do napolitano por ali. Barradas e Dalvan fuçaram por todos os cantos, em vão. Bardellino e a família não haviam ainda ocupado o imóvel. A incursão tinha sido perdida. O jeito, pensaram, seria fazer uma campana de dias, semanas, quem sabe meses na frente do edifício para saber se o camorrista de fato se mudaria. O jogo de caça ao rato tinha apenas começado, e a toca estava vazia. O delegado já imaginava uma longa jornada pela frente, sentado dentro de um carro ou em pé na calçada, aguardando com uma câmera na mão, suando como uma catarata e praguejando contra o terno obrigatório sem sequer saber se pescaria algum peixe, quando decidiu — por desencargo de consciência — mostrar ao porteiro e ao zelador um álbum de fotografias que sempre carregavam consigo. A reação de ambos foi óbvia: como Bardellino não morava no prédio, nenhum dos dois o reconheceu na primeira foto. Ao passar para a segunda imagem, no entanto, seus rostos se transfiguraram. O delegado percebeu a mudança de humor e cogitou que, naquela imagem, sob outro ângulo, com outro penteado ou outra feição, os dois pudessem se lembrar do fugitivo.

"Este eu conheço", disse o porteiro.
"Este aqui?"
"Não, o outro, o que está do lado dele."
"Este?"
"Sim."
"Ele mora aqui? Onde?"
"Em um apartamento, dois andares abaixo."
"Como ele se chama?"
"Sr. Roberto."

O porteiro apontava o dedo para Tommaso Buscetta. Os policiais não podiam acreditar. Berwanger só pensava em invadir o apartamento e procurar por pistas que levassem a Tommaso e não deixava de se espantar como um criminoso daquele tamanho usasse quase sempre o nome Roberto em seus documentos falsos. O zelador interrompeu seus pensamentos dizendo que tinha fichas com os dados de todos os moradores e também anotações com o controle de entrada e saída de veículos. Na sala da administração, a equipe constatou que Maria Cristina de Almeida Guimarães e os filhos estavam registrados com seus documentos verdadeiros; Tommaso usava outra naturalização paraguaia, uma identidade em nome de Tomás Roberto Felice, a mesma que usara nos anos 1970 para alugar imóveis. Antes de irem embora, os policiais anotaram o número da placa do Ford Del Rey usado pelo casal. Na concessionária, o vendedor os reconheceu pelas fotos.

De volta à praça Mauá, ao verificarem os registros oficiais, descobriram que o carro estava em nome de José Roberto Escobar. Para ter certeza de que Buscetta morava mesmo lá, alguém teve uma ideia: um dos policiais poderia ligar para o apartamento fazendo-se passar pelo gerente da revenda. Poderia oferecer um desconto para a troca do carro antigo por um modelo novo. Deu certo. Maria Cristina atendeu a ligação, se identificou e disse que não estava interessada no negócio.

"E como está o dr. Roberto?", perguntou o policial.

"Está na fazenda."

A vigilância em frente ao edifício passou a fazer sentido. Os policiais organizaram trocas de guarda para cobrir todas as horas do dia e da noite, anotando os horários de entrada e saída de Maria Cristina — quase sempre para levar e buscar as crianças no colégio. Cada pessoa que se identificava na portaria como visitante do apartamento de Buscetta era fotografada por Roberto do Amaral Vasconcellos, um policial baixinho e barrigudinho conhecido como bom motoqueiro e exímio fotógrafo. À turma que ficava no quartel-general da praça Mauá cabia levantar a ficha dos frequentadores do imóvel. Em poucas semanas — entre a preparação de uma refeição e outra —, o inspetor Figueiredo havia organizado mais de quarenta pastas com nomes, imagens e informações sobre os suspeitos. O grupo conseguiu que a Justiça autorizasse a quebra do sigilo telefônico no apartamento. Como a Lei das Telecomunicações da época não permitia o grampo das conversas, os agentes tiveram que se contentar com os números, os horários e a duração de cada conversa. A quantidade de ligações era cavalar.

Com base nas análises das cidades chamadas, Berwanger decidiu que era hora de sair do Rio de Janeiro. Como não queria que a operação vazasse da sala da praça Mauá, o delegado foi com dois de seus homens para São Paulo em vez de pedir reforços. O objetivo era investigar os donos de duas linhas telefônicas em permanente contato com o apartamento do Condomínio Atlântico. Os números eram de uma sala localizada na avenida Angélica. Nela, descobriria, estava instalada a filial de uma empresa de Betim, Minas Gerais, a Major Key Sports Wear. Os agentes ainda deveriam verificar quem eram os moradores de dois apartamentos e de uma mansão no bairro do Morumbi. Berwanger descobriu por que Masino jamais aparecia na Barra da Tijuca: além de evitar o Rio, onde seu rosto era conhecido, seus negócios estavam todos em São Paulo.

A Major Key era uma empresa fundada em 1979 dedicada à "confecção, importação e exportação de roupas". Com sede em Minas Gerais, tinha em seu quadro social dois italianos: Giuseppe Fania e Lorenzo Garello. A filial paulista era um escritório bem equipado localizado no bairro Higienópolis e aberto havia poucos meses. Os investigadores tiveram certeza de que Buscetta tinha ligações com a firma quando flagraram Maria Cristina dirigindo um automóvel Fiat com placa de Betim. Os registros estavam em nome de Lorenzo Garello. Ao policial Barradas, o vendedor da concessionária onde o carro havia sido comprado disse que Garello "o daria de presente para a filha de um grande amigo". O automóvel foi entregue no Condomínio Atlântico no dia do aniversário de dezenove anos de Alessandra.

Em meados de 1983, a "sala da aranha", no centro do Rio de

Janeiro, exibia uma obra de arte policial. A maior foto colada na parede era a de Masino, sorrindo, à mesa de um restaurante. Ao lado dele, dezenas de outros personagens identificados por imagens, números de telefones, placas e modelos de carros, endereços de apartamentos, casas e empresas — uma teia de contatos pessoais mostrando uma investigação complexa e extenuante. Berwanger sabia que já tinha gastado tempo e dinheiro suficientes para prender o mafioso. Tinha certeza de que a Major Key era um negócio de fachada para a lavagem de dinheiro da cocaína, mas sua missão não era comprovar um esquema de tráfico internacional. Seus chefes queriam que ele apenas algemasse Buscetta — o italiano deveria cumprir pena no próprio país. O problema de Berwanger era justamente este: Don Masino, em todos aqueles meses de investigação, jamais havia sido visto em nenhum dos locais vigiados. Seu nome estava ligado a tudo e a todos, porém o mafioso era uma assombração que habitava apenas a sala da aranha.

Por isso o delegado se animou quando três informações chegaram ao quartel-general da praça Mauá entre o fim de setembro e o começo de outubro.

Um Ford Landau cor de vinho entrara na mansão de número 401, na rua Manuel Carlos de Figueiredo Ferraz, no Morumbi. Ao volante estava um dos suspeitos mais próximos de Tommaso, Fabrizio Norberto Sansone, o homem da Major Key em São Paulo. O italiano de trinta anos comprava, vendia e alugava carros e imóveis usados pelo palermitano no Brasil.

Outro nome importante na trama era o de José Carlos Fattori Lanza. Os investigadores não conseguiam descobrir quem ele era até que receberam uma resposta de um juiz italiano: "Vocês têm um peixe grande na mão". Lanza se chamava, na verdade, Giuseppe Bizzarro. Os policiais o identificaram após tirarem uma foto sua na saída de um banco. A imagem foi carregada por um comissário de bordo da Alitalia até chegar às mãos do juiz, em

Palermo. Bizzarro era acusado de roubo, incêndio doloso e simulação de sequestro e tinha fortes ligações com mafiosos.

O cerco final se fechou quando os detetives cruzaram as ligações do apartamento de Maria Cristina, no Rio, com as de um hotel em Belém do Pará. Policiais locais ajudaram a equipe da Federal a descobrir que os telefonemas para o Condomínio Atlântico eram feitos sempre pela mesma pessoa, um hóspede do Mato Grosso. Era Valentim da Silva Machado, capataz das fazendas de Homero Guimarães. No quarto ao lado do seu estava hospedado José Roberto Escobar. Masino fazia as ligações em nome de Valentim para não despertar suspeitas. Os policiais estavam perto.

Foi com esse tipo de fé que Berwanger voltou ao Rio de Janeiro após se explicar aos seus superiores. Precisava acreditar que Tommaso apareceria no apartamento da família na Barra da Tijuca. Não sabia mais quanto tempo e dinheiro teria para continuar com o trabalho. A investigação se estendia por mais de meio ano, os policiais tinham feito progressos e montado uma história lógica em torno do foragido, mas ninguém, em momento algum, tinha visto Tommaso Buscetta.

O delegado deixou a capital paulista nas mãos de Barradas, que comandaria sete policiais cedidos pela superintendência local. Os agentes continuariam a vigiar alternadamente alguns dos locais frequentados por membros do grupo, contudo precisariam contar mais do que nunca com a sorte. Levou dois dias até ela aparecer.

"Alô, o seu Barradas está?"

Eram duas da manhã.

"É ele. Quem fala?"

"É o *amigo* da Joaquim Floriano."

Era o porteiro diurno do prédio 636 da rua Joaquim Floriano, com quem os policiais tinham feito amizade. O apartamento 101 do edifício no Itaim Bibi em São Paulo era de um italiano chamado Alfredo Mortilli. Tommaso usaria o endereço para pernoitar em algumas de suas visitas à cidade.

"Desculpe ligar a esta hora, é que o senhor pediu..."

"Certo, pode falar", respondeu Barradas, já em pé, pulando por cima do agente Roberto, que dormia no chão. A ligação estava baixa, o porteiro sussurrava. Barradas chutou as costas de Roberto para que ele parasse de roncar.

"Aquele moço da fotografia chegou por volta das onze horas com a mulher e um garoto. Deixou o carro parado em frente ao prédio e subiram."

"Tem certeza de que era ele?"

"Absoluta."

"Você está ligando de onde?"

"De um orelhão da Telesp. O vigia da noite não apareceu e fui obrigado a dobrar o turno."

Barradas entrou em êxtase. Pediu que o homem voltasse para a portaria e o esperasse. Em vinte minutos, o policial estaria lá.

"Seu Barradas, não vou me encrencar, né? Acho que já ajudei bastante..."

"Pode ficar tranquilo. Quero apenas conversar com você."

"Tudo bem. Quando chegar, toque a campainha que abro para o senhor."

Alguns agentes já estavam acordados olhando para ele. Barradas suava. Com todos acordados, fez o anúncio.

"Pessoal, o porteiro da Joaquim Floriano telefonou dizendo que o nosso homem está lá."

A gritaria foi geral. Precavido, Barradas tratou de acalmar os ânimos.

"Vamos primeiro ver se isso é verdade. O porteiro pode estar de porre, ou precisando de dinheiro, sei lá."

Os agentes tinham encenado a prisão diversas vezes. A ação teria que acontecer na rua, sem chamar a atenção dos passantes. Uma abordagem firme e definitiva, com armas pequenas e quase imperceptíveis. O último teste tinha sido tão bom — às onze da manhã em plena avenida São João — que os jornais noticiaram o fato no dia seguinte como "um sequestro-relâmpago". Barradas sabia que um tumulto poderia pôr pessoas em risco ou dar chance para fuga. Como havia a possibilidade de troca de tiros, ele confiou a chefia da missão a Roberto do Amaral Vasconcellos, o detetive baixinho e barrigudinho que não costumava perder uma bala. Em caso de perigo, seria ele o primeiro a disparar.

O porteiro recebeu Barradas por volta das três da manhã. Os demais policiais aguardavam camuflados na rua. O diálogo foi rápido para não levantar suspeitas. Barradas se certificou de que o homem falava a verdade e pediu que ele apontasse o carro no qual Buscetta havia chegado. Era um Voyage com placa de Betim. Ao ver que o elevador tinha sido chamado por um dos andares superiores, o policial se despediu e voltou para a rua.

"Nosso homem está lá em cima. Vamos esperar o dia clarear e ver se ele sai. Quem estiver com sono, peça para o companheiro cobrir. É agora ou nunca", disse pelo rádio.

Tommaso e Maria Cristina estavam em São Paulo cumprindo um dos últimos compromissos antes de deixarem definitivamente o Rio de Janeiro. Na manhã seguinte, levariam um dos filhos para conhecer um colégio. Caso gostassem, o matriculariam. Os agentes não sabiam disso, mas esperavam que o mafioso saísse do apartamento em algum momento.

As equipes estavam divididas em quatro carros estacionados estrategicamente em relação ao Voyage. Em algumas horas, a rua começou a criar vida. Os policiais não tiraram os olhos do prédio até que, por volta das seis e meia da manhã, um casal saiu pelo portão levando consigo uma criança. O homem vestia traje esportivo; a mulher, calça jeans e camiseta. Caminharam até o Voyage. Ele deu a volta até a porta do passageiro e abriu a porta para a mulher antes de entrar no carro. Barradas estava estacionado bem atrás. Roberto Vasconcellos, logo adiante. Eles já haviam reconhecido Maria Cristina, pois a seguiam havia meses. Mas Buscetta ainda era uma incógnita. Um comunicado confidencial do escritório do FBI de Roma reiterava que Tommaso poderia ter feito diversas plásticas, inclusive para mudar as digitais e o tom da voz. Os policiais jamais o tinham visto pessoalmente. E se tivesse mudado todo o rosto? Seria mesmo ele ao volante daquele carro? Se dessem voz de prisão a um homem errado, tudo iria para o espaço.

O motorista do Voyage ligou o carro e acelerou. Na frente, o policial Roberto reduziu a marcha e esperou que os dois carros emparelhassem para conferir o rosto do suspeito. Espichou os olhos para o lado antes de pegar o rádio comunicador e desencadear a ação: "Positivo". O Voyage não andou trezentos metros antes de encostar por culpa de um pneu que o motorista julgava furado — na verdade, tinha sido esvaziado por Dalvan para evitar uma perseguição. Ao sair do carro, o motorista teve uma das mãos agarradas; foi empurrado contra uma parede e imobilizado. Era 22 de outubro de 1983. Tommaso Buscetta estava preso. Em poucas horas, todos os demais suspeitos seriam encontrados e algemados em São Paulo, Minas Gerais, Pará e Rio de Janeiro. O único a reagir foi Homero Guimarães; acreditando que os policiais à paisana que invadiram seu apartamento fossem matadores a mando de Riina, o sogro de Masino, armado, deu dois tiros em um dos agentes. O outro era Dalvan, que baleou Homero três vezes. Os feridos sobreviveram. O último membro da quadrilha a ser capturado foi Ricardo Cavalcanti Vitale. Era o nome falso de Leonardo Badalamenti.

A batalha judicial iniciada por Maria Cristina um ano antes tinha se perdido no nada. Mesmo depois de alegar que Tommaso era pai de seus dois filhos brasileiros, o pedido de não extradição do marido foi negado. A argumentação final, feita por Cosme Ferreira Tito, assistente jurídico do Ministério da Justiça, é uma preciosidade. O italiano seria chamado de "protótipo da hediondez apocalíptica internacional" e "peçonha horrenda e nefanda":

"Indefiro [...] o pálio falacioso da 'unidade familiar' com o qual tenta comover a autoridade decisória. [...] No caso específico, prevalecerá a vontade do Estado [...] que não poderá compactuar com a proliferação, em todos os seus segmentos, do cancro social que é a 'Máfia' internacional dos tóxicos, entorpecentes e alucinógenos, constituindo-se o alienígena Tommaso Buscetta 'mafioso cosmopolita' por excelência, e 'o todo-poderoso chefão da Cosa Nostra'." Ferreira Tito adjetivaria a argumentação de Maria Cristina de "esdrúxulo vanilóquio", dedicado a "erigir monumento" aos seus anseios. O casamento e os filhos, para o assistente jurídico, seriam "forjados por algum advogado do diabo", declarando as crianças como futuros mafiosos, sob a argumentação de que "filho de peixe peixinho é".

No dia 23 de novembro de 1983, o procurador da República João Carlos da Rocha Mattos pediu que os presos fossem postos em liberdade. Segundo ele, a investigação da Polícia Federal não sustentava as prisões de Buscetta e seu grupo. Era preciso ir atrás de outros elementos que comprovassem os crimes. Os policiais sabiam que, caso voltasse às ruas, Tommaso nunca mais seria localizado. Para alívio dos agentes, nenhum dos presos seria posto em liberdade: uma prisão administrativa solicitada por instâncias superiores impediu a execução do pedido do procurador. Rocha Mattos seria preso vinte anos depois, em 2003, durante a Operação Anaconda. O então juiz foi condenado por lavagem de dinheiro, formação de quadrilha — e venda de sentenças.

O homem que assinou os alvarás de soltura pedidos por Rocha Mattos foi o juiz Laurindo Minhoto Netto. No dia seguinte, 24 de novembro, o magistrado compareceu a 2ª Vara Federal para presidir a primeira audiência de Tommaso perante a Justiça. Um documento confidencial emitido pelo Departamento da Polícia Federal relata a sessão: "O juiz teve comportamento considerado inconveniente e irresponsável por diversas pessoas, que, surpresas e indignadas, assistiram à audiência do nominado Tommaso Buscetta e outros presos daquela Vara. No início da audiência, o juiz conversou cerca de dez minutos, a sós, com o 'mafioso', tendo, em seguida, conduzido a audiência em tom desrespeitoso e promíscuo, quando, inclusive, teceu comentários obscenos a respeito do sobrenome do acusado. Os fatos acima expostos e o aparente estado de embriaguez do juiz provocaram o comentário de um policial italiano, dirigido a um agente da Polícia Federal, de que 'De Gaulle tinha razão ao afirmar que o Brasil não era um país sério'".

José Ricardo de Siqueira Regueira era o advogado da Major Key e uma das testemunhas de defesa dos acusados. Em 2004, exercendo o cargo de desembargador, ele seria preso — acusado de vender sentenças. Solto pelo Supremo Tribunal Federal em 2007, Regueira desembarcou no Aeroporto de Brasília com o polegar direito levantado, segurando na outra mão o livro *O inocente*, de John Grisham.

Em sessão plenária realizada no dia 27 de junho de 1984, o Supremo Tribunal Federal concedeu a extradição do cidadão italiano Tommaso Buscetta, requerida pelo governo da Itália. Pouco mais de uma semana mais tarde, no dia 6 de julho, um despacho do ministro da Justiça entregava o preso às autoridades daquele país. Tommaso deveria viajar algemado e sob custódia, em um voo Alitalia, que partiria do Rio de Janeiro para Roma no dia seguinte.

Epílogo

"Estou em uma cela sem janelas, e a luz e o ar que chegam até aqui vêm do corredor. Olho com indiferença a comida nojenta que está no prato de plástico, como sempre infecta. Faz um silêncio quase total: alguém escuta um rádio muito baixinho, e algum outro ronca.

"Eu me sinto só, imensamente só, como nunca havia me sentido, e tento me preparar para a solidão final que escolhi. Em pouco tempo, não estarei mais aqui; melhor: não estarei mais em lugar algum.

"Me dói, mas a decisão é irrevogável. Caso contrário, serei o mais egoísta dos homens. O amor enorme pela minha família tem supremacia sobre qualquer outra consideração, e nada tem mais valor para mim. Vi minha mulher desesperada: viajou milhares de quilômetros atrás de mim, vendendo a última joia que tinha, com o único propósito de me ajudar, e esperar.

"A sua inútil tentativa de enganar a si mesma diante do inevitável, o seu afeto sem fronteiras por mim, a sua dedicação, me fizeram ver com clareza que a minha escolha é a única saída, para ela e para os nossos filhos. A sua vontade de continuar uma luta que, para ela, só servirá para abrir mais feridas não me convence. Ela não entende que é uma pomba entre gaviões, o que me desperta muita compaixão. Eu a pouparei de todas as dores futuras, de todos os voos à conquista do nada, das desilusões que ainda a esperam.

"Talvez no começo ela não entenda o presente que estou lhe dando, se sentirá traída, exausta e confusa. Não encontrará, no vazio que deixarei, o homem com quem viveu, mas acredito que, me conhecendo melhor do que qualquer um, entenderá a mensagem do meu gesto. Talvez seja a única coisa que tenho, mas é tudo o que me impulsiona: é por ela e por meus filhos. Quero deixar a ela tempo e espaço na sociedade, assim poderá criar os nossos filhos livres de humilhações e ansiedades, com direito a uma vida humana, vida que não poderá ter se me seguir outra vez até a Itália, ou se ficar no Brasil."

O policial de custódia percebeu quando ele levou uma cápsula à boca e a engoliu. "É bicarbonato de sódio", esclareceu Tommaso. "Estou com azia." Os dois caminharam juntos até o carro que os levaria ao Aeroporto de Brasília, de lá, para o Rio e, enfim, para Roma. Antes do embarque, o comboio de policiais deveria encaminhar o preso ao Instituto Médico Legal (IML) para um exame de corpo de delito. O governo brasileiro deveria entregar Buscetta em perfeitas condições de saúde. No IML, os policiais notaram que alguma coisa não estava bem. Masino começou a passar mal — estava ansioso, tremia e fervia de febre. O plantonista acreditou se tratar de um infarto e encaminhou o paciente com urgência para o Hospital de Base de Brasília. Seu estado se deteriorou: tinha convulsões e espasmos, se contorcia e gritava de dor. Substituto de um colega que precisara resolver problemas pessoais naquele dia, o médico Aluísio Toscano Franca não acreditou que os sintomas fossem de parada cardíaca. Com muita dificuldade, Franca conseguiu arrancar de Masino a informação que salvaria sua vida: arrependido, o italiano confessaria que havia ingerido estricnina. A mensagem escrita por ele na prisão, tendo como destinatária Maria Cristina, era uma carta de suicídio.

A internação durou cinco dias. A alta foi assinada em 13 de julho de 1984. Na noite seguinte, às 23h05, escoltado por policiais e assistido por um médico, Tommaso Buscetta cambaleou em direção ao avião, subiu as escadas e decolou de volta à Itália.

"Não sou um arrependido. Fui um mafioso e cometi erros, pelos quais estou pronto para pagar integralmente meu débito com a Justiça, sem pretender descontos nem abonos de nenhum tipo. Em vez disso, no interesse da sociedade, dos meus filhos e dos jovens, pretendo revelar tudo o que sei sobre o câncer que é a máfia, para que que as novas gerações possam viver de modo mais digno e humano."

Essas são as primeiras frases do depoimento de Tommaso Buscetta, deixado voluntariamente logo após sua chegada a Roma. À frente dele, naquele 16 de julho de 1984, um senhor de meia-idade com visível sobrepeso, cabelos penteados para o lado esquerdo, barba com alguns fios brancos, olhar profundo e semblante tranquilo anota tudo em letra quase inteligível fazendo poucas perguntas. É Giovanni Falcone, juiz instrutor de Palermo, o homem que enfrentava a guerra da Cosa Nostra armado com uma caneta e intermináveis maços de cigarro. Os dois tinham se visto pela primeira vez no começo daquele mesmo mês, ainda no Brasil. Depois de algumas respostas evasivas dadas por Tommaso a um juiz brasileiro, Giovanni se perguntava em voz baixa se não estava perdendo seu tempo quando Masino o interrompeu, o encarou e disse: "Senhor juiz, para responder a uma pergunta desse tipo não bastaria toda uma noite". Falcone era siciliano como

Buscetta. Era palermitano como Buscetta. Entendeu na hora que o mafioso estava disposto a colaborar.

O depoimento em Roma não durou toda uma noite, mas anos. Ciente de todos os riscos que corria, Masino usou sua memória prodigiosa para contar todos os segredos da Cosa Nostra: os rituais, a organização em famílias, os chefes, os tenentes, os soldados, os territórios, a Cúpula, os negócios, as invejas, os ódios, os mortos e os vivos. Alguns mafiosos tinham colaborado com a Justiça antes de Tommaso começar a falar, mas nenhum como ele. O mundo secreto da irmandade do crime na Sicília nunca mais seria o mesmo. Falcone chamaria aquela confissão de "Teorema Buscetta" — era uma chave preciosa para uma dimensão desconhecida.

Falcone começou anotando as confissões de Buscetta de próprio punho naquele encontro em Roma. Quando terminou, dias depois, tinha diante de si 329 páginas capazes de fazer a Terra tremer.

Na madrugada entre 28 e 29 de setembro, o Tribunal de Justiça de Palermo cuspiu 366 ordens de prisão preventiva. Quase dois terços dos procurados foram presos naquela que ficou conhecida como a *blitz* de são Miguel, em homenagem ao dia do santo protetor da polícia italiana. Em 8 de novembro de 1985, um processo de 8 mil páginas levou ao banco dos réus 475 mafiosos. Foi preciso construir um tribunal especial, com grades que circundavam uma imensa sala, para executar as audiências. A sentença levaria à prisão centenas de mafiosos, entre eles Luciano Liggio, Pippo Calò, Michele Greco, Leoluca Bagarella.

Totò Riina seria capturado somente em 1993. Procurado pela polícia em todos os cantos da Itália, o chefão de Corleone foi algemado quando saía de um esconderijo cuidadosamente construído em uma mansão na mesma quadra de sua casa em Palermo.

Seu braço direito Bernardo Provenzano conseguiria evitar a

prisão ainda por mais tempo: foi encontrado pela polícia em 2006, 21 anos depois dos depoimentos e mandados de captura.

Os assassinatos e atentados contra representantes do Estado infligidos pela Cosa Nostra após a morte de Falcone provocaram uma reação institucional na Itália. Uma nova lei, chamada "41 bis", foi aprovada para restringir os direitos dos presos mais perigosos envolvidos em atentados mafiosos, privando-os de quase todas as regalias e obrigando-os a uma quase permanente prisão solitária.

Os depoimentos de Tommaso também fizeram estragos do outro lado do oceano. Os agentes do Departamento Antidrogas dos Estados Unidos chamavam Buscetta de "a nossa enciclopédia". Tommaso voou para Nova York em meados dos anos 1980 a convite da Procuradoria Federal americana. Liderados pelo procurador Rudolph Giuliani, os agentes sabiam que Masino poderia ser um colaborador-chave para desmantelar parte da Cosa Nostra naquele país. Masino aceitou ajudar, contanto que ele e sua família fossem acolhidos pelos Estados Unidos e mantidos em segurança, com novas identidades. Ele temia que Maria Cristina e os filhos fossem mortos na interminável vingança de Riina.

Tommaso atuou como uma espécie de guia ao submundo do crime ítalo-americano. Antes de trabalhar, pediu que os investigadores fizessem um estudo psicológico com ele, repetindo a frase que havia dito a Giovanni Falcone anos antes da morte do juiz: "Se conto tudo o que sei, a primeira coisa que vocês irão ouvir é que sou louco". Preferia ouvir todas as fitas dos grampos telefônicos obtidos pela polícia americana em vez de ler os relatórios das conversas já gravadas. Quando os mafiosos falam, até mesmo o silêncio diz muito. Nos áudios, uma das vozes predominantes era a do amigo Gaetano Badalamenti, acusado nos Estados Unidos de tráfico internacional de heroína e cocaína. Masino decifrou as conversas que aconteciam em dialeto siciliano, incompreensível aos neófitos do DEA.

A colaboração de Tommaso ajudou os procuradores a desmontar parte considerável da Cosa Nostra americana, sobretudo da família Bonanno. A operação foi batizada de Pizza Connection, em alusão ao modo como as drogas eram distribuídas nos Estados Unidos: por meio de redes de pizzarias iguais àquelas que Masino geria quando morou em Nova York nos anos 1970. Principal acusado no processo, Gaetano Badalamenti foi capturado, julgado e condenado. Ele morreu em 2004, aos oitenta anos, quando cumpria pena em Devens, Massachusetts.

A conversão de Tommaso em delator fez surgir nos anos seguintes uma epidemia de colaboradores da Justiça. Centenas deles batiam às portas de juízes e promotores para contar suas histórias sobre a organização. Muitos ajudaram a derrubar estruturas inteiras de poder; outros, no entanto, buscavam fama, vingança ou confundir a Justiça com declarações falsas e incompletas. O fenômeno foi muito criticado na Itália, mesmo que seu saldo tenha sido positivo, popularizando a figura do colaborador por todo o mundo e ajudando a polícia a deter criminosos e estruturas de poder.

A história da máfia nunca mais seria a mesma depois do que o juiz Giovanni Falcone chamou de Teorema Buscetta. Com um mapa da sociedade secreta em mãos, a Justiça de diversas partes do mundo pôde olhar dentro da Cosa Nostra como nunca havia feito antes e destruir parte considerável de seu poder. A lei causou estragos irrecuperáveis — apesar de os sicilianos ainda desempenharem papel importante no crime mundial.

Nos Estados Unidos, os cartéis mexicanos já haviam se tornado os principais transportadores da cocaína que viajava da América do Sul em quantidades impossíveis de serem gerenciadas por grupos quase artesanais como os que Buscetta coordenava no

Brasil até ser preso em 1972. Com a máfia enfraquecida, os mexicanos tomaram para si o mercado americano e passaram a atuar dentro do país, solapando áreas inteiras das mãos das famílias mafiosas ítalo-americanas, que perderam poder e influência.

Na Itália, enquanto a Cosa Nostra juntava os cacos, outras máfias assumiram o controle do tráfico. A Camorra aprendeu a se organizar com os próprios sicilianos, deixando de ser um grupo de gangues de rua para se tornar uma máfia global a partir do porto de Nápoles. Outro grupo se tornaria, no entanto, mais poderoso que os camorristas, ocupando o lugar antes pertencente aos chefões da Sicília. Reservada e escondida nas montanhas da Calábria, a 'Ndrangheta assumiu a liderança como a principal organização criminosa da Itália e uma das mais proeminentes do mundo. Tendo nas mãos o porto da cidade de Gioia Tauro e uma tradição assassina desde o século XIX, os calabreses fortaleceram seus contatos sobretudo na América Latina, onde a Cosa Nostra havia desbravado o mercado da cocaína e deixado um vazio com a prisão de cabeças como Tano Badalamenti. Os 'ndranghetistas promoveram a mudança de famílias inteiras da Calábria para os países sul-americanos a fim de controlar o tráfico desde a origem. O FBI calcula que os membros iniciados da 'Ndrangheta — em rituais muito semelhantes aos da Cosa Nostra — sejam em torno de 6 mil, praticando tráfico, sequestros, extorsão e banditismo de todos os tipos, com o faturamento anual de bilhões de dólares.

Lucky Luciano morreu em 1962, de infarto. Seu caixão foi seguido por centenas de pessoas em Nápoles e em Nova York, onde foi enterrado sob permissão dos Estados Unidos.

Depois de duas décadas na prisão, Auguste Ricord foi solto pelo governo americano em 1983 e autorizado a deixar o país. Ele voltou ao Paraguai, onde morreu dois anos mais tarde em sua casa na capital Assunção, a poucas quadras de seu antigo quartel--general do crime sul-americano, o Hotel Paris-Niza.

Extraditado para os Estados Unidos em 1972, Christian Jacques David foi solto em 1985 por bom comportamento. Ele foi expulso do país e voltou para a França, onde cumpriu pena pelo assassinato de um policial cometido ainda nos anos 1960. David, seu comparsa Lucian Sarti e outros franceses são apontados por teóricos, historiadores e conspiracionistas como possíveis assassinos do presidente americano John F. Kennedy, fato jamais confirmado. A data de sua morte é incerta.

Giovanni Falcone foi assassinado em 23 de maio de 1992, quando quatrocentos quilos de dinamite destroçaram o carro blindado que dirigia. O TNT, acionado por telecomando do alto de um morro, estava escondido em um duto de drenagem sob o asfalto. A violência da irrupção dividiu ao meio a estrada que liga Palermo ao aeroporto. Além de Falcone, perderam a vida sua esposa Francesca Morvillo e os agentes de escolta Vito Schifani, Antonio Montinaro e Rocco Dicillo. A eles, e a todas as vítimas de máfia, os meus sentimentos.

Após colaborar com a justiça americana, Tommaso Buscetta, Maria Cristina e os filhos foram colocados no Programa de Proteção a Testemunhas e desapareceram.

À parte os réus confessos explicitamente citados neste livro, todos os demais investigados em qualquer um dos inquéritos pesquisados para a produção desta obra se declararam inocentes de todos os crimes a eles imputados. Tommaso Buscetta, até seus últimos dias, jamais assumiu ter traficado um quilo de droga sequer em toda a sua vida.

Ele morreu em Nova York em 2 de abril de 2000, vitimado por uma leucemia. Tinha 71 anos.

Referências bibliográficas

LIVROS

ARLACCHI, Pino. *Addio Cosa Nostra, i segreti della mafia nella confessione di Tommaso Buscetta.* Milão: RCS Libri, 1996.

BEITH, Malcolm. *El último narco: Chapo.* Cidade do México: Ediciones B, 2011.

BERWANGER, Pedro Luiz. *A guerra contra a máfia no Brasil.* Rio de Janeiro: Publit, 2001.

BIAGI, Enzo. *Il Boss è solo. Buscetta: La vera storia di un vero padrino.* Milão: Mondadori, 1997.

BIZZARRI, Stefania et al. *Narconomics.* Roma: Lantana, 2010.

BLUMENTHAL, Ralph. *Last Days of the Sicilians: At War with the Mafia.* Nova York: Crown, 2012.

BOLZONI, Attilio; D'AVANZO, Giuseppe. *Il Capo dei Capi: Vita e carriera criminale di Totò Riina.* Milão: RCS Libri, 2007.

BRUNO, Nino (Org.). *Proverbi siciliani: Straordinaria summa dela secolare sagezza del popolo e della sua capacità di adattamento.* Palermo: Flaccovio, 2011.

CAMARCA, Claudio (Org.). *Dizionario enciclopedico delle mafie in Italia.* Roma: Castelvecchi, 2013.

CAMILLERI, Andrea. *Voi non sapete: Gli amici, i nemici, la mafia, il mondo nei pizzini di Bernardo Provenzano.* Milão: Mondadori, 2011.

CARACCIOLO, Lucio et al. *Gli anni dell'antimafia*. Roma: La Repubblica, 2012.

CHEPESIUK, Ron. *The Trafficantes, Godfathers from Tampa, Florida: The Mafia, the CIA and the JFK Assassination*. Rock Hill: Strategic, 2010.

CICONTE, Enzo. *'Ndrangheta*. Catanzaro: Rubettino, 2008.

DEITCHE, Scott M. *The Silent Don: The Criminal Underworld of Santo Trafficante Jr.* Fort Lee: Barricade, 2009.

DI MARTINO, Massimo. *Joe Petrosino: Detective 285*. Palermo: Flaccovio, 2005.

GALT, William. *I Beati Paoli*. Palermo: Flaccovio, 1984.

HORTIS, C. Alexander. *The Mob and the City: The Hidden History of How the Mafia Captured New York*. Nova York: Prometheus, 2014.

LODATO, Saverio. *La mafia ha vinto*. Milão: Mondadori, 2007.

_____. *Quarant'anni di mafia: Storia di una guerra infinita*. Milão: RCS Libri, 2012.

LUPO, Salvatore. *Quando la mafia trovò l'America: Storia di un intreccio intercontinentale, 1888-2008*. Torino: Eunaudi, 2008.

PITRÈ, Giuseppe. *La vita in Palermo cento e più anni fa*. Firenze: Barbèra, 1944. v. 1.

_____. *La vita in Palermo cento e più anni fa*. Firenze: Barbèra, 1950. v. 2.

SAVATTERI, Gaetano. *Salvatore Lupo, potere criminale, intervista sulla storia della mafia*. Bari: Laterza, 2010.

SCIASCIA, Leonardo. *La storia della mafia*. Palermo: Barion, 2013.

TONELLI, Bill. *Mob Fest '29: The True Story Behind the Birth of Organized Crime*. Nova York: Byliner, 2012.

VALENTINE, Douglas. *The Strength of the Wolf: The Secret History of America's War on Drugs*. Nova York: Verso, 2006.

ARQUIVOS

Archivo General de la Nación (Argentina)
Archivio di Stato di Palermo
Archivo Nacional de Asunción (Paraguai)
Arquivo Público do Estado do Rio de Janeiro
Arquivo Público do Estado de São Paulo
Biblioteca Nacional (Brasília)

Centro Internazionale di Documentazione sulla Mafia e del Movimento Antimafia — CIDMA (Corleone, Itália)
Federal Bureau of Investigation — FBI (Estados Unidos)
Hemeroteca Brasileira
Junta Comercial do Estado do Rio de Janeiro
Junta Comercial de São Paulo — Jucesp
United States Citizenship and Immigration Services — USCIS (Estados Unidos)
United States Marshals Service (Estados Unidos)

ENTREVISTAS

Este livro não seria possível sem as diversas entrevistas que realizei ao longo de mais de cinco anos. A pedido de algumas fontes, os nomes serão mantidos em sigilo.

Créditos das imagens

p. 1: Livio Anticoli/ Getty Images

p. 2: Bettmann/ Getty Images

p. 3: REX FEATURES/ KEYSTONE BRASIL

pp. 4 e 8: AP Photo/ Glow Images

p. 5 (acima): Franco Origlia/ Getty Images

p. 5 (abaixo): DR/ Acervo pessoal do autor

p. 6 (acima): Alessandro Fucarini/ AP Photo/ Glow Images

pp. 6 (abaixo) e 7: Arquivo Ansa

Índice remissivo

Acquasanta (Palermo), 57*n*
Aeroporto de Brasília, 242, 245
Aeroporto de Punta Raisi (Palermo), 58
Aeroporto do Galeão, 113
Aeroporto Internacional de Montreal, 89-90
África, 160
afro-americanos, 78-9
agricultores sicilianos, 15
Agrigento (Sicília), 173-4
Air Canada, 74
AK-47, metralhadoras, 202, 207
Albânia, 28
Albany (EUA), 74
Albino, Antônio, 97
álcool, proibicionismo nos Estados Unidos (anos 1920) *ver* Lei Seca
Alemanha, 31, 53, 84, 95, 229
Aliados (Segunda Guerra Mundial), 28, 30, 35
Alitalia, 74, 110, 142, 236, 243
Alpes, 176
Alto da Boa Vista (Rio de Janeiro), 211
Alvarenga, Marina Marques de, 213, 216
Amato's Pizzeria, 78
Amazonas, estado do, 116
Amazônia, 116, 196, 216
América do Norte, 73-4, 128
América do Sul, 45, 84-5, 94, 103-4, 108, 131, 136, 168, 176, 196, 205, 209-10, 249
América Latina, 88, 93, 109, 116, 121, 250
American way of life, 72
Andrade, Castor de, 206
Andronico, Giovanni, 37-8
Angeletti, Jean Paul, 105
Antônio Augusto (policial), 227
árabes na Sicília medieval, 22-3
Araújo, Luís Costa, 132
Argel, 86

Argentina, 39-41, 44-5, 47, 49, 68, 100-1, 103, 118, 121, 136, 223; *ver também* Buenos Aires
Arlacchi, Pino, 62-3
Asinara, ilha (Itália), 182- 3
assassinatos/homicídios, 17, 19, 34, 49, 54-6, 61, 64, 67, 75, 90, 101, 139, 154, 177-8, 184, 188, 200, 203, 207-9, 214, 216, 248, 251
Assunção, 85-6, 92, 94, 102, 219, 251; *ver também* Paraguai
Atlantic City, 206

Áustria, 84
Avianca, 128
B-17, aviões, 35
Badalamenti, Emanuele, 75
Badalamenti, família, 214
Badalamenti, Gaetano (Don Tano), 57, 75-7, 150, 156, 158-60, 163-7, 169, 171-2, 174, 176-80, 205, 208, 213-6, 218-20, 222, 248-50
Badalamenti, Leonardo, 214, 216, 219-20, 240
Bagarella, Calogero, 149, 154-5, 247
Bálcãs, 180
Baltimore (EUA), 74
Barcelona, 86
Bardellino, Antonio, 228-33
Barra da Tijuca (Rio de Janeiro), 192, 209, 218, 225, 230, 232, 235, 237
Barradas, Wilson Nogueira, 225-6, 232, 235, 237-40
Basile, Emanuele, 186
Bastia (França), 87
Bastos, Joaquim Justino Alves, 97
batalhas de unificação italiana (1861), 38
Bayer, laboratório (Alemanha), 53
Beati Paoli, I (Natoli), 14-5
Beatos Paulos, 14-6
Beau Serge *ver* David, Christian Jacques
Beco das Garrafas (Rio de Janeiro), 98, 106
Beirute, 202, 208
Belém do Pará, 196, 215-6, 237
Ben Barka, Mehdi, 101
Berwanger, Pedro, 224-8, 230, 232-3, 235-7
"Besta, A" *ver* Riina, Salvatore "Totò"
Betim (MG), 235, 239
Biagi, Enzo, 140
bigamia de Masino, 80
Biggs, Ronald, 193
Bizzarro, Giuseppe, 236
blitz de são Miguel (Palermo — 1985), 247
Boccadifalco (Palermo), 57
Bolívia, 101, 118, 127, 138
Bonanno, família, 55, 249
Bonanno, Joe (Giuseppe), 55-8, 61, 73, 80, 104, 159
Bonanno, Salvatore, 55
Bontade, Giovanni, 171
Bontade, Stefano, 150, 158-60, 165, 167-8, 171-3, 176, 178-80, 186, 188-92, 197-208, 222, 228
Bordoulous, Robert, 87
Boss è solo, Il (Biagi), 140
Botafogo (Rio de Janeiro), 212
Bourbon, dinastia, 181
Bourdoulous, Robert, 100
Braga, Ediberto, 224
Brando, Marlon, 139
Brás, bairro do (São Paulo), 42
Brasil, 12, 39, 42-3, 87-8, 94-5, 97-103, 105-8, 113-4, 116-22, 124, 126-7, 129, 131-4, 136, 141, 149, 152, 156-7, 168-9, 176-7, 190-4,

197-9, 205-6, 208-9, 211-5, 217-8, 220-5, 228-9, 231-2, 236, 242, 245-6, 250
Brasília, 245
Brooklyn (Nova York), 56, 76-8, 80-1, 91, 148, 172, 198
Buenos Aires, 40-5, 49, 84-7, 90, 92, 94, 100-1, 121, 136, 212
Buffalo (EUA), 74
Buscetta, Alessandra, 71, 73, 77, 79, 131, 183, 235
Buscetta, Antonio, 42, 80-1, 116, 131, 218, 221-2
Buscetta, Benedetto ("Bene", filho de Masino), 37, 40, 80-1, 91, 95-6, 115-7, 119-20, 127, 131-2, 218, 221-2
Buscetta, Benedetto (pai de Masino), 21-3, 25, 27-8, 30, 37
Buscetta, Domenico (filho de Masino), 42, 80
Buscetta, Domenico (irmão de Masino), 25
Buscetta, família, 24, 28, 36-7, 222
Buscetta, Felicia (filha de Masino), 36-7, 40, 80, 91, 221
Buscetta, Felicia (mãe de Masino), 21
Buscetta, Lisa, 131
Buscetta, Vincenzo, 36, 40-2, 223
"Buscetta", mal-entendidos com a pronúncia do sobrenome no Brasil, 43-4

Cabul, 202
Café Aurora (Nova York), 81
Caffe Valentino (Nova York), 197
Cagliari (Itália), 182
Calábria, 40, 250
Calderone, Pippo, 150, 166-7, 169, 172-3, 179, 189-90, 205, 221, 247
Calò, Pippo, 155-6, 247
Caltanissetta (Sicília), 173-4
Camboja, 53
Camorra, 228-9, 250
camorristas, 152, 158, 228-30, 232, 250
Campânia, 40
Camporeale, Antonino, 44
Canadá, 34, 73-5, 77, 82-4, 87, 89-90, 105, 128
Canazzi, François Antoine, 87, 137
cantantes (informantes no jargão mafioso), 177-8
capomandamento (representante de clãs), 56, 60, 67
capos mafiosos, 17, 19-20, 38, 48, 56-8, 138, 158, 168, 175, 178, 189, 207, 221, 229
Capriccio, bar (Nova York), 82
Capuozzo, Gennaro, 32
carabinieri (policiais italianos), 146, 150, 180, 186, 209, 228, 230
Caraguatatuba, 134
Caramian, Housep, 121, 124
Caravian, José, 124
carbonários, 38
Cardullo, Luigi, 182
Caribe, 34
Carini (Sicília), 77
Carraro, Emanuela Setti, 216
carro-bomba, atentados com, 67-8, 75, 158, 174, 176, 252
cartéis mexicanos, 70, 249
Caruana, família, 75, 77
Carvalho de Mendonça, galeria (Rio de Janeiro), 106
Casa de Correção do condado de Clinton (Dannemora), 34
Casa de Saúde São José (Rio de Janeiro), 193

Casablanca (Marrocos), 86
Casal di Principe (Itália), 229
Casalini, Guglielmo, 127-8, 133, 135, 141
Casamento, Frank e Filippo, 82
cassinos cariocas, fechamento dos (anos 1940), 98
Casteldaccia (Sicília), 57n
Castellammare del Golfo, 55, 80
Castellani, Enzo, 33, 35
Castelo Branco, Humberto de Alencar, 97, 107
Castelvetrano, 18
Castro, Fidel, 57
Catalano, Salvatore, 61, 71
Catânia (Sicília), 158
Catania Ponsiglione, Giuseppe, 70-1, 88, 111, 164, 172
Cavalcanti, Flávio, 123
Cavallaro, Melchiorra, 36, 40-4, 71, 80, 92, 95, 116, 131, 155, 209, 221
Cavataio, Michele, 57n, 68, 158
Ceico (Companhia Exportadora e Importadora Comercial), 231
Centro de Palermo, 23, 57n, 188
"Cérebro, O" ver Rothstein, Arnold
Cesari, Joseph, 86-7
Chardon a Ucciardone, 181
Cherry Hill (Nova Jersey), 197, 214
Chiappe, François, 87
Chicago, 148, 172
Chile, 101, 126
China, 169
Chuy (Uruguai), 107-8, 113-4
Ciaculli (Sicília), 49, 57n, 68, 116, 158, 173-4, 176
Ciancimino, Vito, 161, 190
"Cicchiteddu" ver Greco, Salvatore
Ciccio, Don ver Denaro, Francesco Messina (Don Ciccio)

Cidade do México, 110-1, 121, 127, 129; ver também México
ciganos, 48
cigarros, contrabando de, 45, 48, 50, 55, 58, 75, 152, 156
cimento, irmãos La Barbera como barões do, 59, 154, 160
Ciminna (Sicília), 61
"cinco famílias de Nova York" (principais chefes mafiosos), 34, 55-6, 71, 211
Cinelândia (Rio de Janeiro), 194
Cinisi (Sicília), 57n, 58, 75, 159
City Hotel (Buenos Aires), 92
Clan dei casalesi (famílias camorristas), 229
classe média italiana, 15
clientelismo estatal, 18
Club de Paris, boate (São Paulo), 100
cocaína, 220, 228, 248-50
Coelho, Ernesto Bandeira, 116, 118
Colmán, Patricio, 88
Colômbia, 128-9
Colombo, Cristóvão, 176-7
Colonna, Niccolò Turrisi, barão, 17
Comissão Parlamentar Antimáfia (Itália), 75, 174
Commandante, Il ver Ricord, Auguste Joseph
Commissione/Cupola ("parlamento" mafioso), 34, 55-8, 60-9, 73, 75, 104, 139, 148, 155, 158-9, 163, 165, 167-8, 173-4, 177-80, 186, 191, 198-9, 205, 247
"Conca d'Oro" (fábrica de espelhos), 41, 43, 222
Condomínio Atlântico Sul (Rio de Janeiro), 230-2, 235, 237
conexão francesa ver French Connection (rota da heroína)

Confederação Geral do Trabalho, edifício da (Buenos Aires), 45
Conigliaro, Girolamo, 68
Constituição, praça (Buenos Aires), 84
construção civil, 19, 76, 160
"Contrabandistas, Os" (grupo de pilotos), 88
contrabando, 29, 45, 48-50, 75, 88, 152
Copacabana (musical americano), 79
Copacabana Palace, 104-5, 110, 122
Copacabana, bairro de, 95, 98, 110, 113, 125, 131, 133, 212-3, 228
Copacabana, boate (Nova York), 79
Copacabana, praia de, 12, 94, 104
Corleo, Luigi, 162-5, 167-8, 179-80, 199
Corleone (Sicília), 19, 145-9, 154-5, 158-61, 165, 167-8, 173-5, 177-8, 180, 184-5, 190, 192, 199-201, 206, 208, 214, 215, 222, 247
corleonesi, 154, 159, 165-6, 173, 175, 177, 185, 189-91, 200-1, 222
Córsega, 88
Corso Calatafimi (Palermo), 57n
Corte Militar de Paris, 84
Cosa Nostra, 15-6, 18, 33, 35-8, 40-1, 44-6, 49-50, 54, 56, 62, 64-6, 70, 72, 76, 78-9, 81, 83, 89, 133, 139, 145, 147, 149, 151-2, 155-6, 158-9, 161-4, 166-9, 171-3, 175-7, 179-81, 184-5, 188-9, 191, 197-8, 205, 208-9, 211, 216, 220, 228-9, 241, 246-50
Costa Leste americana, 206
Costa, Gaetano, 199
crime organizado, 34, 53, 70, 88, 123, 158, 229, 249-50
Cuba, 56-7

Cuneo (Itália), 182-6, 193
Cuntrera, família, 77
Cuntrera, Pasquale, 75
Cupola ver *Commissione/Cupola* ("parlamento" mafioso)
"Curto, O" ver Riina, Salvatore "Totò"

D'Accardi, Vincenzo, 67
D'Angelo, Gioacchino, 17-9
Da Represa, fazenda (Paraíba do Sul), 194
Daily Express (jornal britânico), 193
Dakar, 40
Dalla Chiesa, Carlo Alberto, 180-4, 193, 216-7
Dannemora (NY), 34
Davi, Pietro, 70
David, Christian Jacques (Beau Serge), 86-7, 100-5, 108-15, 122, 136-7, 141, 168, 211, 251
De Gaulle, Charles, 101, 242
DEA (Drug Enforcement Administration), 86, 89, 127, 141, 173, 197, 248-9
Delga Alumínio e Plástico Ltda., 122
Democracia Cristã (partido italiano), 147, 161
Denaro, Francesco Messina (Don Ciccio), 18
Denaro, Matteo Messina ("Diabolik" ou "O Playboy"), 18-20
Departamento Antidrogas dos Estados Unidos ver DEA (Drug Enforcement Administration)
Detroit, 74-5, 148, 172
Devens (Massachusetts), 249
Di Cesare, Giovanni, 181
Di Cristina, Peppe, 166-9, 172-3, 175, 177-9, 205
Di Girolamo, Mario, 57n

Di Maggio, Saro, 175, 197, 199, 205, 207, 209
Di Peri, Giovanni, 68
Di Pisa, Calcedonio, 57n, 58-68, 75
Diabolik (*graphic novel* italiana), 19
"Diabolik" *ver* Denaro, Matteo Messina
diacetilmorfina *ver* heroína
dialeto siciliano, 18, 249
Diana, Bernardo, 44, 68
Diário Oficial, 141
Dicillo, Rocco, 252
difteria, 24-5
dinamite *ver* TNT, atentados com
ditadura militar (1964-85), 13, 119, 137, 140, 220
Divisão de Investigação Antimáfia (Itália), 20
Dominick's Pizzeria, 78
donos de terras italianos, 15
Dops (Departamento de Ordem Política e Social), 13, 119, 122, 125, 132-8, 140, 195, 227
drogas, mercado/tráfico de, 18-9, 50, 53-4, 57, 59-60, 72, 74, 76-7, 82, 86, 89, 93, 103-4, 111, 121, 124, 127, 139, 152, 164, 169-73, 186, 189-90, 197-8, 231, 249, 252; *ver também* traficantes; tráfico
Duarte, Nélson, 123-4, 126
Duce, il ver Mussolini, Benito
Dutturi, U ver Vernengo, Antonio

Eagle Cheese Company, 82
Echaporã (SP), 120-1, 131-2, 137
Egito, 169
El Sol, restaurante (Buenos Aires), 121
eletrolaringe, 166-7

Ellis Island, porto de (Nova York), 35, 40
Empedocle, bar (Nova York), 82
"era agrícola" da máfia, fim da, 18
Ernesto, Luarlindo, 211-2, 216-7, 227
Escócia, 34
especulação imobiliária, 18, 45
espiões nazistas, 84
"Espiões, Os" (criminosos ligados à polícia), 50
Estação Central de Nova York, 87, 89
Estados Unidos, 16, 31, 34, 40, 50, 53-5, 57, 69-70, 72-3, 75-7, 81-2, 85-95, 101, 103-5, 109, 111-2, 116, 121-2, 127-9, 131, 139, 141, 149, 155, 158-9, 164, 168-70, 172, 196-8, 206, 210-1, 213, 220, 222-3, 231, 248-9, 251; *ver também* Nova York
estricnina, 246
Etiópia, 28
Europa, 14, 34, 41, 44, 53, 70, 84-7, 101, 104, 109, 121, 128, 199, 231
Expansão Corretora de Valores Imobiliários, 194

F&A Cheese Company, 77
Falcone, Giovanni, 246, 248-9, 252
Fania, Giuseppe, 235
fascismo italiano, 27-31, 56, 180
Favarella, chácara (Palermo), 174-5, 177, 199
fazendeiros brasileiros, 195
FBI (Federal Bureau of Investigation), 71, 90, 93, 136, 141, 173, 197, 211, 240, 250
Ferreira, Helena, 105-7, 114, 122-7, 133-5
Ferro Cheese Corporation, 77
feudais, sistemas, 15

Fiat (Fabbrica Italiana Automobili Torino), 21, 30, 146, 185, 216, 235
"fica", significados em português e italiano, 44
Figueiredo, Paulo Sérgio Scott, 227
Filadélfia (EUA), 74
Filippone, Gaetano, 48
Fiore, Gaetano, 171
Flávio Cavalcanti (programa de TV), 123
Fleury, Sérgio Fernando Paranhos, 119, 134, 136-7, 140
Floresta Amazônica, 216
Flórida, 88, 113, 223
Forbes (revista), 19
Força Expedicionária Brasileira, 96
Forças Armadas dos Estados Unidos, 35
Ford do Brasil, 97
Formisano, Pasquale, 32
Fort Green Meat Market, 77
Fort Lauderdale (Flórida), 223
Forte de Copacabana, 96-8
França, 27, 83-4, 86-7, 109-10, 121, 141, 176, 182, 251
Franca, Aluísio Toscano, 245
franceses na Sicília (séc. XVIII), 29
franceses produtores e traficantes de drogas, 53, 83-4, 87, 99-100, 104-5, 135, 141, 168, 170, 196, 211, 227, 251
French Connection (rota da heroína), 169, 210
fugitivos, mafiosos, 20, 84-6, 103, 139, 188, 195, 233
Funciazza, Gioacchino "Cara Feia" (personagem), 16-7
futebol, 41, 230

Gambino, Carlo, 55, 71-3, 75, 77, 165, 197
Gambino, família, 72-3, 80, 89, 172, 197
Gambino, Giovanni, 197
Gambino, Giuseppe, 55, 197
Gambino, John, 206, 214, 222
Gambino, Paolo, 55, 71, 73, 80
Gambino, Rosario, 197
Gambino-Inzerillo, clã, 197, 206
Ganci, Raffaele, 202
gangues, 16, 34, 50, 78, 87, 134, 211, 250
Garello, Lorenzo, 235
Garofalo, Albert, 86
Garofalo, Pietro, 68
Genova, Pino, 222
Genovese, família, 80
Giacalone, Nicola, 33, 35
Gibilrossa (Sicília), 155
Gigante, Lelio Paolo, 128-9, 136, 217-8
Gioia Tauro (Calábria), 250
Gioiosa, bar (Nova York), 82
Giorgio Armani (grife), 20
Giornale di Sicilia, 14
Girotti, Vera, 70-1, 73, 77, 79, 131, 137
Giuliani, Rudolph, 248
Giuliano, Giorgio Boris, 184
Giussani, Angela e Luciana, 19
Goiás, 116
golpe militar (1964), 97
Goulart, João, 97, 115-9, 122, 133, 194
Grã-Bretanha, 193
Gran Cafe (Nova York), 81
Grand Cheese Company, 77
Grande Hotel (Roma), 110
Grécia, 28
Greco, família, 49, 60

Greco, Giuseppe, 49
Greco, Michele (O Papa), 173-5, 177-80, 190, 199-201, 205, 247
Greco, Pino (Scarpuzzedda/"Sapatinho"), 207, 214
Greco, Salvatore ("Cicchiteddu"/"Passarinho"), 49, 57-8, 61, 65, 68-9, 75, 116, 173-4
Greco, Totò, 58, 62-5, 67
gregos antigos na Sicília, 23
Grisham, John, 242
Guadagna, bairro (Palermo), 171
Guanabara, baía de, 136
guarani, idioma, 102
Guardia di Finanza (polícia aduaneira italiana), 47
Guatemala, 101
Guerra Civil Americana, 52
Guerra Fria, 90
guerras entre clãs mafiosos, 49-50, 173
Guimarães, família, 133, 194
Guimarães, Homero de Almeida, 95-8, 115-20, 131-3, 136-7, 194-5, 237, 240
Guimarães Júnior, Homero de Almeida ("Homerinho"), 95, 115-7, 119-20, 131-2, 138-40, 195-6, 219-21
Guimarães, Maria Cristina de Almeida, 11-3, 94-6, 98, 116-7, 120, 122, 131-3, 137, 140-1, 152, 157, 176-7, 185-6, 191, 193-4, 209, 218-9, 233-5, 237, 239-41, 246, 248, 252
Guimarães, Sérgio Ricardo de Almeida, 137, 225
Guimarães, Stefano de, 193
Guimarães, Tommaso Roberto de, 157, 193
Gulizzi, Rosolino, 67

Havana, 50
Hell's Kitchen (Nova York), 56
heroína, 51-4, 57, 59, 70-1, 74-6, 82-5, 87-90, 95, 101, 103, 105, 109-14, 120-2, 128, 133, 135-6, 156, 164, 168-70, 173-4, 179, 184, 197-8, 206, 210-1, 222, 229
Higienópolis, bairro de (São Paulo), 235
Hilton Hotel (San Antonio), 113
hipódromo de Nova York, 79
Hitler, Adolf, 28, 31, 34
Holanda, 61
"Homerinho" ver Guimarães Júnior, Homero de Almeida
homicídios ver assassinatos/homicídios
Hong Kong, 229
Hoover, J. Edgar, 211
Hospital de Base de Brasília, 245
Hospital São Luís (São Paulo), 132
Hotel Continental (Santiago), 126
Hotel delle Palme (Palermo), 57, 104
Hotel Executive (Cidade do México), 111
Hotel Glion (Lima), 126
Hotel Negresco (Nice), 110
Hotel Paris-Niza (Assunção), 102, 251
Hotel Regente (Belém do Pará), 216
Hotel Sole (Palermo), 49
Hotel Woodstock (Nova York), 89

Ibarrola, Salvador, 102
Ibrasp (Instituto Brasileiro de Segurança e Prevenção), 194
igreja de santo Antonino (Palermo), 36
Ilha Bela, 134-5
Iluminato, Filipo, 32

imigração ilegal, 74, 81-2, 105, 128
imigração italiana para os EUA, 40
imigrantes, 40, 42, 73, 76-8, 82, 99, 148
IML (Instituto Médico Legal), 212, 245
Imposto de Renda (Brasil), 116
Imposto de Renda (Itália), 161
imposto mafioso ver pizzo
indígenas da Amazônia, 196
Indochina, 53
Influência do crime organizado na imigração ilegal (documento do INS), 74
Inglaterra, 27
inglês, idioma, 12, 78-9, 91, 157
iniciação mafiosa, ritual de, 37, 38
Inocente, O (Grisham), 242
INPS (Instituto Nacional de Prevenção e Segurança), 194
INS (Immigration and Naturalization Service), 71, 73-4, 78, 81-3
Interpol, 90, 126
Inzerillo, família, 214, 222
Inzerillo, Giuseppe, 209, 214
Inzerillo, Salvatore (Totuccio), 165, 167, 172, 175-8, 180, 188-92, 197-201, 205-9, 214, 222, 228
Ipanema, 213
Itaim Bibi (São Paulo), 238
Itaipu, hidrelétrica de, 117
Itália, 12, 16-8, 21, 30-1, 35, 40-3, 74, 78-9, 81-2, 87, 91-3, 96, 110-1, 116, 121, 128, 131, 147-8, 155, 157-8, 160, 180-2, 193-5, 203, 208, 215-6, 219, 224, 228, 242, 245-50
Itamaraty, 108
Itapema, praia de (SC), 139-40

Jango ver Goulart, João
Javet, Christian Bernard, 87, 100
Jean Paul (traficante), 105-7, 109, 114, 126
Jornal do Brasil, 213, 217, 227
judeus, 34, 78
Justiça americana, 91-2, 252
Justiça brasileira, 193, 234, 242
Justiça italiana, 17, 19, 69, 156, 184-5, 247, 249

Kalsa, bairro de (Palermo), 22
Kennedy, John F., 252

L'Amiral, piano-bar (São Paulo), 100
La Barbera, Angelo, 58-61, 64-8, 75, 154-5, 158, 160
La Barbera, Salvatore, 57n, 58-63, 65-8, 154-5, 158, 160
La Colgaine, casa noturna (São Paulo), 100
La Paz, 125, 127-9
La Toque Blanche, restaurante (São Paulo), 99
Laos, 53
Lar Empreendimentos Imobiliários, 194
"laranjas" nos esquemas da máfia, 59, 76, 78, 161
Las Vegas, 206
Laudanum (xarope alcoólico), 52
lavagem de dinheiro, 76-7, 122, 236, 242
Le Tacada, casa noturna (São Paulo), 100
Leblon, bairro do, 124, 213
Lei "41 bis" (Itália), 248
Lei das Telecomunicações (Brasil), 235
Lei Seca (EUA), 34, 50, 79

Leoncavallo, Ruggero, 99
Leone, Roberto, 203
Leonforte, Emanuele, 68
Lercara Friddi (burgo siciliano), 33
Les Enfants Terribles, bar (Rio de Janeiro), 106
leucemia, 252
Lewis, Norman, 58
Líbano, 169
Líbia, 28, 118
Lídia (acompanhante de Sá Netto), 112-3
Liggio, Luciano, 147, 149, 158-60, 181, 185, 215, 247
Lima (Peru), 121, 125-6
Lima, Salvatore, 160, 163
Lissoni, Igea, 50
López Cadena, Manuel, 72, 90
Lower East End (Nova York), 34
Lucania, Salvatore (Lucky Luciano), 33-5, 50, 54-7, 79, 104, 251

M. Piancone Enterprises Inc., 77-8
Machado, Valentim da Silva, 215, 237
MacKenzie, Colin, 193
maçonaria, 18, 38, 46
maconha, 210-1, 217
Madri, 126-7, 135, 212
"máfia", primeiro registro documental da palavra (1837), 15
Mafiusi della Vicaria, I (drama popular siciliano), 16
Maio, praça de (Buenos Aires), 44
Maison des Anciens Combattants Français (Buenos Aires), 84, 100
Maiuri, Pietro, 148
Major Key Sports Wear, 235-6, 242
Maldonado (Uruguai), 116, 118
Manaus, 135

Manhattan, ilha de, 55, 81; *ver também* Nova York
Manno, Salvatore, 57n
Mannoia, Francesco Marino ("O Químico"), 171-2
Manzella, Cesare, 57n, 58, 60, 67, 75
Marília (SP), 120, 131-2
Marinha americana, 33
Marrocos, 47
Marselha, 53-4, 70, 83, 86-7, 121, 168-9
Marx, Groucho, 79
Massachusetts, 249
Matarella, Piersanti, 186
Mato Grosso, 116, 135, 219, 237
Matranga, Nino (Antonio), 57n, 63-4
Mattanza (ritual marinho siciliano), 223
Mattos, João Carlos da Rocha, 241-2
Mauá, praça (Rio de Janeiro), 227, 231, 234-6
medieval, Sicília, 14, 22-3
Mediterrâneo, mar, 22, 46, 110, 152, 160, 223
mercado negro, 28, 30
México, 69-70, 72-3, 88, 92, 94, 105, 111-2, 121, 124-5, 127, 131, 164, 176, 210
Miami, 88, 113, 210
Miguel, são, 247
milagre econômico brasileiro (anos 1970), 195
Milão, 61, 63-5, 68, 84, 127, 158-9, 183-4
Minas Gerais, 235, 240
Minhoto Netto, Laurindo, 242
Ministério da Justiça, 241
Ministério do Trabalho, 97, 194
Mino Salinas, José Rene, 212

Miramar Palace Hotel (Rio de Janeiro), 110
Miranda, Carmen, 79
Mix, Tom, 43
modernidade italiana, 15
Moju-Apei, região de (Pará), 196, 215
Molinelli, Pascal, 47
Moncada, Salvatore, 59-60
Montevidéu, 85-6, 94, 103, 105-6, 114, 117, 121, 125-6
Montinaro, Antonio, 252
Montreal, 90, 128
Mooca, bairro da (São Paulo), 122
Morais, Antônio Maria de Araújo, 98
morfina, 52-3, 198, 211
Mormac Altair (navio de carga americano), 136
Mortilli, Alfredo, 238
Morumbi, bairro do (São Paulo), 138, 235-6
Morvillo, Francesca, 252
Moscarda, Edmond, 219
Motisi, Lorenzo, 57n
Movimento pela Independência da Sicília, 147
Mr. Heroin *ver* Ricord, Auguste Joseph
muambas, 88
mulas do tráfico de drogas, 74, 77, 85-7, 103-4, 108-9, 136
Mussolini, Benito, 27-30, 36, 45, 56, 180

Napoleão Bonaparte, 30
Nápoles, 30-1, 33, 35, 37, 40, 50, 127, 152, 183, 228-9, 250-1
Napoli, bar (Nova York), 82
Natoli, Luigi, 14
Navarra, Michele, 146-9, 154
nazistas, 29-31, 33, 83, 85, 180
'Ndrangheta, 250
negros *ver* afro-americanos
Neptune Nuggets, 77
Netto Praça, Marina de Carvalho, 194
New York Place, pizzaria (Palermo), 223
Newark (EUA), 73
Nice (França), 109-10
Nicoli, Michel, 87, 103-4, 121, 124, 136, 141, 168, 211
Nixon, Richard, 93, 103
Nobile Galves, Rossana Assuncion, 212
Noce (Palermo), 57n, 200
Nova Jersey, 78, 91, 197
Nova Laredo (México), 111-2
Nova York, 34-5, 40, 53, 55-6, 71-4, 76, 80, 84-5, 87, 89, 91-3, 95, 111, 116, 120, 122, 148, 171, 197, 206, 211, 214, 248-9, 251-2; *ver também* Estados Unidos
Novion, Michel, 100
Nuoro (Itália), 182
Nuova Mafia (geração de jovens criminosos), 58

Obras Públicas de Palermo, 161
Ocidente, 15, 51, 103, 229
óleo de oliva, 16, 26, 77
Oliveira, Dalvan Werling de, 227, 232, 240
omertà (código de honra da máfia), 16-8, 55, 83, 158, 176
Operação Anaconda (Brasil — 2003), 241-2
Operação Husky (Segunda Guerra Mundial), 30
ópio, 52, 87, 210

Ora, L' (jornal palermitano), 203, 208
Oriente Médio, 76, 169

Pagliacci, I (Leoncavallo), 99
Pagliarelli (Palermo), 57*n*
Palazzo Venezia (Roma), 27
Palermo, 14-7, 20-1, 23, 25, 28, 30, 33, 35-6, 39-42, 49, 55-6, 58-61, 64, 67, 69, 71, 73-4, 80, 82, 92, 99, 104, 128, 131, 139, 142, 145, 148-9, 153-5, 158-63, 165-8, 170, 173-9, 182, 185, 188-90, 192-3, 197-200, 202-3, 206-9, 213-4, 216, 218, 221-2, 237, 246-7, 252
Palermo, bairro (Buenos Aires), 41
Panamá, 121, 229
Panno, Giuseppe, 57*n*
Pantanal mato-grossense, 117
Papa, O *ver* Greco, Michele
papoula, flor da, 52-3, 76, 169
Pará, 196, 215, 231, 237, 240
Paraguai, 86, 88, 92, 100, 102-3, 105, 117-8, 127, 219, 251
Paraguai, rio, 102
Paraíba do Sul (RJ), 194
Paraná, 106
Paris, 41, 84-5, 90, 100, 103, 137
Parlamento italiano, 174
Parque de Orleans (Palermo), 29
Partido Comunista Italiano, 27
Partido Democrata Cristão (Brasil), 96
"Passarinho" *ver* Greco, Salvatore
Passo di Rigano, bairro de (Palermo), 197, 199, 207
Pastou, Claude Andre, 87, 113-4, 134-6
Paulo, apóstolo, 15
Pax mafiosa, período da (Nova York), 34

Paysandú (Uruguai), 108
Pellegrino, monte (Palermo), 25
Pelotas (RS), 106
Peluso, Enrico, 230-1
Penedo (RJ), 136, 213, 216-8, 228
Perón, Juan Domingo, 44, 68, 118
Peru, 101, 121, 126
pescadores sicilianos, 223
Peste Negra, 24
piano-bar, 99-100
Pirondi, Nadir, 95, 131-2, 141, 194
Pitkin Avenue (Nova York), 77, 79
Pittsburgh (EUA), 74
Pizza Connection (operação policial americana), 249
pizzarias, 76-9, 81-2, 89, 91, 95, 128, 222, 249
pizzo (imposto mafioso), 16-7, 20-1, 39
"Playboy, O" *ver* Denaro, Matteo Messina
Poconé (Mato Grosso), 219-20
Poderoso chefão, O (filme), 139
Polícia Alfandegária do Peru, 126
"Polícia às suas ordens" (quadro televisivo brasileiro), 123
Polícia Civil do Rio de Janeiro, 123
Polícia Estadual de Nova York, 91
Polícia Federal do Brasil, 141, 218, 225-7, 231-2, 241-2
Polícia Federal dos Estados Unidos, 112
Polônia, 107
Ponte Ammiraglio (Palermo), 171
ponte do Brooklyn (Nova York), 91
Porta Nuova (Palermo), 37, 48, 62, 66, 155-6, 189, 221
Porto Alegre, 106
Prester, Salvatore, 44
Primeira Guerra da Máfia, 75

Primeira Guerra Mundial, 22
Procuradoria Federal americana, 248
Programa de Proteção a Testemunhas (EUA), 252
prostituição, 34, 84
prostitutas, 25-6, 84, 98, 112, 193, 213
"Provenzano, Bernardo ("O Trator"), 19, 149, 154, 160, 174, 198, 247
Public Service Mutual Insurance Company, 92
Punta del Este, 114
Punta Raisi, aeroporto de (Palermo), 170

quadrinhos, histórias em, 19
Queens (Nova York), 80
queijos, 76-7, 153
"Químico, O" ver Mannoia, Francesco Marino
químicos franceses, 53, 84, 168, 170; ver também franceses produtores e traficantes de drogas

Receita Federal (Brasil), 231
Receita Federal (Itália), 161
Recife, 97
refinamento de cocaína, 228
refinamento de heroína, 53-4, 70, 86, 109, 168-70, 173, 188-9, 197
regime militar brasileiro ver ditadura militar (1964-85)
Regina Coeli, cárcere (Roma), 183
Regueira, José Ricardo de Siqueira, 242
Resende (RJ), 213, 217
Resuttana (Palermo), 57n, 200
Revisão Rio Assessoramento Empresarial, 194
Ricciardi, Eugenio, 59

Riccobono, Rosario, 191
Ricord, Auguste Joseph, 83-8, 93, 100, 102-3, 105, 121, 127, 195, 251
Riesi (Sicília), 168, 173, 177-8
Riina, Salvatore "Totò" ("A Besta" ou "O Curto"), 19-20, 148-9, 154, 156, 159-61, 165-8, 173-80, 185, 189-92, 198-201, 203, 206-9, 214, 219-23, 229, 240, 247-8
Rio das Flores, fazenda (Paraíba do Sul), 194
Rio de Janeiro, 92, 94, 97-9, 102, 104-6, 109, 113, 122-4, 126-7, 129, 131-2, 135-6, 192-3, 196, 206, 208-9, 211, 217, 224, 228, 230, 235-7, 239-40, 243
Rio Grande do Sul, 106, 117, 122
Riviera Francesa, hotéis-cassino da, 104
Rizzotto, Placido, 147, 181
Rodriguez, Andrés, 88
Rolex, relógios, 20
Roma, 27, 47-8, 66, 86, 90, 92, 110, 142, 149, 183, 189, 240, 243, 245-7
Roma, bar (Nova York), 82
Romano, Giuseppe, 223
romanos antigos na Sicília, 23
Ross, Campos, 108-9
"Rota Amazônica" do tráfico de drogas, 231
"Rota Caipira" do tráfico de drogas, 105
Rothstein, Arnold ("O Cérebro"), 34
rum, 34
Russo, Giuseppe, 168

Sá Netto, José Antônio de, 107-14, 141
Saigon, 202

Sal's Pizzeria, 78
Salamone, Nino (Antonio), 57n, 206, 213, 218, 222
Salemi (Sicília), 162-3
Salerno, 172
Salles, Orpheu dos Santos, 97, 119, 132-3
Salvador (BA), 136
Salvo, Ignazio, 162-4, 191, 208, 222
Salvo, Nino, 162-4, 191, 208, 222
San Antonio (Texas), 111-3
San Giuseppe Jato (Palermo), 57n
San Lorenzo (Palermo), 57n, 200
Sansone, Fabrizio Norberto, 236
Santa Catarina, 12, 106, 139, 227
Santa Maria di Gesù (Palermo), 57n
Santiago (Chile), 125-6
Santo Antônio, fazenda (Echaporã), 120
Santos, porto de, 42
São Borja (RS), 117-8
São Dimas, fazenda (Paraíba do Sul), 194
São João, avenida (São Paulo), 239
São Paulo, 13, 42-3, 96-9, 105-7, 114-5, 119-21, 127-8, 131-4, 137, 140, 176, 206, 216, 218-9, 229, 235-6, 238-40
São Sebastião (SP), 134
São Sebastião, fazenda (Paraíba do Sul), 194
"Sapatinho" ver Greco, Pino
"Saque de Palermo", período do, 59-60, 160-2
Sarago, Giuseppe, 89-90
Sardenha, 182
Sarti, Lucien, 86-90, 100, 103-9, 113-5, 121-8, 130-3, 211, 251
Satec (Sociedade e Assessoramento Técnico-Econômico), 97-8, 105, 114-5
Savoca, Giuseppe, 221
Scarpa (mafioso), 214
"Scarpuzzedda" ver Greco, Pino
Schiera, Giuseppe, 44
Schifani, Vito, 252
Sciarrino, Lorenzo, 77
scirocco (corrente de ar desértico), 22
Segunda Guerra da Máfia, 208, 214
Segunda Guerra Mundial, 18, 30, 53, 83, 96, 99-100, 147
Senegal, 40
Serviço de Ação Cívica (SAC — França), 100-1
Serviço de Naturalização e Imigração (EUA) ver INS (Immigration and Naturalization Service)
Serviço Secreto alemão, 83
Seta (Sociedade Expansão Territorial e Agropecuária), 194
Setor de Inteligência e Espionagem do INS, 74
Sicília, 14, 16, 18, 22-4, 28, 34-5, 40, 44-5, 50, 54, 56, 67, 74-5, 77, 81-2, 104, 142, 145-9, 161, 163, 166, 169, 172-3, 180, 186, 188, 197-8, 200, 209, 213-5, 222, 228, 247
sicilianità, 23
Siciliano, Armando Jorge, 212
Siciliano, Elza Inês, 212
Siemens, 95
Silva, Evandro Lins e, 97
Simoni, Jean Louis de, 100
Sociedade por Ações Tributárias Sicilianas, 163
soldados mafiosos, 38-9, 147, 149, 171, 200, 247
Sorci, Francesco, 57n
South Amboy (Nova Jersey), 78

Spanò, restaurante (Palermo), 56
Spatola, Rosario, 171, 207
Staf (Sociedade Técnica de Assessoramento de Fiscalização), 97-8, 105, 115, 194
Stroessner, Alfredo, 88, 117
subcapos mafiosos, 38, 68
Sudam (Superintendência do Desenvolvimento da Amazônia), 116, 118, 195
Suíça, 69, 158, 176
sul da Itália, 21, 40, 78
Sunshine Shortening Company, 77
Superintendência da Polícia Federal, 227
Supremo Tribunal Federal, 242

tabaco, contrabando de, 45, 47, 54
Taberna Atlântica (Rio de Janeiro), 225
Tailândia, 169
Tanda Safari, hotel-restaurante (São Paulo), 100
Tânger, porto de (Marrocos), 47
Tano, Don *ver* Badalamenti, Gaetano (Don Tano)
Tanzânia, 101
Teatro Colón (Buenos Aires), 41
Teatro Massimo (Palermo), 99
Temperley (Buenos Aires), 41, 43
"Teorema Buscetta" (confissão de Masino), 247, 249
Terceiro Reich, 84
Termini Imerese (Sicília), 183
terminologia mafiosa, 18
Terranova, Cesare, 184
Tesouro brasileiro, 97
Texas, 92, 111
Tito, Cosme Ferreira, 241

TNT (dinamite), atentados com, 68-9, 176, 252
Topolino (carro da Fiat), 30, 33
Toronto, 73-4
Toscanino, Francesco, 105, 114
Totuccio *ver* Inzerillo, Salvatore
Toudayan, Edouard, 87
traficantes, 85, 87-8, 92-3, 104-5, 108, 136, 159, 168, 213, 217, 226
tráfico de drogas, 53, 70-1, 75, 81-2, 88, 100, 103-4, 108-9, 116, 121, 127, 134-5, 139, 141-2, 152, 164, 172, 188, 198, 220, 228, 236
Tramontana, Giuseppe, 223
Transatlântica, 97
Trapani, 15, 18, 174
"Trator, O" *ver* Provenzano, Bernardo
Três Marias, fazenda (Mato Grosso), 117
Tribunal de Justiça de Palermo, 247
Tribunal de Justiça de Salerno, 172
Troia, Mariano, 57n, 64
Turim, 185-7, 192, 209, 218
Turquia, 53, 169

Ubatuba, 134
Ucciardone, cárcere de (Palermo), 150-3, 156, 159, 164-7, 176, 180-2, 209
Uganda, 101
uísque, 34, 88, 108, 117
Ulloa, Pietro Calà, 15
"umiltà" (conceito maçônico italiano), 18
Unione Corse (organização mafiosa francesa), 53, 83, 85, 99, 168, 196
Uruguai, 103, 105, 107-8, 113-6, 118, 122, 133

Vargas, Getúlio, 97
Varig, 113

Varsóvia, 107
Vasconcellos, Roberto do Amaral, 227, 234, 238-40
Vassallo, Francesco, 161
Velho Oeste, salões do (EUA), 52, 222
venerini (nascidos às sextas-feiras), 24
Venezuela, 69, 95, 101, 116, 138, 173, 220
Vernengo, Antonio, 170-1, 206
Vernengo, família, 171
Vernengo, Pietro, 170
Versace (grife), 20
Vesúvio, vulcão, 35
videogames, 19
Vietnã, 53
Vila Sésamo (programa de TV), 139

Villabate (Sicília), 68
Villagrazia (Palermo), 171, 200, 202
Villarrica (Paraguai), 219
Viscardi, Nirema, 125, 134
Viscardi, Zaida Gomes, 106-7, 109, 114, 125, 134
Vita, Rita de, 232

Wiener, Erwin, 99
Windsor (EUA), 74

Zippo, Carlo, 89-90, 95, 103-4, 109, 111, 114, 121-2, 133
"*zips*" (apelido dos italianos de Nova York), 78, 81
Zona Franca de Manaus, 135
Zurique, 158

1ª EDIÇÃO [2016] 1 reimpressão

ESTA OBRA FOI COMPOSTA PELO ESTÚDIO O.L.M. / FLAVIO PERALTA EM
MINION E IMPRESSA PELA GRÁFICA DOCUPRINT SOBRE PAPEL AVENA
PARA A EDITORA SCHWARCZ EM MAIO DE 2024

A marca FSC® é a garantia de que a madeira utilizada na fabricação do papel deste livro provém de florestas que foram gerenciadas de maneira ambientalmente correta, socialmente justa e economicamente viável, além de outras fontes de origem controlada.